刑法修改研究

主　编　李希慧

撰稿人（以撰写章节次序为序）

李希慧　姚龙兵　谢治东

王宏伟　徐光华　刘　净

董文辉

图书在版编目(CIP)数据

刑法修改研究/李希慧主编. —武汉：武汉大学出版社，2011.10
ISBN 978-7-307-09118-4

Ⅰ.刑…　Ⅱ.李…　Ⅲ.刑法—研究—中国　Ⅳ.D924.04

中国版本图书馆 CIP 数据核字(2011)第 168403 号

责任编辑:钱　静　　　责任校对:刘　欣　　　版式设计：马　佳

出版发行：武汉大学出版社　(430072　武昌　珞珈山)
(电子邮件：cbs22@whu.edu.cn　网址：www.wdp.com.cn)
印刷:湖北省京山德兴印务有限公司
开本：720×1000　1/16　　印张:15.5　字数:275 千字　插页:1
版次:2011 年 10 月第 1 版　　　2011 年 10 月第 1 次印刷
ISBN 978-7-307-09118-4/D·1002　　　定价:36.00 元

目 录

下篇：刑法分则之修改

引　言

刑法一经制定，就成为相对静止的法律规范，但由于社会是不断变化的，社会的变化必然要求作为调整社会关系的法律作相应的变更，刑法也必须因时而修改。综观各国，刑法莫不是在保持相对稳定的情况下，适时进行修改。例如，德国于1871年5月15日颁布德意志帝国刑法典后，刑法的修改一直在进行，其表现形式为犯罪化、非犯罪化和刑罚的调整。① 日本现行刑法典于1907年颁布，自1908年10月1日起施行。在将近一个世纪的时间里，日本刑法典共修改了19次。② 意大利统一后，于1889年颁布了第一部刑法典，第二部刑法典即"罗科法典"于1931年7月1日起生效，其效力一直保持至今。第二次世界大战之后，意大利又通过一系列的法律废除了死刑；宣布公民对公务员的擅权行为的合法反应不构成犯罪；降低了对一些犯罪的处罚幅度并进一步限制了对数罪并罚的处罚尺度；修改了有关假释、缓刑和累犯的制度，使之更有利于被判刑人；等等。③ 上述国家刑法典的修改表明，即使再高明的立法者，也不可能制定一部永远不需要修改的刑法典。

如上所述，其他国家刑法修改的实践表明了刑法修改的必要性，我国刑法的立法实践同样表明了这一点。我国第一部刑法典即《中华人民共和国刑法》于1979年7月1日由第五届全国人民代表大会第二次会议通过、自1980年1月1日起施行。此后，全国人大常委会又相继颁行了《中华人民共和国惩治军人违反职责罪暂行条例》、《关于死刑案件核准问题的决定》、《关于处理逃跑或者重新犯罪的劳改犯和劳教人员的决定》、《关于严惩严重破坏经济的罪犯的决定》、《关于严惩危害社会治安的犯罪分子的决定》、《关于对中华人民共和国缔结或者参加的国际条约所规定的罪行行使刑事管辖权的决定》、《关于惩治贪污罪贿赂罪的补充规定》、《关于惩治走私罪的补充规定》、《关于惩治泄露国家秘密犯罪的补充规定》、

① 参见张旭：《社会演进与刑法修改》，载《法制与社会发展》2003年第2期。

② 参见张明楷：《日本刑法的发展及启示》，载《当代法学》2006年第1期。

③ 参见黄风译注：《最新意大利刑法典》，法律出版社2007年版，第2页。

《关于惩治捕杀国家重点保护的珍贵、濒危野生动物犯罪的补充规定》、《关于惩治侮辱中华人民共和国国旗国徽罪的决定》、《关于惩治走私、制作、贩卖、传播淫秽物品的犯罪分子的决定》、《关于禁毒的决定》、《关于盗掘古文化遗址古墓葬犯罪的补充规定》、《关于严惩拐卖妇女、儿童的犯罪分子的决定》、《关于严禁卖淫嫖娼的决定》、《关于惩治偷税、抗税犯罪的补充规定》、《关于严惩劫持航空器犯罪分子的决定》、《关于惩治假冒注册商标犯罪的补充规定》、《关于惩治、销售伪劣商品犯罪的决定》、《关于严惩组织、运送他人偷越国（边）境犯罪的补充规定》、《关于惩治侵犯著作权的犯罪的决定》、《关于惩治违反公司法的犯罪的决定》、《关于惩治破坏金融秩序犯罪的决定》、《关于惩治虚开、伪造和非法出售增值税专用发票犯罪的决定》25部单行刑法，这些单行刑法对1979年刑法典给予了补充和完善。

虽然在1979年刑法典施行后，一系列单行刑法的出台使刑法立法得到了相当程度的完善，但刑法在形式上没有得到统一，在内容上仍然没能使所有的刑法漏洞得到弥补，基于对一部统一、完备、垂范久远的刑法典的追求，1997年3月14日第八届全国人民代表大会第五次会议对1979年刑法典进行了全面的修订，除将上述单行刑法的内容纳入到新的刑法典之外，还将“反革命罪”更名为“危害国家安全罪”，同时增加了大量的其他内容，从而形成了一部条文达452条之多的1997年刑法典。尽管如此，国家立法机关修改刑法的活动并未就此止步，而是在1997年刑法典施行后又相继出台了一部单行刑法和8个刑法修正案，即《关于惩治骗购外汇、逃汇和非法买卖外汇犯罪的决定》和《刑法修正案（一）》至《刑法修正案（八）》，这八个刑法修正案对1997年刑法典的相关规定进行了补充和修改。

尽管我国的刑法经过多次的修改，刑法的规定越来越完善，但并不意味着刑法的修改可以就此止步，现行刑法仍有进一步修改之必要。正因为如此，研究我国刑法修改问题具有重要的理论和实践意义。

修改，从字面意义上讲，是指改正的意思。① 但刑法修改里所讲的“修改”，其含义远远广于其字面含义。笔者认为，刑法修改，当然包括对刑法已有规定的修改，但决不仅仅限于此。刑法修改，是指针对现行刑法所进行的废、改、立。所谓“废”，是指废除现有刑法中不必要的规定；所谓“立”，是指增加现有刑法中没有但根据同犯罪作斗争的需要应该有的规定；所谓“改”，是指改正现有刑法中不科学的规定，使之更加完善。

---

① 参见《现代汉语词典》(修订版)，商务印书馆2001年版，第1416页。

上篇：刑法修改的基本问题

一、刑法修改应妥善处理的几个关系

（一）秩序维护与自由保障

社会与个人之间存在一定的联系，但是这些个人组成了社会联合体后，是否就必然意味着整体优于个体，国家优于个人，个人应当服从国家？这个问题在刑法上就体现为刑法的机能，即刑法是以维护社会秩序为重还是以保障个人自由为重。刑法立法选择以什么作为刑法的机能，将直接决定所制定的刑法对社会的干预范围和对个人自由的保护力度。因为刑法的机能是关系到刑法理论体系以及刑法解释的重要问题，“选择或偏重其中某一方面的机能的话，对建构整个犯罪论体系和进行刑法解释的看法和理解也会不同”。①

“秩序”是指“人和事物存在和运转中具有一定一致性、连续性和确定性的结构、过程和模式等”②，也就是事物存在和发展的稳定性、连续性和一致性。秩序既存在于自然界，也存在于人类社会。存在于人类社会的秩序就是社会秩序，它是指人类社会在存在、发展过程中，社会结构和社会活动的相对稳定、协调的状态。刑法的秩序维护机能是指刑法所具有的通过对社会成员进行命令或者禁止，以及对犯罪人实施刑罚处罚，以预防犯罪，保护个人利益、社会利益、国家利益，维护社会秩序的积极作用。

刑法通过对不同利益的保护来维护社会秩序。维护社会秩序是包括刑法在内的一切法律的目标。“与法律永远相伴随的基本价值，便是社会秩序……社会秩序要靠一整套普遍性的法律规则来建立。”③ 刑法因其严厉性，在维护社

---

① 黎宏：《刑法的机能和我国刑法的任务》，载《现代法学》2003 年第 4 期。

② 卓泽渊：《法的价值论》，法律出版社 1999 年版，第 177 页。

③ ［英］彼得·斯坦、约翰·香德：《西方社会的法律价值》，中国人民公安大学出版社 1990 年版，第 38 页。

会秩序方面所发挥的作用是其他任何法律都无法取代的。刑法维护社会秩序机能的发挥需要通过利益保护机能和预防犯罪机能体现出来。根据利益主体的不同，利益可以分为国家利益、社会利益和个人利益，刑法对利益的保护也体现为对这三种利益的保护。首先，刑法充分保护国家的利益。刑法所保护的国家利益是指国家为该利益的直接享有者的利益。国家主权、领土完整和安全、外交、国家的权威、国家的政权与职能、国有财产等，构成国家利益的内容。对国家利益的保护是刑法利益保护机能的首要内容，因为法律是统治阶级以国家的名义制定和颁布实施的，国家的利益实质上就是统治阶级的利益在法律上的表述。因此，任何对国家利益的危害实质上就是对统治阶级利益的侵害。对统治阶级利益的侵害危及统治的基础，因而，这种行为最不能为统治阶级所容忍，因而被认为具有最大的社会危害性。其次，刑法保护社会利益。社会利益是指社会作为法律关系主体所拥有的利益。现代社会中，存在既不属于国家利益又不属于个人利益的公共利益，随着社会在建构秩序中作用日益重要，社会利益也越来越重要，内容越来越丰富。社会利益包括社会公共安全与安宁、公共信任、公众健康、公众福利、公众善良风俗、自然资源与环境。① 对这种利益的侵犯，既可能危及个人利益，也可能对国家统治的基础造成危害。例如，在我国，卖淫行为本身虽然不是犯罪行为，但是组织卖淫则是犯罪，因为它侵犯了“我国良好的社会主义的社会风尚”。② 组织行为有可能采取强迫的方式，因而对有关人员的权益造成侵害；如果放任这种行为的存在，既有损我国的声誉，又因为这类行为还是其他犯罪的诱因，必然会侵害国家的肌体。再次，刑法注重对个人利益的保护。在人类历史的任何时期，个人都是组成社会的基础和前提。满足个人最基本的需求是社会发展的前提条件。个人利益中，最基本的是生命权、人身自由权、财产权等基本权利。在现代社会，任何对他人生命的非法剥夺都是严重的犯罪行为。刑法对个人利益的保护机能既可以通过刑法的规范作用，也可以通过惩罚犯罪的方式体现出来。刑法通过规定什么行为是犯罪，以及犯罪将要承担的后果，给人们的行为以明确的指引，使人们不实施侵害他人合法权益的危害行为以满足其私欲；同时，对已然的犯罪行为，依法予以及时惩处，既让犯罪人因实施犯罪行为而承担必要的后果，使他认识到犯罪是要受到法律制裁的，同时也使社会上的不稳定分子因慑于刑罚的

① 参见曲新久：《论社会秩序的刑法保护与控制》，载《政法论坛》1998 年第 4 期。

② 王作富主编：《刑法分则实务研究》(第二版)，中国方正出版社 2003 年版，第 1816 页。

制裁而不敢犯罪。

刑法的自由保障机能，又称人权保障机能，是指刑法所具有的通过明确规定只有什么行为才是犯罪，以限制国家刑罚权的发动，保障普通公民的自由，同时也保障犯罪人自由。① 由此可见，刑法的自由保障机能包括两个方面的内容：对普通公民自由的保护和对犯罪人自由的保障。刑法对普通公民自由的保护是通过确立罪刑法定原则来实现的。罪刑法定原则要求对什么行为是犯罪要明确规定在刑法中。这一规定有利于防止对公民滥加罪名、滥施刑罚，罪刑法定原则禁止类推，禁止不利于被告的溯及既往，禁止绝对不确定的法定刑，对什么行为是犯罪以及各种犯罪的具体法定刑都应由刑法明确规定。所有这些，都是为了保证人们有一个明确的行为准则。作为社会组成部分的每个人都天生享有财产、自由、生命权，这些是基本的人权，而刑罚则是以剥夺这些权利为内容的惩罚方法，所以有人称刑罚也是一种"恶害"。这种恶害只有用之适当才能发挥其积极效能，反之则可能导致对公民权利的侵害。所以，对刑罚的发动必须有一定的限制，而不能随心所欲。这也是罪刑法定原则的应有之义。刑法的自由保障机能的另一个更受到人们重视的方面则是指刑法应当保障被告人的合法权益。由于刑罚作用的对象是被追究刑事责任的被告人，面对强大的国家机器，被告人则处于明显的弱势地位；加之刑罚对被告人惩戒的现实感受性被人们所直接感知，因而发挥刑法在保障被告人合法权益方面的作用更受到人们的重视。刑法的这一机能主要是通过罪刑法定原则和罪责刑相适应原则体现出来的。犯罪是对法益的侵害，具有社会危害性，对犯罪人予以刑罚处罚是犯罪的主要后果，但是对犯罪人给予什么样的刑罚不是随心所欲的，要受到罪刑法定原则和罪责刑相适应原则的限制。这两项原则都既是刑事立法的原则，也是刑事司法的原则。作为刑事立法的原则，罪刑法定原则要求对什么行为是犯罪以及各种犯罪的法定刑作出明文的规定，防止对犯罪人的错误追究、法外施刑。罪刑均衡原则在立法上的体现则是要求对各种具体犯罪行为的法定刑必须与该行为的社会危害性相适应，防止轻罪重罚、重罪轻罚的不均衡现象。

若不对刑法实施必要的限制，则有自我扩张的危险。与其他公法一样，刑法也有自我扩张的倾向。刑法的扩张必然会对公民的权利予以限制。刑法是以限制、剥夺权利作为其赖以实施的保障，刑罚的实施过程就是对权利的限制、剥夺过程。剥夺政治权利是对公民选举权、被选举权等政治权利的剥夺，罚

① 参见赵秉志：《略论刑法的机能》，载《北京联合大学学报》(人文社会科学版)2006年第2期。

金、没收财产则是对个人财产的无偿剥夺，管制、拘役、徒刑是对个人人身自由的限制、剥夺，死刑则是从肉体上消灭人的生命。因此，无论是哪种刑罚方法，都是以限制或者剥夺个人的利益——财产、人身甚至是生命——作为其内容，因而，刑法领地的扩张是以个人自由空间的压缩为代价的，因此，“刑法秩序维护的机能发挥到哪里，那里的社会成员的行动自由就受到相应的限制”。① “如果不对国家的刑罚权的行使给予必要的关注与限制，刑罚权的行使可能会以公民基本人权的非法削弱或剥夺为代价。因此，刑法除了社会保护之外，个人法益、个人的权利与自由也不能忽视。可以说，没有对公民基本人权的保障与维护，就没有近现代意义上的科学民主刑法的诞生。所以刑法也必须具有行使保护犯罪者的权利与权益，避免因国家权力的滥用而使其受害的机能，这就是刑法的权利保障机能。”② 如何处理刑法的秩序维护机能与自由保障机能之间的关系，站在不同的立场得出的结论也是不同的。

在维护秩序与自由保障这二者中，刑法应当以何者为重？学界对此可谓争论纷纭，莫衷一是，形成了以下两种对立的观点：一是自由保障机能优先论。如有学者认为，个人自由与社会秩序之间是一种对立统一关系，我国刑法应当优先选择个人自由。刑法以个人自由为第一位，自由与秩序处于和谐之中，在对立中获得统一；以社会秩序为第一位，自由与社会秩序则会由对立发展为严重对抗，结果是两败俱伤。因此，我国刑法应当以自由保障机能优先。③ 二是秩序保护优先论。如有学者在分析了国外关于刑法机能的理论后，认为我国刑法的首要机能是维持社会秩序，其次才是自由保障。④ 还有学者认为，比较而言，刑法分则更为重视的是刑法的保护功能。分则的核心是确定刑法的调控范围，编织刑事法网，使犯罪分子没有逃脱惩罚的可能；同时对所规定的犯罪适用适当的刑罚，使犯罪分子受到应得的惩罚。严密刑事法网、确定应得刑罚，突出刑法分则的保护功能，体现了刑法分则最基本的价值取向。⑤

笔者认为，刑法的秩序维护机能与自由保障机能之间虽然存在此消彼长的

---

① 赵秉志：《略论刑法的机能》，载《北京联合大学学报》(人文社会科学版) 2006 年第 2 期。

② 蔡道通：《罪刑法定原则确立的观念基础》，载《法学》1997 年第 4 期。

③ 参见曲新久：《个人自由与社会秩序的对立统一以及刑法的优先选择》，载《法学研究》2000 年第 2 期。

④ 参见黎宏：《刑法的机能和我国刑法的任务》，载《现代法学》2003 年第 4 期。

⑤ 参见储槐植、梁根林：《论刑法典分则修订的价值取向》，载《中国法学》1997 年第 2 期。

对立关系，但是二者之间并非是不可调和的，恰恰相反，由于二者任务不同，且都不可偏废，因此，对两种机能进行调和是必要的。对任何一种机能的过分强调，都会导致社会畸形发展的不良效果。“过分强调刑法的秩序维护机能，就会导致刑法对社会生活的介入过深过广，使社会成员的自由受到过分限制，进而使国家、民族丧失生机和活力，阻碍其繁荣和进步。”而“过分强调刑法的自由保障机能，则不能有效遏制犯罪，可能导致社会秩序遭到破坏，社会成员的生存条件受到威胁”。①

一般情况下，协调刑法的秩序维护机能与自由保障机能不仅是必须的，而且也是可行的。从自由和秩序的关系看，首先，自由与秩序两者相互依存。秩序是人类实现自由目的的手段和条件。自由只有通过社会秩序或在社会秩序中才能存在，而且只有当社会秩序得到健康的发展，自由才可能增长。自由则是人类之所以要建立秩序的目的所在。人类社会的一切制度设置和秩序安排，最终目的都是为了人类自由本性的实现。其次，自由与秩序两者相互渗透。秩序总是实现了人类某种自由的秩序，而自由又总是在某种秩序中的自由。如果只有秩序没有自由，社会就会停滞不前；如果只有自由没有秩序，社会就会陷于混乱。因此，自由与秩序的和谐统一是人类理想生活模式的真谛所在。一个合理的、运行良好的法治社会必须在自由与秩序之间形成一种张力，从而使社会生活既具有稳定的秩序，又具有足够的自由空间。刑法分则中关于罪状的规定最能体现刑法对两种机能的协调。从自由保障机能出发，要求罪刑法定，从而要求刑法分则对罪状的描述应尽可能详尽，防止因罪状描述不清导致被错误追究刑事责任、侵犯公民自由的现象发生。但是，立法者不是圣人，立法经验与技术上的不足难免；而且刑法一旦制定，必须保持一定的稳定性，而社会是变动发展的，因此刑法的滞后性难免。为了协调保障自由与维护社会秩序之间的关系，刑法在对罪状作出明确规定后，往往还有一些兜底的、内容相对宽泛的规定。如《刑法》第195条关于信用证诈骗罪的规定。该条规定：“有下列情形之一，进行信用证诈骗活动的，处……（一）使用伪造、变造的信用证或者附随的单据、文件的；（二）使用作废的信用证的；（三）骗取信用证的；（四）以其他方法进行信用证诈骗活动的。”

当秩序维护机能与自由保障机能发生冲突且难以两全时应当如何取舍？如前所述，对此我国有学者认为，“确立刑法的权利保障机能的优先地位就是立

① 赵秉志：《略论刑法的机能》，载《北京联合大学学报》（人文社会科学版）2006年第2期。

法者的理性选择和公民正当的权利要求”。① 对这种观点，正如赵秉志教授所分析，恐怕是对如何妥善协调两种机能的误解。因为刑法这两种机能的冲突在任何情况下都是具体的并且难以两全的。因为法益保护和人权保障总是处于一种二律背反的关系，并非在任何情况下都要让刑法的自由保障机能优先，而是要看所保障的权利是否合理，以及我们如何认识这种权利的合理性。例如，从发挥刑法的秩序维护机能角度而言，需要保留并且适用死刑；从发挥刑法的自由保障机能角度而言，我国需要废除和不适用死刑。不可能既保留死刑又废除死刑。因而在死刑存废问题上，秩序维护机能与自由保障机能的冲突就是不可避免、难以两全的。对哪一种犯罪废止了死刑，意味着在这一领域刑法的秩序维护机能让位于自由保障机能；对哪一种犯罪保留了死刑，则表明在这一领域自由保障机能让位于秩序维护机能。如果按上述观点，让刑法的自由保障机能一概优先，就意味着我国必须现在就完全废除死刑，这显然是暂时无法让人接受的。显然，在不同的时代背景之下，对两种机能的冲突，解决的方式和处理的结果可能是不同的。我们只能说随着社会的进步，文明的发展，人类将会越来越重视发挥刑法的自由保障机能；只能说在市场经济的条件下，应当将刑法的自由保障机能置于重要位置；只能说从目前我国刑事立法和刑事司法状况看，重视发挥刑法的自由保障机能是十分必要和紧迫的。但决不能说当两种机能发生冲突且难以两全时，必须一概让刑法的自由保障机能优先。那种认为罪刑法定原则的确立意味着刑法的自由保障机能优先的观点，实际上是对罪刑法定原则的片面理解。虽然“罪刑法定主义乃系以限制国家刑罚之行使为主要目的，而以保障个人自由为最高目标”，但这一原则仅仅表明不以刑法的明文规定为根据来惩罚犯罪人是不能容忍的，以及在是否可以法外施罚以维护秩序的问题上，刑法的秩序维护机能让位给了自由保障机能；而不能将其意义扩展到整个刑法，进而认为刑法是优先考虑自由保障机能的。② 我们认为，解决刑法二机能在具体状态下的冲突，不能一概以某一机能让位于另一机能为标准，而应该具体分析。这种观点既符合具体问题具体分析的原则，也符合我国的客观实际，无疑是正确的。

---

① 蔡道通、黄东平：《刑法的权利保障机能优先——罪刑法定原则确立的必然性分析》，载《中央政法管理干部学院学报》1995 年第 3 期。

② 参见赵秉志：《略论刑法的机能》，载《北京联合大学学报》（人文社会科学版）2006 年第 2 期。

（二）超前立法与经验立法

从认识论的角度，立法途径有超前立法与经验立法之分，对刑事立法的观念选择在理论上历来也存在这种争论。当前完善我国刑事立法应当走超前立法之路还是走经验立法之路，这是立法机关在立法时首先要解决的问题。对这一问题的认识，不纯粹是立法观念上的问题，反映到刑事立法活动中将涉及犯罪圈的范围、法定刑的配置等这些直接关系社会主体利益的诸多问题。

关于超前立法与经验立法之争论，其实质是立法者对法的本质的不同认识。在主张经验立法者看来，法是人类经验的系统化和条理化，是人类实践了的经验的表述，而不是人类理性的建构。在西方法学界，对法的本质的争论由来已久，历史法学派的杰出代表萨维尼认为："法律只能是土生土长和几乎是盲目地发展，不能通过正式理性的立法手段来创造。"① 美国著名法学家、现代实用主义法学的创始人霍姆斯在其名著《普通法》的卷首即指出："法律的生命不是逻辑，而是经验。"② 在将法律视为非理性的经验的法学家看来，法律不能被创造，而只能够经过实践后被表述，即法律是被表述的实践经验，而不是被创造的人类理性。

立法观念的选择受立法者主观认识和立法当时的社会客观现实的影响。以经验立法为例。经验立法除了受到立法者对法的本质的认识影响外，还受立法时的社会现实状况的制约。1979 年刑法在通过时，我国刚刚经历"文化大革命"，百废待兴，改革开放刚刚开始，这些客观实际也影响到刑法立法者的观念选择。如在刑法起草过程中，有人提出有关环境污染、侵犯发明权和著作权等问题，但是认为情况复杂，当时很难用刑法解决，因而最终并未规定入刑法典，而是打算待经验成熟后再考虑补充到刑法中。③ 这明显地反映了立法者经验立法的思想痕迹。

现行刑法较 1979 年刑法要完备得多，但是在超前立法方面仍显不足。在 1979 年刑法实施过程中，学者们发现刑法严重滞后于社会生活，遂纷纷对经

---

① 转引自何勤华：《西方法学史（第二版）》，中国政法大学出版社 2000 年版，第 203～204 页。

② ［美］霍姆斯：《普通法》，转引自何勤华：《西方法学史（第二版）》，中国政法大学出版社 2000 年版，第 385 页。

③ 参见高铭暄：《中华人民共和国刑法的孕育和诞生》，法律出版社 1981 年版，第 20 页。

验立法提出反思，主张超前立法，认为刑事立法不但要强调实践性，而且要有超前性。① 经过近二十年的改革开放，我国经济社会发生了深刻的变革，1997年修订刑法时，对1979年刑法典129个罪名进行整合后保留了116个，对单行刑法、附属刑法增加的罪名有选择地保留了132个，仅将拐卖妇女、儿童和绑架妇女、儿童行为合并为拐卖妇女、儿童罪；同时针对新情况新设了164个罪名，如计算机犯罪、金融诈骗罪等。与1979年刑法相比，1997年刑法是在1979年刑法典的基础上，结合已经变化了的社会现状，并对未来一定时期的社会关系作出预测后予以修订的，立法质量大大提高。但是，仅在1997年刑法实施一年两个月后，1998年12月全国人大常委会颁布了《关于惩治骗购外汇、逃汇和非法买卖外汇犯罪的决定》的单行刑法，其后又有多次修改。这一现状，有人将其归结为是社会变动不居所致。社会变动固然是客观事实。但是，如果将其完全归结为社会变动因素则未必完全符合客观事实。我们认为这与在刑事立法领域所奉行的经验立法观念不无关系。对我国刑法的多次修订，有学者将其客观原因归结为以下几个方面：首先是社会的转型与迅速发展使新的犯罪现象不断出现。如针对近年来一些公司、企业以隐匿财产、承担虚构的债务、非法转移和分配财产等方式，造成不能清偿到期债务或者资不抵债的假象，申请进入破产程序，以达到假破产真逃债的目的这类行为，在刑法中增设新的条款就非常必要，因此《刑法修正案（六）》顺应这一要求，增设了虚假破产罪。其次是立法本身存在不足之处。如1997年刑法修订时只规定了证券犯罪，却没有规定期货犯罪，致使1999年通过修正案来弥补。再次是全球化的挑战和影响。最后是成文法的局限。② 立法本身存在不足，除了立法技术上的原因外，还与立法者选择的立法途径有关。1997年刑法中增加了有关惩治证券犯罪的规定，在刑法中对证券犯罪作了规定。但“考虑到当时我国期货交易市场还处在探索、初创阶段，国家的相关政策还不很明确，尚未制定有关期货交易管理的行政法规，对期货犯罪难以准确界定，因此，在修订的刑法中没有规定期货方面的犯罪”。③ 由此可见，在我国刑法修订过程中，经验立法尚存。

---

① 参见应后俊：《修改刑法宏观问题的几点建议》，载《法律学习与研究》1989年第3期。

② 参见刘仁文：《转型社会刑事立法应理性节制》，载《检察日报》第3839期。

③ 黄太云：《立法解读：刑法修正案及刑法立法解释》，人民法院出版社2006年版，第13页。

我国刑事立法究竟是应当秉承经验立法还是选择超前立法？我们认为，我国刑事立法应当摒弃经验立法而选择超前立法。其理由是：第一，经验立法具有其固有的不足。经验立法过于强调立法对现实生活的反映和维持，往往导致立法滞后于社会现实。现代社会的发展日新月异，社会关系的变动频率比以往社会要快得多，而现代刑法已经不再是单纯规定自然犯的规范，即刑法规范中法定犯的比重日益加大，刑法规范由自然犯的规范向自然犯与法定犯并重的格局演变，而自然犯与法定犯相比，在同一国度，其社会危害性较稳定，因而对立法者而言，在制定刑法典时比较容易预测其行为的社会危害性，如对杀人行为的社会危害性的预测在同一国家的一定时期是比较容易作出评价的。反之，法定犯的社会危害性则难以预测，这不仅在不同国度间存在差异，在同一国家的不同时期，也可能随着社会的发展，对同一性质的行为给予不同的评价，如有可能将以前视为犯罪的行为作非犯罪化处理，也可能相反。因此，对法定犯社会危害性的预测较自然犯社会危害性的预测要困难得多。尽管如此，刑法作为调整社会关系的“二次法”，具有谦抑性的品格，某种行为作为犯罪处理，必须以有关部门法将该行为作为违法行为处理为前提，而不能一步到位，即不能在其他法律未将其作为违法行为处理前就由刑法将其犯罪化。而行政违法行为，特别是经济领域的违法行为，世界各国具有较大的共同性。如提供虚假信息，操纵股票价格的行为，无一例外，各国均将其视为违法行为予以打击。同时，由于法定犯的立法前提是相关部门法对该类行为已作违法化规定。因此，刑法修订时，在有关法定犯的规定方面可以适当借鉴国外已有的立法经验，结合对相关部门法已设违法行为危害性的评价，对刑法作出适当的超前性规定是完全可能的，也是维护刑法稳定性的需要。而经验立法则囿于对经验的依赖，往往难以满足社会对法律的需求而滞后于社会发展，“如果任何社会关系首先只能由政策来调整，并且只能是成熟了的政策才能上升为法律，那么这必将导致许多重要的社会关系在相当长的一段时间内只能是由政策来调整，而法律则无须出台……法律的滞后性成为必然。”① 对于何时经验成熟，又没有一个客观的评价标准，完全依赖立法者的主观判断，这又增加了立法的不确定性。另一方面，为了迎合社会的需求，则不得不牺牲法律的稳定性而频繁地修订法律，牺牲了法律应有的稳定性，徒增公民知法、守法的难度。

第二，超前立法不是无视社会发展规律、脱离社会实际的盲目“超前”，

① 孙潮：《立法观念的变革》，载郭道晖等主编：《立法——原则、制度、技术》，北京大学出版社 1994 年版，第 15 页。

是立足现实与预见未来相结合的超前，在理论上具有充分合理的依据。任何持超前立法论观点的人都未将超前立法界定为超越现实立法，相反地，无论是刑事立法的超前还是其他部门法的立法超前，都是从实际出发，都是建立在社会现实基础上的。“超前立法并不是脱离经济基础和社会存在的幻想，并不是不依客观规律的杜撰，恰恰相反，超前立法就是对规律的预测、认识，对客观社会发展的预测、认识后对今天和明天的经济基础和社会存在的表述。”①“立法超前作为一种社会客观存在，是指社会统治阶级通过对社会发展的趋势和规律以及自己依次而要达到的社会秩序的愿望，转化为明确的法律规范，以引导、规范人们行为的活动。”②

第三，超前立法是刑法适应社会变革的需要。在社会变革、社会关系发展迅速的时期，如果固守经验立法的理念，其结果必然导致刑事立法处于被动局面，难以适应社会变革的要求，特别是当前我国各项改革在深入进行，尤其是经济领域的改革更是全方位、多层次的展开，各种经济关系日益复杂，大量的新型经济犯罪层出不穷，有的已经出现，有的尚未表现明显但必然会出现。“立法者在制定相应的刑法规范时，显然要顾及社会生活中已有的犯罪的立法，又要充分考虑未来犯罪变化发展的趋向，在把握犯罪规律的基础上预见未来，合理地在法律规范中规定各种可能或必然出现的犯罪，并根据其社会危害性程度设置必要的刑罚，以免在这些危害行为发生时因无法可依而放纵犯罪。”“如果以经验立法论的观点为理论基础，仍囿于立法必须是‘稳定的社会关系的调整器’之传统观念，那么，刑事立法调整存在盲区和空白的结果会在所难免。”“面对日益复杂的犯罪现象，仅凭‘成熟’的经验立法而无视前瞻性的超前立法，刑事法律滞后性的程度只会日益加剧。”③ 超前立法有利于维护刑法的稳定性。法律的稳定性是法律的生命之源。法应尽可能保持稳定，以便于正确地执法、司法、守法。国家制定刑事法律，一方面是给司法者提供制裁犯罪的准绳，另一方面是向守法主体昭示行为规范，此即刑事法律的指引作用。从刑事法律的颁布实施到指引作用的充分发挥，需要一个过程，需经历民众对规范的了解，再到对规范的认可，最后再转化为自觉行动这一过程，这个过程需要一定的时间，而不可能随着法律的颁布实施这个过程就完

① 张根大主编：《立法学总论》，法律出版社 1991 年版，第 97 页。

② 何勤华：《立法超前：法律运行的规律之一》，载《法学》1991 年第 4 期。转引自赵秉志：《刑法修改中的宏观问题研讨》，载《法学研究》1996 年第 3 期。

③ 赵秉志：《刑法修改中的宏观问题研讨》，载《法学研究》1996 年第 3 期。

成。如果法律在制定后不久即予以变更，则往往会导致法的指引作用尚未发挥就变更的结局，这也加大了司法人员准确司法的难度。由于社会是发展变化的，从此意义上来说，即便是强调立法与社会同步的“同步立法”论，也不能满足社会发展对法的需求，因为“法律一经制定就落后于社会现实”。与“同步立法论”相比，经验立法论强调对社会的“滞后性”适应，依此而制定的法律落后于社会现实是不言而喻的。实践中，这种经验型刑事立法一旦时过境迁，“据以经验立法的法律公正合理性的基础便不复存在，对于某些社会关系应调整而缺乏调整、不应介入却不当介入、应这样调整却那样作了调整等立法与社会发展相左的现象也随之发生，法律的稳定性与严肃性必然遭到破坏”。① 而超前立法则基于对社会发展规律的一定预测，在立足于现实已有经验的基础上，将现实与未来相结合，以动态、发展的眼光把握刑法的发展态势，以此为据制定的刑法既不会严重落后社会现实，处于被动、滞后的状态，也不会与社会现实严重脱节而盲目“超前”，以致法条虚置。

（三）犯罪化与非犯罪化

刑法是规定哪些行为是犯罪的法律规范，因此，确定哪些行为是犯罪是制定刑法的前提。刑事立法的过程，归根结底是一个选择的过程，因为“一切立法者所面临的基本问题就是一种选择——什么样的行为是法所维护的，什么样的行为是法所禁止的”。② 而立法者在刑事政策上的不同立场直接影响到刑事立法选择的结果：采取扩展主义的刑事立法政策必然导致刑法干预社会范围的宽泛、深入；采取限缩主义的刑事立法政策则必然导致刑法干预社会范围的狭窄、肤浅。因此，立法者采取犯罪化或非犯罪化的刑事政策直接影响到制定的刑法对社会干预的广度和深度。犯罪化代表扩展刑法干预范围的扩展主义的刑事政策方向，其价值在于用法律宣告对实施了特定犯罪的人将科处一定刑罚，并通过刑罚的威慑作用唤起、强化国民的规范意识，以期达到使一般人避免犯罪的效果。③ 与之相反，非犯罪化则代表限缩刑法干预范围的缩减主义的刑事政策方向，其价值则在于纠正基于国家的强烈处罚要求的过剩犯罪化倾

---

① 赵秉志：《刑法修改中的宏观问题研讨》，载《法学研究》1996 年第 3 期。

② ［美］霍贝尔：《初民的法律》，周勇译，中国社会科学出版社 1993 年版，第 13 页。

③ 参见［日］大谷实：《刑事政策学》，黎宏译，法律出版社 2000 年版，第 83 页。

向，立足于谦抑主义的立场，设置适当的犯罪。①

一般认为，犯罪化仅是指刑事立法上的犯罪化，因而仅是刑事立法政策的选择问题。如有学者认为，所谓犯罪化，“简单地来说，就是指如何界定刑法涉足社会生活的广度和深度的问题，也就是如何确定犯罪圈、刑罚圈大小的问题”。② 林山田教授认为，犯罪化“系指针对某一破坏法益的不法行为，经过刑事立法政策上的深思熟虑，认定非动用刑罚的法律制裁手段，无法衡平其恶害，或无法有效遏阻者，乃透过刑事立法手段，创设刑事不法构成要件，赋予该不法行为刑罚的法律效果，使其成为刑法明文规定处罚的犯罪行为”。③ 与将犯罪化视为刑事立法政策不同，日本学者大谷实认为，犯罪化包括“立法上的犯罪化”与“法律适用解释上的犯罪化”。后者是指“在解释、适用刑法文本之际，将本刑法文本适用于迄今为止没有被作为犯罪予以取缔的事实”。④ 受该观点影响，国内也有人持这种观点，如有人认为，“所谓犯罪化是指将不是犯罪的行为在法律上作为犯罪，使其成为刑事制裁的对象，它包括立法上的犯罪化和刑罚法规解释适用上的犯罪化”。⑤ 但是，现代刑法已经普遍确立罪刑法定原则，“法无明文规定不为罪，法无明文规定不处罚”已是共识，如果再确认可以通过解释适用法律将刑法文本适用于没有被作为犯罪予以取缔的事实，则易导致对公民权利的任意侵犯的危险。因此，“在罪刑法定原则支配下的现代法治语境中，犯罪化主要是指刑事立法政策上通过刑事立法程序将某一具有可罚性严重不法和有责的行为赋予刑罚的法律效果，使之成为刑法明文规定处罚的犯罪行为”。⑥ 与对犯罪化的界定相比，我国刑法学界对非犯罪化的界定存在较大分歧，大致可以分为广义的非犯罪化与狭义的非犯罪化。前者包括立法上的非犯罪化与司法上的非犯罪化，后者则仅指立法上的非犯罪化。如我国台湾学者林山田教授认为，“非犯罪化是针对现行刑事实体法所规定的犯罪行为，通过刑事实体法的修正，将其删除，使其从刑事制裁体系中除籍，而不再是刑事实体法所要加以处罚的犯罪行为；或者是仍旧保留为犯罪行为，但

---

① 参见［日］大谷实：《刑事政策学》，黎宏译，法律出版社2000年版，第83页。

② 游伟、谢锡美：《犯罪化原则与我国“严打”政策》，载《法律科学》2003年第1期。

③ 林山田：《刑法的革新》，台湾学林文化事业有限公司2001年版，第127～128页。

④ 参见［日］大谷实：《刑事政策学》，黎宏译，法律出版社2000年版，第87页。

⑤ 钊作俊、刘蓓蕾：《犯罪化与非犯罪化论纲》，载《中国刑事法杂志》2005年第5期。

⑥ 梁根林：《刑事法网：扩张与限缩》，法律出版社2005年版，第4页。

舍弃刑罚的执行或为附条件的判决，从而使行为人不受到刑罚的制裁；或是增设追溯条件，或者在刑事程序法上规定不予追溯等”。① 还有学者将这种广义的非犯罪化界定为“通过立法将某些社会危害不大，没有必要予以刑罚处罚但又被现实法律规定为犯罪的行为，通过立法不再规定为犯罪，或者通过司法不予认定为犯罪，从而使这些行为合法化或者降格为行政违法化的行为，便是非犯罪化”。② 总体上来说，无论是立法上的非犯罪化还是司法上的非犯罪化，都是属于非犯罪化这一范畴；但与犯罪化相对的非犯罪化，以狭义的非犯罪化更为适宜，即仅指立法上的非犯罪化，是指“立法者将原本由法律规定为犯罪的行为从法律中剔除，使其正当化或者行政违法化”。③

我国现行刑法在犯罪化与非犯罪化方面做得如何，这直接决定了将来刑法修改时的立法政策。如有学者认为，“中国不宜提倡非犯罪化，因为中国不存在过度犯罪化。恰恰相反，中国的主要问题是犯罪化”；“这个观点在立法论上是正确的”。④ 有论者从分析刑事立法适应性的角度，论证刑事立法犯罪化的正当性：“以前的立法由于其滞后性特点已经不能适应新的发展，许多危害社会的行为处罚无法可依。因此在注重人权保障、确立轻刑化思想的前提下，我国现阶段应当实行刑事立法犯罪化。”⑤ 有学者对犯罪化的现实根据进行了分析，认为由于社会现实在不断变化、不断翻新，犯罪手段日趋增多，全球化浪潮又使得国际市场规范、环境污染防治、跨国犯罪的打击、国际恐怖主义的防控等问题，愈来愈超出国家的能力范围，成为世界各国共同面对的问题。自20世纪中期以来，国际社会通过了一系列国际性规范，制裁、打击种族隔离、海盗、劫持航空器、劫持人质、毒品犯罪等非法行为，呈现出统一的“国际刑法”的发展趋势。我国刑法虽已将涉及废物、恐怖活动、黑社会性质组织、洗钱等非法行为“入”罪，但对于国际公约明确规定的诸如种族灭绝、种族隔离、海盗、贩奴等行为，却未予入罪，刑法急需填补这方面的立法空白。⑥ 还有学者主张，“我国将来宜在刑法典增加背任罪、强制罪、业务上过失致死罪、制作虚假公文证件罪，同时可以删除被这些传统犯罪涵盖的具体犯罪。此

① 林山田：《刑法的革新》，台湾学林文化事业有限公司2001年版，第127页。

② 沈德泳、汪少华：《刑法修改与非犯罪化问题》，载《中国律师》1996年第10期。

③ 马克昌、李希慧：《完善刑法典两个问题的思考》，载《法学》1994年第12期。

④ 陈兴良：《刑法的价值构造》，中国人民大学出版社1998年版，第405页。

⑤ 胡伟峰：《刑事立法犯罪化的提倡》，载《前沿》2008年第4期。

⑥ 参见钊作俊、刘蓓蕾：《犯罪化与非犯罪化论纲》，载《中国刑事法杂志》2005年第5期。

外，刑法还应当增设国外刑法典几乎普遍规定了的传统犯罪，如暴行罪、胁迫罪、泄露他人秘密罪、侵夺不动产罪、公然猥亵罪、非法发行彩票罪、使用伪造编造的文书罪、盗窃坟墓罪、毁坏尸体罪等，以维护刑法的稳定性与正义性。"①

与上述主张立法犯罪化的观点相左，也有不少人提倡我国刑事立法应当坚持走非犯罪化道路。如有人认为，我国刑法的非犯罪化包括事实层面的非犯罪化和立法层面的非犯罪化，后者可以从以下方面切入来实现立法上的非犯罪化：强化"但书"出罪机能——对于轻微犯罪行为，通过"但书"的规定使其非犯罪化；增设正当化事由——在我国刑法总则中增设被害人承诺、正当业务行为两种正当化事由。② 持非犯罪化观点者认为，自由主义是犯罪化的思想渊源，法益保护、刑法谦抑是非犯罪化的理论根据；非犯罪化具有以下价值：通过其对犯罪化保持必要的反方向张力，使国家刑罚权对公民生活的干预处于一个合理的范围；通过其对犯罪化的反方向张力，保障刑法的健全发展。③ 20世纪五六十年代以来，西方国家掀起了席卷世界的非犯罪化运动，将轻微犯罪非犯罪化是当今各国刑法发展的趋势，吸收外国刑事立法的这种有益经验，是刑法现代化的要求。

此外，也有学者认为，我国刑事立法的完善，面临的主要任务是犯罪化，但是对个别罪名的非犯罪化也不容否定与忽视。④ 1997 年刑法典修订时实际上正是采纳了该观点。现行刑法典主要在坚持犯罪化的同时，对非犯罪化也有所体现，如在刑法总则中明确规定罪刑法定原则，确立了对行为人进行刑事追诉时必须严格按照法律的规定；明确了已满 14 周岁不满 16 周岁的人实施的严重危害社会的行为承担刑事责任的范围；刑法分则对有些罪名予以完全废除或者限制，如取消了组织、领导反革命集团罪，聚众打砸抢罪，非法管制罪，伪造、倒卖计划票证罪；对诸如流氓罪、投机倒把罪这样的"口袋罪"予以分解，明确入罪的范围，将有些行为排除在犯罪之外。

笔者认为，我国今后修订刑法首先应当是建构严密的刑事法网，同时应当对不合时宜的某些轻微犯罪非犯罪化，使之合法化或者行政违法化，即坚持走

① 张明楷：《刑事立法的发展方向》，载《中国法学》2006 年第 4 期。

② 参见郭小亮：《我国非犯罪化研究》，厦门大学 2007 届硕士论文，第 26 页以下。

③ 参见贾学胜：《非犯罪化与中国刑法》，载陈兴良主编：《刑事法评论》第 21 卷，北京大学出版社 2007 年版，第 506 页以下。

④ 参见赵秉志主编：《刑法改革问题研究》，中国法制出版社 1996 年版，第 99 页。

犯罪化与非犯罪化并进的道路，以保持刑法与社会的协调。

首先，刑法调控范围宜扩大，即在当前仍应强调适度的犯罪化。因为，第一，这是我国当前和今后一个时期同犯罪作斗争的需要。决定刑事立法犯罪圈大小的，除了立法者对犯罪规律的认识、对危害行为的好恶取舍等主观方面的原因外，最主要的是该社会同犯罪作斗争的需要。我国当前处于社会重要变革时期，以经济关系为主的社会关系日益复杂，新型的、需要刑法予以调整的严重危害社会的行为不断出现，有些过去不太突出的危害社会行为日益突出且危害严重，需要运用刑法予以规制。这也决定了在今后较长时期内犯罪化应成为我国刑法的基本趋势。第二，我国刑法对犯罪的界定与西方国家对犯罪的界定不同。我国刑法所确认的犯罪是指具有严重社会危害性、根据刑法规定应受刑罚处罚的行为。因此，我国是严格区别犯罪行为与一般违法行为的，不同的违法行为通过不同的法律规范来调整，以刑法调整犯罪行为，以民商事法律、行政法律调整犯罪以外的违法行为。从我国刑法的规定看，无论是刑法总则中关于犯罪的定义，还是刑法分则中各具体罪的法条表述，都可以看出我国刑法对犯罪采取的是“立法定性+定量”的模式。而在国外，很多国家的刑法将类似于我国的行政违法行为纳入到刑法典中。如法国刑法将犯罪区分为重罪、轻罪、违警罪，而其中的违警罪是以罚金相处罚的犯罪，类似于我国的行政违法行为。德国现行刑法典中虽然将犯罪区分为重罪与轻罪而没有违警罪的划分，但这也只是在1975年的刑法改革中才将违警罪排除在刑事犯罪之外的。西方国家所提倡的“非犯罪化”主要是针对违警罪这种轻微的危害社会行为而言的，这些行为在我国原本就没有将其视为犯罪。第三，当前坚持的犯罪化是“适度”的犯罪化，而不是“过度”的犯罪化。刑法具有保护法益的最后手段的特性——刑法的补充性；不介入市民生活的各个角落的特性——刑法的不完整性；即使现实生活中已发生犯罪，但从维护社会秩序的角度来看，缺乏刑罚的必要，因而不进行处罚的特性——刑法的宽容性。① 因此，在刑法立法犯罪化的过程中，不能脱离刑法谦抑主义而过度犯罪化。我们所强调的犯罪化，不是过剩犯罪化，刑法立法尽可能内敛，尽可能给社会和个人留出最大的自由空间，以保证社会主体自由的发挥。

其次，在主要坚持犯罪化方向的同时，适时检视刑法典，对某些法条规定的行为类型非犯罪化，保持刑法与社会的协调。随着社会的发展，形势的变

① 参见［日］大谷实：《刑法讲义总论》第四版修订版，第7页；转引自大谷实：《刑事政策学》，黎宏译，法律出版社2000年版，第86页下注。

迁，价值观念的更新，人们对同一行为的评价及容忍度也会发生变化。如我国现行刑法典废除了1979年刑法中规定的倒卖计划、供应票证罪，就是因为计划、供应票证是社会主义计划经济时代的特有产物，而随着我国由计划经济向社会主义市场经济转型，计划票证已经退出历史舞台，现实中已经没有倒卖计划、供应票证行为发生，即便有人买卖计划时期的票证，也不具有破坏经济秩序的危害性了，所以对该行为非犯罪化是历史的必然选择。

正如前文所分析，由于我国刑法规定的犯罪范围与西方国家犯罪的范围不同，我国采取的是既定性又定量的刑法立法模式，刑法所规定的犯罪都是严重的违法行为，由此决定我国不存在像西方国家那样广泛的非犯罪化空间，我们所强调的非犯罪化是指适度的非犯罪化。在修订刑法时，对哪些行为非犯罪化，理论界有人对此进行了有益的探讨。如有人认为，对下列犯罪应当予以非犯罪化：安乐死的非犯罪化等。① 我们认为，非犯罪化要以现行刑法的调整范围为基础，结合社会政治经济的发展、价值观念的更新等因素综合考虑。所以，在我国刑法调整范围本来就很内敛的情况下，非犯罪化只能是逐步进行的渐进过程——适时将由于政治经济发展所致及价值观念更新所致的危害性式微的行为非犯罪化。

（四）刑罚化与非刑罚化

犯罪化与非犯罪化、刑罚化与非刑罚化是当代西方刑法发展的两大主题。近年以来，随着西方非刑罚化思潮的兴起，我国理论界也开始关注这一问题，并形成了不同的观点。

对刑罚化与非刑罚化的概念，理论上还存在多种理解。如有一种观点主张我国刑法应当将保安处分措施纳入刑法条文，使之“刑罚化”。② 很显然，这里以“刑法化”代替“刑罚化”似乎更妥当，因为该论者是在表述要将保安处分措施纳入到刑法典中，而不是分散规定在其他法律条文中，而刑法规定的措施未必都是刑罚，如我国《刑法》第37条规定的训诫、责令具结悔过、赔礼道歉、赔偿损失等非刑罚处罚措施，虽然都规定在刑法中，但是很显然这些措施不是刑罚。在不扩大刑罚种类范围的情况下，即便将保安处分措施纳入到

① 参见于改之：《我国当前刑事立法中的犯罪化与非犯罪化》，载《法学家》2007年第4期。

② 参见田承春：《和谐社会与我国保安处分制度刑罚化》，载《四川师范大学学报（社会科学版）》2006年第4期。

刑法典中，依然不能改变其保安处分措施的性质。因此，“刑罚化”不等同于“刑法化”。还有一种观点认为对某些具体行为应予以刑罚处罚。如有人认为对非医学需要鉴定胎儿性别的行为予以“刑罚化”。① 我们认为，这种观点是没有区分“刑罚化”与“犯罪化”。刑罚化的前提是犯罪化。罪刑法定原则要求“无犯罪即无刑罚”，而犯罪的结果虽然大多是刑罚处罚，但是未必都是如此，为克服刑罚的弊端，以非刑罚处罚措施替代刑罚成为一种潮流。因此，刑罚化与犯罪化之间固然有联系，但是二者还是有区别的，犯罪化是刑罚化的前提，同时犯罪化又未必一定导致刑罚化。所以，“刑罚化”也不同于“犯罪化”。非刑罚化是与刑罚化相对应的概念。所谓非刑罚化，“是指用刑罚以外的比较轻的制裁替代刑罚，或减轻、缓和刑罚，以处罚犯罪”。② 非刑罚化在立法、司法、行刑的各个阶段均可实施。有人认为，“在立法阶段，将作为法定刑的死刑改为徒刑，或将监禁刑改为罚金刑等便属于”立法上的非刑罚化。③ 这里所论述的非刑罚化仅是指立法上的非刑罚化，且不包括以此种较轻的刑罚替代彼种较重的刑罚这种刑罚替代现象，而是仅指“用刑罚以外的比较轻的制裁替代刑罚”。

我国刑事立法在今后一段时期内不能完全放弃刑罚化。第一，我国正处在重要的社会变革时期，新的危害社会行为将会不断出现，因此，我国刑事立法对一些严重危害社会的行为采取必要的犯罪化是完全符合我国社会发展需要的。如果对一切危害行为都不给予必要的制裁，则社会的秩序与大众的幸福难有保障。刑罚是最严厉的制裁方法，具有迫不得已性，但这并不意味着对应该实施刑罚处罚的行为也仅因为刑罚的迫不得已性而不施加。第二，我国刑法对犯罪的规定采取的是“立法定性加定量”的模式，即我国刑法采取的是实质的犯罪概念，立法划定的犯罪圈很小。因而我国不存在西方国家大规模非犯罪化的空间，与之相对应地非刑罚化在我国刑法上也没有存在的余地。第三，我国刑罚种类的单一性决定了我国的刑罚化。现行刑法与1979年刑法相比虽有长足进步，但是并非完美，表现在刑罚方面就是刑种比较单一。随着我国改革开放的深入，犯罪也呈现出数量激增、种类丰富、结构复杂的特点，还有一些新型的严重危害社会的行为，由于刑法没有将其纳入到犯罪范围内，随着刑法

---

① 参见贾小龙、高国富：《非医学需要鉴定胎儿性别刑罚化之法理思考》，载《甘肃政法成人教育学院学报》2007年第6期。

② ［日］大谷实：《刑事政策学》，黎宏译，法律出版社2000年版，第107页。

③ 参见［日］大谷实：《刑事政策学》，黎宏译，法律出版社2000年版，第108页。

的完善，这些行为也将犯罪化。而我国刑法规定的刑罚种类不足。如交通肇事犯罪已成为社会的一大公害，而我国刑法没有规定有剥夺犯罪人驾驶资格的刑罚，这也不利于发挥刑法在遏制交通肇事犯罪行为方面的作用。因此，在今后一个时期，对某些行为刑罚化是必然的。第四，西方刑罚的发展并非都是如我国有些学者所说的非刑罚化占主导地位。“事实上，基于目的刑观念和成本—效益观念的现代西方国家的刑事政策，在强调对轻微犯罪甚至一般犯罪非刑罚化的同时，也十分重视集中有限刑罚资源严厉惩罚严重刑事犯罪。”① 第五，宽严相济的刑事政策是我国刑罚化的政策基础。宽严相济的刑事政策的核心含义就是当宽则宽、当严则严，任何只强调一个方面的做法都是背离该政策的。“当严则严”意味着对于那些严重危害社会的行为，不能盲目从宽、非刑罚化，该动用刑罚制裁的，决不能以非刑罚方法代替刑罚。

我国刑事立法要加强非刑罚化。我国刑事立法不能完全放弃刑罚化，但并不是说我国刑事立法要走刑罚化道路，相反，在适当刑罚化的同时，我国更要坚持非刑罚化，而不是只强调其中一方面而忽视另一方面。

非刑罚化具有其法理基础与现实需求。非刑罚化的法理基础主要体现在以下几个方面：

第一，刑罚的补充性特征与人权保障理论要求非刑罚化。刑罚的补充性是刑法谦抑主义的一个重要方面。刑法谦抑主义是刑法的补充性、不完整性、宽容性三者的综合，既是刑法解释的原理，又是刑事立法的原理。② 刑罚的补充性，是指在各种控制犯罪行为的方法中，刑罚具有最后性，即只有在其他方法都无法预防犯罪和惩治犯罪人时，才能动用刑罚；如果用非刑罚方法就可以达到上述目的，就不能适用刑罚。换言之，刑罚是作为一种具有补充性和最后保障性的措施而发挥作用的。刑罚的补充性与刑罚的严厉性是紧密联系的。因为刑罚本身就是一种恶害，轻者限制犯罪人的自由，重者剥夺其生命。因此，刑罚的适用不可不慎重。不必要的刑罚即是对人权的侵犯。在强调人权保障的时代背景下，限制刑罚的发动是人权保障的应有之义。

第二，刑法经济性原理要求非刑罚化。刑罚在抑制犯罪方面虽然可以发挥一些积极的社会效益，但动用刑罚取得这种积极社会效益是要付出一定的社会成本的。以刑罚防制犯罪的代价非常高昂。从量刑到行刑，要配置大量的司法

① 梁根林：《非刑罚化——当代刑法改革的主题》，载《现代法学》2000 年第 6 期。

② 参见［日］大谷实：《刑事政策学》，黎宏译，法律出版社 2000 年版，第 86 页注。

资源，这是刑罚的直接投入。此外，刑罚的适用过程将会产生一系列副作用，如短期自由刑的交叉感染效应、对犯罪人及其家属的标签效应、民众对刑罚产生耐受性等。

第三，报应刑罚观在现实生活中面临挑战也为非刑罚化提供了理论上的支持。报应刑理论根植于人类“善有善报，恶有恶报”这一根深蒂固的报复情感。报应刑的基本要求是有罪必罚、重罪重罚、轻罪轻罚，以满足人类的报应情感和对正义的追求为目标，不考虑刑罚的功利目的特别是对犯罪的预防。所以，在严格的报应刑视野中是没有非刑罚化的存在余地的。由于报应刑论在发挥刑罚预防犯罪方面存在的先天不足，难以适应社会变革而犯罪激增的社会形势，目的刑论在对报应刑论提出批判的同时而逐渐成为主流性理论。目的刑论兼顾防卫社会与刑罚个别化效能，以预防犯罪为目的，但刑罚在实现这一目的中的作用是有限的，以“刑罚替代措施”来弥补刑罚的功能性缺陷成为可能。非刑罚化符合这一理论的需求因而被提出。

第四，犯罪学理论的新发展为非刑罚化提供了实证基础。19 世纪以来，以龙勃罗梭为代表的实证犯罪学派，通过运用生物学、统计学、社会学、心理学等现代自然科学及人文科学的最新研究成果，大大加深了对犯罪和犯罪人的研究，提出了许多科学的理论。在对犯罪的认识上，犯罪学研究的结果表明，犯罪是与社会并存的，是社会弊病的表现。犯罪不能被根除，更不能通过刑罚来根除，希望通过刑罚来根除犯罪是一种理想而不是科学，更不能在刑罚不能达到理想的目的时倒向重刑主义。“重刑主义指导下的刑罚本身又构成了社会的一种弊病，非但无法抑制犯罪，还会在一定程度上刺激犯罪。”① 在对犯罪人的认识上，犯罪标签理论认为，有的人之所以变成罪犯，是因为社会因其违法或者不当行为而给他贴上了“罪犯”的标签，被贴上标签的人正由于这个烙印而“破罐子破摔”，渐渐变成真正的罪犯。对比较轻微的犯罪处以刑罚，就意味着给行为人贴上了罪犯的标签，这对行为人的人格、服刑后的社会化过程都将造成负面影响。因此，对于轻微犯罪人不应动辄处以刑罚，而应尽量以非刑罚方法替代刑罚措施，避免给行为人贴上罪犯的标签而导致其成为真正的罪犯。非刑罚化正适应了这一要求。

第五，现实中的犯罪形势要求非刑罚化。伴随着工业化的进程，一方面是人们物质生活水平的提高，另一方面犯罪率也不断上升，如果对犯罪人都处以

① 严厉、董砺欧：《“非刑罚化”与“刑罚化”——论刑罚的退守与进攻》，载《政治与法律》2004 年第 3 期。

刑罚，将会导致监狱人满为患。有些犯罪是在工业化的过程中基于过失的犯罪，如随着汽车的普及，交通肇事罪频发。对一般交通肇事罪这种较轻的过失犯罪行为人如果处以监禁刑等刑罚，则监狱将面临极大的改造罪犯的压力，对罪犯的改造效果势必难以保证，而且罪犯间的交叉感染效应必将不利于对过失犯的改造。因此，可以对这种过失犯非刑罚化，如对轻微交通肇事的司机吊销其驾驶执照，禁止其在一定期限内驾驶汽车；对扰乱公共安宁的犯罪人强制其从事一定的公共服务，强化其公共意识等。非刑罚化一方面避免了对罪犯适用刑罚，减轻了监狱的压力，另一方面丰富了矫正罪犯的方式，改变了国家在矫正罪犯方面一元化的格局，注意发挥社会、社区等在矫正罪犯方面的作用，实践证明既节省了国家的投人，又能较好地改造罪犯。

我国现行刑法在非刑罚化方面存在一些不足。现行刑法在修订时根据当时“惩办与宽大相结合”的基本刑事政策，在打击犯罪的同时，也规定了一些对犯罪人免除刑罚处罚的制度和免除处罚情节。根据我国刑法规定，法定免除处罚情节包括应当免除处罚情节和可以免除处罚情节。应当免除处罚情节包括：犯罪中止并且没有造成损害的；防卫过当；避险过当；犯罪后自首并有重大立功表现等。可以免除处罚的情节包括：我国公民在我国领域外犯罪，在外国已经受过刑罚处罚的；又聋又哑的人或者盲人犯罪的；预备犯；犯罪中止但已经造成损害的；从犯；犯罪以后自首，犯罪较轻的；有重大立功表现的；个人贪污数额在5000元以上不满1万元，犯罪后有悔改表现，积极退赃的；行贿人在被追诉前主动交代行贿行为的；非法种植罂粟或者其他毒品原植物，在收获前主动铲除的，等等。此外，我国刑法还规定了一些非刑罚措施，主要有：(1)《刑法》第17条第4款规定，因不满16周岁不予刑事处罚的，责令他的家长或者监护人加以管教；必要时也可以由政府收容教养。(2)《刑法》第18条规定，对精神病人实施的危害行为，经法定程序鉴定确认不负刑事责任的，应当责令其家属或者监护人严加看管和医疗；必要时由政府强制医疗。(3)《刑法》第36条第1款规定，由于犯罪行为而使被害人遭受经济损失的，对犯罪分子除依法给予刑事处罚外，并应根据情况判处赔偿经济损失；第36条第2款规定，承担民事责任的犯罪分子，同时被判处罚金，其财产不足以全部支付的，或者被判处没收财产的，应当先承担对被害人的民事赔偿责任。(4)《刑法》第37条规定，对于犯罪情节轻微不需要判处刑罚的，可以免除刑事处罚，但是可以根据案件的不同情况，予以训诫或者责令具结悔过、赔礼道歉、赔偿损失，或者由主管部门予以行政处罚或者行政处分。(5)犯罪分子违法所得的一切财物，应当予以追缴或者责令退赔；对被害人的合法财产，应当及时返还；违禁品和供犯罪所用的本人财物，应当予以没收。从上述我国《刑法》关于非刑罚措施的规定可以看出，在非刑罚化方面，我国刑事立法中的非刑罚处理措施还没有形成一个系统、完整的体系。

我国刑事立法关于非刑罚化的规定需要从多方面完善。首先，应当增加非刑罚处理措施的种类。我国现行刑法关于非刑罚处理措施种类单一，难以适应同犯罪作斗争的需要。如我国交通肇事犯罪形势非常严峻，根据《刑法》第133条的规定，对犯交通肇事罪的犯罪人，处有期徒刑或者拘役。西方不少国家的刑法中都设立了类似于吊销执照性质的吊销驾驶执照的处理措施。如《西班牙刑法典》和现行《德国刑法典》均有类似规定。我国刑法确立了对精神病人必要时的政府强制医疗制度，但对于其他需要实施强制医疗的人刑法未规定政府可以对其实施强制医疗，如患有严重性病的人卖淫或者嫖娼，构成传播性病罪时，对其强制医疗是必要的。我国将来完善刑法时应当增设一些适合我国国情的处理措施，使非刑罚处罚措施更加完备。其次，应当从结构上完善我国非刑罚处理措施与刑罚之间的关系。我国《刑法》在第三章"刑罚"第一节"刑罚种类"中规定了训诫、责令具结悔过等非刑罚处理措施，同时又在其他部分规定了类似保安处分的强制治疗等处理措施，体系混乱。建议完善刑法时，参照1999年《德国刑法典》的规定，在"犯罪"一章之后以"犯罪的法律后果"代替"刑罚"作为章名，具体包括刑罚、非刑罚处理方法、保安处分。最后，应当规范非刑罚处理措施的适用条件和适用程序。在规定非刑罚处理措施时，应明确适用该措施的条件；对于适用非刑罚处理措施的程序，建议在相关程序法中设立与刑法的规定相配套的制度，避免因程序规定不明而缺少可操作性。

笔者认为，刑事立法应当按照"宽严相济"基本刑事政策的要求，该重的重，该轻的轻，区分犯罪的不同性质、危害程度，差别对待，对犯罪行为不能"一棍子打死"，一律"从重从快"处罚，也不能以迎合西方"非刑罚化"思潮为理由而大肆非刑罚化。

（五）重刑化与轻刑化

重刑化与轻刑化问题同犯罪化与非犯罪化问题一道，是当代刑事立法所面临的两个抉择性问题，也是刑法理论界长期关注的一个话题，特别是在刑法修订阶段，对该问题的讨论更是热烈，也更具有现实意义。重刑化与轻刑化，从广义上来说，都可以体现在立法和司法两个方面，这里主要就刑事立法方面的重刑化与轻刑化问题进行探讨。一般来说，"重"与"轻"是在比较的意义上而言的，因此，重刑化与轻刑化也是在比较法上体现出来的。这种比较，包括纵向与横向两个方面。所谓纵向的比较，是指一个国家不同历史时期的刑事立法之间的比较。这种比较是一种历史学路径上的分析方法。横向的比较，则是指同一历史时期不同国家的刑事立法之间的比对。

重刑化与轻刑化既是一种对刑罚发展趋势的解读，也应包含对罪刑配置的表述。在重刑化与轻刑化两种针锋相对的观点之外，还有一种被称之为适度化的观点。该观点认为，重刑化、轻刑化是两个极端，是片面的观点，是不符合我国的立法和司法发展实际的。作为刑事立法和司法的指导思想，应该是宽严相济、轻重适当，既防止重刑化，又防止轻刑化。① 对上述观点，有学者提出批判，认为该观点“貌似有理，其实并非在同一个基础上探讨问题。轻刑化与重刑化是指刑罚轻重的发展趋势，涉及的是刑罚的整体调整。因此，轻刑化与重刑化是对刑罚的一种动态分析。而刑罚适度化的观点是对刑罚的一种静态分析”。在一个已经确定的刑罚体系中，应该罪刑适度、相当，区别对待。“它不能代替轻刑化与重刑化的讨论，更不能以此作为否定轻刑化与重刑化的理由。因为无论在轻刑化还是在重刑化的刑罚体系中，同样都存在一个刑罚适度的问题。”② 我们认为，关于重刑化与轻刑化的研究，除了比较不同国度、同一国度不同历史时期的刑事立法中刑罚轻重的不同外，对同一刑事立法也应从刑罚结构是否科学、法定刑配置是否符合罪责刑相适应原则的角度来考察立法者的立法倾向，对此，后文将专门论述。

重刑化与轻刑化可以适用于不同的对象：可以是就刑事立法的整体进行的评价，也可以是针对某个具体的犯罪而言的，还可以是就某类犯罪来说的。

重刑化与轻刑化的前提都是行为构成犯罪。③ 罪刑法定原则是现代刑法的基本原则，而罪刑法定原则的基本要求之一即是“无犯罪即无刑罚”。所以，脱离犯罪而谈论重刑化或者轻刑化是无本之木。

---

① 参见梁根林：《刑法改革的观念定向》，载陈兴良主编：《刑事法评论》第 1 卷，中国政法大学出版社 1997 年版，第 137 页；转引自陈兴良：《刑事政策视野中的刑罚机构调整》，载《法学研究》1998 年第 6 期。

② 陈兴良：《刑事政策视野中的刑罚机构调整》，载《法学研究》1998 年第 6 期。

③ 这里不能用“犯罪化”这一提法，因为“化”是指“使某事物怎么样”，在立法意义上，犯罪化是指将原本不是犯罪的行为作为犯罪对待。而重刑化与轻刑化则是对犯罪行为的刑罚配置而言的，这里的犯罪行为可以是长期以来就已经作为犯罪的行为，也可以是原来不是但经犯罪化后方纳入犯罪圈的行为。

我国刑事立法究竟应当走什么样的道路在学界目前尚存争议。有学者主张我国刑事立法应当坚持轻刑化，并提出如下理由：我国政治民主化程度越来越高，这为轻刑化提供了政治基础；随着我国社会转型的逐渐完成，社会必将进入一个稳定发展时期，彼时，刑罚不再是主要的，更不是唯一的调整社会矛盾的手段，刑罚的重要性日渐消退，从而为轻刑化创造一定的社会条件。市场经济是轻刑化的经济基础；依法从重从快的刑事政策并未达到理想的抗制犯罪的效果，需要对该政策进行适当调整，调整的方向是刑罚的轻缓化，通过切实有效的刑事法律活动，力求将犯罪控制在社会所能够容忍的限度之内，这是轻刑化的法律基础。① 也有人通过对轻刑化的法理基础、历史基础以及现实基础的分析，提出我国刑罚轻刑化的路径。② 目前，我国刑法学界尚无人明确主张在我国刑法中实行重刑主义，但也有学者针对轻刑化论者的个别主张提出不同的看法。如有学者针对主张财产刑应局部扩大，甚至以财产刑代替自由刑成为刑罚的中心的观点，提出“财产刑在长时期内均不应成为我国刑罚的独立责任方式”。③

此外，还有学者提出，“整体趋轻，两极走向”的思路，认为重刑化固然有其致命缺陷，但是这并不意味着我国可以走轻刑化的发展之路，“整体趋轻，两极走向”的刑罚结构，应当成为我国刑事政策指导下的刑罚发展的基本方向和必然选择。④

笔者认为，重刑化与轻刑化不能撇开罪责刑相适应原则，否则没有意义。至于学者对这种强调罪责刑均衡的“适应说”的批评，我们认为其理由值得商榷。首先，重刑化与轻刑化并不都是指刑罚轻重的发展趋势，还可以是对现存刑罚结构、法定刑配置的评价。在前者意义上使用时，它们是一对应然意义上的概念；在后者意义上使用时，它们则是一对实然的评价性词汇。在作为评价性词汇使用时，重刑化与轻刑化则是指法定刑是否偏离了罪责刑相适应原则。从理论上来说，在任何时期，刑事立法都应当恪守罪责刑相适应原则，都

---

① 参见陈兴良：《刑事政策视野中的刑罚机构调整》，载《法学研究》1998 年第 6 期。

② 参见俞湘静：《轻刑化的正当依据与现实路径》，华东政法学院 2006 届硕士论文，第 15 页。

③ 冯亚东：《罪行关系的反思与重构——兼谈罚金刑在我国现阶段的适用》，载《中国社会科学》2006 年第 5 期。

④ 参见游伟、谢锡美：《“两极化”走向：西方刑罚发展的基本态势》，载游伟主编：《华东刑事司法评论》第 2 卷，法律出版社 2002 年版，第 6 ~ 40 页。

应刑罚适度，但这只是理论上的要求，现实立法中罪刑偏离的现象时有发生。正是由于立法中存在这种偏差，同时更是为了纠正这种偏差，做到罪刑相当，防止重罪轻罚、轻罪重罚，在此意义上使用“重刑化”或“轻刑化”是无可厚非的，也并不违背语词本来的含义。那种将重刑化与轻刑化界定为仅指刑罚的发展趋势的做法，是对语词本身含义的误解，是值得商榷的。其次，重刑化与轻刑化既可以涉及刑罚的整体，也可以只限于某些甚至个别犯罪的刑罚配置。如有人通过分析我国刑法中有关经济犯罪的法定刑，提出对经济犯罪轻刑化的建议。这种观点，都离不开对罪刑均衡的分析。再次，如果不考虑当下的罪刑关系而论述重刑化与轻刑化问题，则易致脱离实际而流于空洞的说教。从人类刑罚史看，刑罚越来越轻缓的趋势非常明显，从刑罚体系由古代的生命刑为主到现代的自由刑为主，并且在将来可能过渡到以财产刑为主，死刑的执行也经历了从不人道的折磨性执行死刑到减少被执行人痛苦的执行方式的转变，这些都表明人类刑罚史可以说也是一部刑罚逐渐轻刑化的历史。如果仅限在此意义上研究轻刑化与重刑化，则意义不大，因为这一历史规律已成共识。在立法论的层面研究重刑化与轻刑化，是为了使刑事立法在体现罪刑均衡原则的前提下，顺应历史发展潮流。脱离本国刑事立法实际，不顾罪刑均衡原则而一味迎合轻刑化的所谓“国际潮流”，强调搞轻刑化，其结果既可能导致刑罚功能缺失的危险，还会因脱离本国实际而导致难以满足社会一般公众的正义理念的要求，最终使刑法维护秩序、保障人权的目的难以实现。

结合人类刑罚发展的历史和罪责刑相适应原则以及宽严相济的刑事政策，我们认为，我国刑罚发展的总体趋势应当是在罪责刑相适应原则的指引下，整体趋轻、“两极”发展。尽管持我国刑事政策思想应当是整体趋轻、两极发展观点的学者对“适应说”也提出了与轻刑化论者相同的批判，但我们认为，这种批判值得商榷，前文已有所分析，此处不赘。

罪刑均衡是指罪刑的相对均衡。罪刑之间的适应，在现代还无法达到绝对的一一对应关系。从应然的角度讲，每种犯罪的法定刑都应与该行为的社会危害性相当，但这毕竟只是一种理论上的理想状态，是立法者所应追求的目标。事实上最终体现到刑法条文中的实然的法定刑未必完全反映了这种应然的法定刑，因为实然法定刑的配置既取决于立法者对该犯罪行为危害性的认识程度，又受到立法者的价值取向、对犯罪规律的把握程度、当前社会治安形势甚至个别案件的影响。绝对的罪刑均衡难以完全实现，相对的罪刑均衡则是必须坚持的。我们认为，相对的罪刑均衡有偏向从重方向的均衡（姑且称之为“从重性的均衡”）与偏向从轻方向的均衡（姑且称之为“从轻性的均衡”），这两种偏向只要在罪刑均衡原则张力范围内，就不是对罪刑均衡原则的背离，而罪刑均衡原则的张力范围则取决于该危害行为的客观危害性程度和当时社会大众对犯罪行为的感受度这两个因素。前者是基础性因素，后者则是调节性因素。在任何社会，蓄意的杀人犯罪的法定刑都应该比伤害犯罪的法定刑重，因为杀人是对生命的终极剥夺，其客观危害性比伤害他人身体的危害性大。但是，这只是对人类刑法史上的一般现象而言的，在特定的社会，人们对不同犯罪行为的社会危害性的感受度是有变化的。我们认为，我国当前刑事立法应当沿着“整体趋轻，两极发展”这样的道路前行。

其一，整体趋轻。历史已经证明，人类刑罚发展的整体趋势是刑罚的轻缓化。这种轻缓化表现在以下几个方面：第一，关于刑法调整的对象。古代刑法中，刑法不仅调整人的行为，对纯属人的动机甚至梦境都予以处罚。中国古代刑法中的“腹诽罪”，就是不需要言语或行为证据，只需要推定心理活动即可定罪。国外刑法史上也曾经有类似的立法与司法案例。现代刑法只处罚严重违法的行为，不再对人的思想定罪处罚，这已成为共识。第二，刑法原则。古代刑法中类推、法外用刑、株连等大量适用。现代刑法都已确立了罪刑法定、罪责自负等原则，因而，从此意义上讲也是刑罚轻缓化的一大进步。第三，法定刑配置。刑罚的轻缓化在法定刑的配置上也有佐证。以盗窃罪的法定刑为例。现行德国刑法中关于普通盗窃罪的法定刑为5年以下自由刑或者罚金，而欧洲历史上的《加罗林纳法典》中规定偷捕他人池塘中的鱼都会被判死刑。现在，对普通财产犯罪不再判处生命刑已经得到普遍的认同。

其二，“两极”发展。所谓“两极”发展，也有人称之为“轻轻重重”，即对一些轻微的犯罪以及偶犯、初犯等，对其处罚程度越来越轻；对严重的犯罪，特别是暴力性犯罪，以及累犯、惯犯等实施严厉的刑事制裁。即一方面更轻，一方面更重。

刑罚结构的设计、法定刑的配置具有手段性，都服务于刑罚的目的——预防犯罪。随着社会的发展，社会关系日益复杂，价值认同日益多层次，加之刑罚的秩序维持价值受到人权保障价值的冲击而式微，有些犯罪行为的社会危害性在重新评价后日益淡化，根据罪责刑相适应原则对其配以较轻的法定刑是必然要求。由于社会关系的复杂化，社会调控手段也应多元化，为了避免“刑法肥大症”，刑法在对新的危害行为犯罪化的同时，也须时时检视自身的规定，对有些行为适时非犯罪化、轻刑化。实践已经证明，重刑主义观念导致疏于对其他法律、制度的建设和完善，使社会治安综合治理方针趋于虚设。① 因此，必要的轻刑化既是顺应刑罚轻缓化历史发展规律的要求，也是保持刑法同社会发展协调一致的要求，更是克服重刑主义弊端的选择。

重刑化无论是从理论上还是现实效果上，都不能作为我国刑事立法上罪刑结构的指导思想，但是这并不意味着我们必须选择轻刑化为刑事立法指导方针。我们认为，对有些犯罪，不能借口轻刑化而从轻处理，应在罪刑均衡的前提下该重的必须从重。首先，在主张轻刑化的人中存在一种不正确的认识，即认为西方国家刑罚的发展趋势是轻刑化，因此要求我国刑罚的发展也应轻刑化。这其实是对西方国家刑罚发展的误读。从整体上说，西方刑罚发展的趋势是趋向轻刑化，但是并非对所有犯罪都是如此。上述观点是错误地把西方国家刑罚某个方面的现象当做整体趋势来看待。从历史角度看，人类的刑罚，包括西方的刑罚是朝轻缓化方向发展，当代西方刑罚发展呈现整体趋轻，具体则朝两极方向发展的态势。其次，伴随科技的进步，新的危害严重的行为时有发生。科技发展是一把双刃剑，用之得当固然人类受益，但是如果将科技成果用到犯罪中，则会致犯罪危害结果陡增。如果固守轻刑化的窠臼，则一方面会与罪责刑相适应原则相悖，同时也会导致对这些新型危害行为打击不力的结果。再次，“轻刑化违背了罪刑内在关系的规律要求，片面强调刑罚的教育、感化功能，必然导致刑罚功能的缺损，从而难以起到整体预防犯罪的功效，也难以满足社会一般公众的正义理念的需求，最终导致刑法维护秩序、保障人权目的的难以实现”。②

总之，无论是重刑化，还是轻刑化，都不应偏离罪刑均衡的原则。无视罪刑均衡，一味强调重刑的刑法必然导致对人权的侵犯，实践证明这种重刑化刑法也不能实现秩序维持的效果，因此最终导致刑法作用淡化；撇开罪刑均衡的轻刑化论点，也不是真正地维护人权、顺应时代潮流的科学观点。

二、刑法修改应特别注意的问题

（一）明确性的问题

刑事立法需要通过文字将立法者所要表达的主观愿望固定下来，即表现为

---

① 参见游伟、谢锡美：《“两极化”走向：西方刑罚发展的基本态势》，载游伟主编：《华东刑事司法评论》第2卷，法律出版社2002年版，第35页以下。

② 游伟、谢锡美：《整体趋轻，“两极”走向》，载公丕祥主编：《金陵法律评论》2001年秋季卷，南京师范大学出版社2001年版，第36页。

成文化的刑法条文。立法者要将其意志反映到立法成果中，并在今后通过法律的实施使其意志得到实现，就必须要求所制定的法律能够明确地体现其思想，司法人员在贯彻落实刑法时能够准确地理解法条含义，正确司法；社会大众在学习刑法时能够正确地理解其含义，不会发生因理解偏差而违反刑法的现象。这就要求法条明确。刑事立法的明确性，又称避免含糊性，也有人称之为刑法的确定性，主要是指立法者必须明确规定刑法法规，使普通公民对法律充分明晰，使司法官员充分理解，防止适用法律的任意性。① 简言之，就是指“刑法应当简单、明晰和准确”。②

判断刑法是否具有明确性，意大利刑法学者杜里奥·帕多瓦尼提出了两条标准：第一，判断一个条文规定是否明确时，应该对该条文使用的语言进行全面的分析，从整体上判断该规定是否明确规定了适用的范围；第二，不能脱离法律规范的作用来孤立地考察法律规定是否明确的问题。必须根据具体规范的目的、作用及其与其他刑法规范之间的联系进行综合判断。③

坚持刑事立法的明确性具有重要意义。从一定意义上讲，明确性是对包括刑事立法在内的一切立法活动的最基本要求。因为法条意思含糊，必然导致执法、司法、守法活动中相关主体对法条应有含义的误解、曲解，降低法律权威，也可能导致对权利的侵犯，不利于法的遵守与执行。

首先，坚持刑事立法的明确性是对立法权威的保障。现代法的制定过程严格、规范，从法案提出到法的公布实施大致要经历如下几个阶段：提出法案、审议法案、表决和通过法案、公布法案。这还不包括提出法案前的立法准备阶段的一系列诸如立法预测、论证等准备性活动。上述过程并非任何主体都可以为之。现代各国宪政都确立了立法机关，而“立法机关是国家政权机构中地位最高的国家机关，是权力机关、决策机关”。④ 立法主体的特定性、地位的

① 参见游伟、孙万怀：《明确性原则与“罪刑法定”的立法化设计——兼评修订后的〈中华人民共和国刑法〉》，载《刑法问题与争鸣》(第 2 辑)，中国方正出版社 2000 年版，转引自赵秉志：《赵秉志刑法学文集·刑法总则问题研究》，法律出版社 2004 年版，第 124 ~ 125 页。

② ［美］迈克尔·D. 贝勒斯：《法律的原则——一个规范的分析》，张文显等译，中国大百科全书出版社 1996 年版，第 356 页。转引自李希慧主编：《中国刑事立法研究》，人民日报出版社 2005 年版，第 133 页。

③ 参见［意］杜里奥·帕多瓦尼：《意大利刑法学原理》，陈忠林译，法律出版社 1998 年版，第 28 页。

④ 周旺生主编：《立法学教程》，北京大学出版社 2006 年版，第 186 页。

至上性，立法程序的法定性，都是为了保证立法机关制定的法律具有高度的权威性。法条的含糊不清是对法律权威的最大损害，因为这样的法律在适用中会导致人们无所适从，要么依赖权威的解释，要么按照适用主体自己对法条的理解行事。前者无异于在立法机关之外再附设一个解释主体，而该解释主体对法律的解释是否符合立法机关的本来意思，则取决于解释者自身，而不是立法机关，这样立法权无形中被肢解，法律的权威让位于解释的权威。后一种情况则会导致更加恶劣的结果：司法人员因缺少明确的规范作为判案依据，有的怕错判承担责任而不敢判，有的为了谋取私利而故意曲解法律进行裁判，还有的因规范不明而错判；社会大众因为法律规定不明，缺少对行为的指引作用，要么畏首畏尾不敢越雷池半步，从而限制了应有权利的行使，要么因理解偏差而违法尚不自知。所有这些，都是对立法权威的破坏。对立法权威的尊重就是依法办事，而不是按照自己或者其他第三方的意志行事，在“有法可依”的前提下，真正做到“有法必依”。

其次，坚持刑事立法的明确性是准确司法的必然。“以事实为依据，以法律为准绳”是我国司法机关办案的基本要求。“以法律为准绳”就是要求司法机关严格依照法律的规定办事，不能超越法律的规定，特别是不能超越刑法的规定擅自出入人罪、法外用刑、法外废刑。这是罪刑法定原则的要求，也是对立法权威的尊重。刑法要发挥其准绳作用，必须规范明确，杜绝司法人员按照自己的意图随意“明确”刑法含义的情况发生，否则刑法就会沦为司法者滥用司法权的最有效的“橡皮图章”。加之我国不是实行判例法的国家，上级法院的有效判决对下级法院不具有指导意义，至多仅起到“审判参考”的效果。因此，只有刑法的规定明确，司法准确才能有实现的前提。如果缺少明确的大前提，很难想象能保证司法产品——判决结果的公正。明确的刑法规定也是保证判决结果顺利执行的需要。刑法规定明确，则被告人就能按照该规定对自己的行为进行自我裁量，被害人也能据此有明确的预期，社会公众也能根据刑法的规定产生明确的期待，这种裁量、预期、期待的结果直接影响到法院判决的执行效果：如果前者与后者之间的差异较小，则法院的判决将能获得广泛的认同，不会引起被告人的上诉、被害人的怨恨、社会公众的不平，从而降低司法成本，提升司法权威。

再次，坚持刑事立法的明确性是保障人权的需要。犯罪是严重危害社会的行为，且大部分犯罪是对人权的侵犯。法律越为公众所知晓，越能增加公众守法的自觉性。刑法也是如此。“了解和掌握神圣法典的人越来越多，犯罪就越少。因为，对刑罚的无知和刑罚的捉摸不定，无疑会帮助欲望强词夺理。”①对因刑法规定不明而导致的犯罪人进行处罚有“不教而诛”之嫌。刑法规定明确，将会堵塞法官出入人罪、法外施刑的渠道，减少冤假错案的发生。因为不明确的规定将给司法官员徇私枉法提供最好的理由，他们可以将法条按照自己的愿望去解释，为自己的判决寻找法律上的“正当”依据。对被告人不利的错误判决除了有损一般的社会正义外，还会侵害被告人的人权。刑法是被告人合法权益的大宪章。刑法要发挥其保护被告人合法权益的大宪章的作用，首先必须确定罪刑法定原则，明确什么行为是犯罪，各种具体犯罪应当承担什么刑事责任，应受到怎样的刑罚处罚。因此，从保障人权角度也要求刑法必须明确。

刑事立法的明确性应是相对的。与一切评价性语词一样，“明确”也具有相对性。刑事立法的明确性受到以下几个方面因素的制约：第一，立法者的立法水平。立法者对犯罪规律的认识，对行为危害性的认识，对罪刑关系的认识，对立法指导思想的认识，对立法语言、立法技术的把握等因素都直接影响到刑事立法的明确。立法者在立法时能清楚认识某行为的表现方式，对其社会危害性有精准的衡量，对罪刑关系有科学的认识，那么在正确的立法思想指导下，通过立法技术的运用，以准确的语言将其立法意图法定化的结果就是科学的立法过程。上述任何因素的缺失都会影响到立法的明确性。第二，语词本身的固有缺陷。语言是表达思想的工具，但是并非人类的思想都是可以通过语言准确地表达出来的。正如哈特所说，“任何选择用来传递行为标准的工具——判例或立法，无论它们怎样顺利地适用于大多数普通案件，都会在某一点上发生适用上的问题，将表现出不确定性；它们将具有人们称之为空缺结构的特征”。“就立法而言，我们把空缺结构作为人类语言的一般特征提出来了。”②而且，语词本身的含义也是发展变化的。③ 第三，刑法条文的有限性。与社会生活的纷繁复杂相比，刑法条文是有限的，它不可能对社会中的一切犯罪类型作出详细的描述。尽管我国现行刑法与 1979 年刑法相比，条文数量由原来的 192 条增加到 452 条，但是这仍然不能穷尽犯罪行为的类型，刑法也没有对各

---

① ［意］切萨雷·贝卡里亚：《论犯罪与刑罚》，黄风译，北京大学出版社 2008 年版，第 15 页。

② ［英］哈特：《法律的概念》，张文显等译，中国大百科全书出版社 1996 年版，第 127 页。

③ 参见苏力：《解释的难题——对几种法律文本解释方法的追问》，载《中国社会科学》1997 年第 3 期。

罪的罪状、法定刑作出完全详细的规定。第四，立法技术有时需要法条保持适度的模糊。法律也并非是规定得越明确越好，相反，适当的模糊性往往是立法上的技巧所需。越是明确的法条，其适用范围越狭窄，其对社会变动的适应性越差。法律要适应变动的社会状况，要么频繁修订，要么保持一定的弹性，给司法者适当的解释空间，在明确性与稳定性之间保持适当的平衡。显然后者是科学的明智选择。法条过于明确，必然会出现法律漏洞。因此，适当的模糊性并非违背法律明确性的要求，只要这种模糊性不会授予司法者“任意解释皆可能”的权力，不会置社会大众依此将无所适从的困境即可。

总体而言，我国现行刑法的规定明确性较强。主要表现是在刑法总则中专门设立一章，对涉及犯罪构成的一些重要概念，如公共财产、国家工作人员、重伤、违反国家规定、首要分子等，均作了明确的立法解释；在刑法分则中，对恶意透支、商业秘密、淫秽物品、毒品等概念予以明确，对绝大多数犯罪采取一条文一罪名的立法方式，尽可能使用叙明罪状等。但是，这并不意味着我国刑法在明确性方面已经做到尽善尽美了。有学者将我国刑法在明确性方面的不足归结为在罪的明确性方面与刑的明确性方面。前者主要是我国刑法中有一部分具体犯罪的罪状描述，存在用语模糊不清的缺陷。如《刑法》第120条关于组织、领导和积极参加恐怖活动组织罪的规定，对什么是“恐怖组织”这一直接涉及犯罪构成的关键术语没有明确的界定。《刑法》第234条第2款关于以特别残忍的手段致人重伤造成严重残疾的规定，对什么是“特别残忍的手段”没有明确其内涵，对这种评价性词汇的理解易生歧义。

我国刑法在刑的明确性方面也存在一些不足。如，刑法分则规定有罚金刑的条文中，大部分是无限额罚金刑。我国现行刑法与1979年刑法相比，大幅增加罚金刑的适用范围。1979年刑法规定的可以适用罚金的罪种仅23个，比例不大，仅占当时刑法规定的129个罪名的17.8%，可单处罚金的仅14个罪，占10%；1979年刑法所有关于罚金的规定均为无数额规定。1997年修订的刑法将罚金刑的适用范围显著扩大，增加到180个，约占全部412个罪的43.7%，其中可单处罚金的83个，约占20.4%。但有人统计，仅有60条左右是以具体数额或者倍比制方式规定的。

我国刑事立法在明确性方面还有待进一步加强。首先是在犯罪构成方面应做到尽量明确。尽量少用简单罪状，多用叙明罪状，明确犯罪构成；对犯罪构成范围内的概念、术语明确化，避免使用笼统、含糊的语词，对不得已使用的该类语词应尽可能明确外延；尽量少使用纯粹一般性的规范或包含模糊因素的构成要件要素，能用记述的构成要素就不用这种规范的构成要素，避免因法官的价值判断不同而导致不同的判决结果。如认定什么是侮辱尸体罪中的“侮辱”，就需要法官进行规范的、评价的价值判断才能认定，而且极可能存在因人而异的判断结果。由于规范的构成要件要素“是不能进行感觉的理解，只能进行精神的理解的要素”，① 而这种“精神的理解”缺乏明确性，所以，刑事立法中应当尽可能不使用这种规范的构成要件要素。详细列举各种犯罪行为的罗列式规定，也不是贯彻刑事立法明确性的最佳选择，因为这种方法“割裂了概念的完整性，很难发挥刑法规范引导社会价值取向的作用；同时，由于社会的现实总是超越立法者的预见能力，这种立法方式必然会留下许多无法适用刑罚的漏洞，从而促使人们采取破坏刑法规范确定性的方法来解释刑法”。②

其次，在刑罚裁量情节方面应明确。在罪刑法定的语境下，应当排除酌定量刑情节，因为这种“酌定”量刑情节不具有明确性，容易导致司法上的裁量不一；其认定完全依赖法官的自由裁量。但是，每个案件都有其特殊性，完全否定酌定量刑情节，则会使判决丧失应有的生命力、适应性，也不利于对犯罪人人权的保护。从此意义上讲，酌定情节又是必需的。笔者认为，无论是罪刑法定原则还是酌定情节，都应服从于公正判决这一终极目标。刑事立法在不排除酌定量刑情节存在的前提下，对能够明确的情节应尽量纳入刑法的规定中，使之“法定化”，这是完全符合罪刑法定原则与酌定量刑情节二者的目的的。当前，现行刑法总则中对量刑情节的规定大致包括自首、立功等 13 类，③

---

① ［日］平野龙一：《刑法总论Ⅰ》，有斐阁 1972 年版，第 168 页。转引自张明楷：《刑法分则的解释原理》，中国人民大学出版社 2004 年版，第 364 页。

② 李希慧主编：《中国刑事立法研究》，人民日报出版社 2005 年版，第 134 页。

③ 我国刑法总则中规定的量刑情节有：（1）第 10 条规定：在外国已经受过刑罚处罚的，可以免除或者减轻处罚。（2）第 17 条第 3 款规定：已满 14 周岁不满 18 周岁的人犯罪，应当从轻或者减轻处罚。（3）第 19 条规定：又聋又哑的人或者盲人犯罪，可以从轻、减轻或者免除处罚。（4）第 20 条第 2 款规定：正当防卫明显超过必要限度造成重大损害，应当减轻或者免除处罚。（5）第 21 条第 2 款规定：紧急避险超过必要限度造成不应有的损害的，应当减轻或者免除处罚。（6）第 22 条规定：对于预备犯，可以比照既遂犯从轻、减轻或者免除处罚。（7）第 23 条规定：对于未遂犯，可以比照既遂犯从轻或者减轻处罚。（8）第 24 条规定：对于中止犯，没有造成损害的应当免除处罚；造成损害的，应当减轻处罚。（9）第 27 条规定：对于从犯，应当从轻、减轻处罚或者免除处罚。（10）第 28 条规定：对于胁从犯，应当按照他的犯罪情节，减轻处罚或者免除处罚。（11）第 29 条规定：教唆他人犯罪的，应当按照他在共同犯罪中所起的作用处罚。教唆不满 18 周岁的人犯罪的，应当从重处罚。如果被教唆的人没有犯被教唆的罪，对于教唆犯，可以从轻或者减轻处罚。（12）第 65、66 条规定：对于累犯，应当从重处罚。（13）第 67、68 条规定：自首或者立功的，分别不同情况，予以从轻、减轻或者免除处罚。

此外还有分则中只适用该个罪的量刑情节。相对于法定量刑情节，我国司法实践中积累了丰富的酌定量刑情节。有学者罗列出酌定从宽处罚情节包括：犯罪对象特殊，反映社会危害性程度较轻的；没有造成危害后果或危害后果较轻的；数额犯罪在本犯罪类型中数额较小的；积极采取措施消除或者减轻危害后果的；积极退赃的；主动赔偿经济损失的；犯罪人与被害人有特殊关系需要从轻处罚的；防卫中侵害第三人的；被害人对犯罪的发生有一定责任的；危害行为持续时间较短的；犯罪时间、犯罪地点特殊，或者犯罪方法、手段反映社会危害性程度较轻的；违反非刑法法规、规章制度情节较轻的；特定义务来源特殊，反映社会危害性程度较轻的；防卫不适时；正当防卫措施造成危害后果的；避险不适时的；避险中的自救行为；冒险行为具有一定合理性的；偶犯、初犯；老年人犯罪；一般残疾人犯罪；犯罪前一贯表现较好的；间接故意犯罪较直接故意犯罪为轻，疏忽大意过失犯罪较过于自信过失犯罪为轻；激于义愤的犯罪；犯罪目的、动机特殊，反映行为人主观恶性较轻的；对犯罪无违法性认识的；法律上或事实上主观恶性较轻的；假想防卫或假想避险；坦白交代罪行的（非自首犯）；认罪态度较好的；犯罪对社会影响较小、民愤不大的；根据当前、当地形势需要适当从轻处罚的，等等。酌定从严处罚的情节具体包括：犯罪对象特殊，反映社会危害性程度较重的；造成了危害后果并且危害后果较重的；数额犯罪在本犯罪类型中数额较大的；有能力和条件消除或者减轻危害后果而放任不管的；拒不退赃或者退赃较少的；有能力赔偿经济损失而拒不赔偿经济损失的；犯罪人与被害人有特殊关系需要从重处罚的；挑拨防卫；危害行为持续时间较长的；犯罪时间、犯罪地点特殊，或者犯罪方法、手段反映社会危害性程度较重的；违反非刑法法规、规章制度情节较重的；重犯（指再犯性质相同的罪）；犯罪人是有犯罪经验和犯罪技能的人；国家工作人员非职务性犯罪；犯罪前表现一贯不好的；深思熟虑的故意犯罪；犯罪目的、动机恶劣、卑鄙的；拒不坦白交代罪行的；认罪态度较差或不好的；犯罪对社会影响较大、民愤较大的；根据当地、当前形势需要适当从重处罚的，等等。① 这些酌定情节中，有些完全可以法定化，如积极赔偿被害人，并取得被害人谅解的，这种情形既符合我国当前“宽严相济”的刑事政策，也符合我国司法机关开展刑事和解的司法实践。因此，我们认为，我国刑事立法应当适当扩大法定量刑情节的范围。值得注意的是，《刑法修正案（八）》第1条将“已满七十五周岁的人犯罪”作为从轻或者减轻的法定情节；第8条将坦白作

---

① 参见马克昌主编：《刑罚通论》，武汉大学出版社1999年版，第333～334页。

为法定从轻处罚情节，这是可取的。

最后，在法定刑方面应尽可能明确，杜绝绝对不定期刑。尽管我国现行刑法中没有完全不确定刑，但是，我国刑法中还存在法定刑不明确的状况，突出的表现是无限额罚金刑的规定。无限额罚金刑虽然具有适用上的灵活性，但是不符合罪刑法定原则的要求，为防止造成司法权的滥用，同时也为了避免罚金数额畸轻畸重和犯罪情节相同的案件罚金数额相差悬殊的现象，立法上规定罚金刑的上限和下限，推行相对确定数额的罚金制度是必要的。在刑事立法中不宜大量采用无限额罚金。① 我们认为，规定罚金数额是非常必要的，可以采取倍比数额制和普通罚金制代替无限额罚金制。倍比罚金制可以以某个数额为基数，如犯罪所得，具体的倍数，我们认为以1倍以上5倍以下比较合适。同时，对自然人犯罪的，罚金的最低限额不低于某个数额，否则一来可能导致罚金数额太少而丧失罚金刑作为刑罚的威慑作用，二来也有利于防止司法人员徇私枉法。具体到各个罪的最低数额则需具体问题具体分析，而不能“一刀切”；我国刑法采取普通罚金制的最高额和最低额的差额以10倍为宜，对单位犯罪被判处罚金的，应当比自然人的罚金数额高。因为：（1）从单位犯罪的社会危害性上看，利用单位实施犯罪其社会危害性远远大于自然人犯罪；如果对单位判处罚金数额和自然人相等的话，有悖于罪责刑相适应原则。（2）犯罪单位对罚金刑的感受性和承受能力更强，判处更多罚金也是实现预防单位犯罪目的所必需的。（3）这也是当前其他国家刑事立法所采取的做法。具体以多少倍为宜，我们认为，结合我国的实际情况，可以设置为高出5～10倍。

（二）稳定性与适时变动相结合的问题

美国著名法学家庞德曾经指出：“法律必须稳定，但又不能静止不变。”② 因此，“一个完全不具稳定性的法律制度，只能是一系列仅为了对付一时性变故而制定的特定措施”。③ 如何把握立法时机，处理好法律的稳定性与适时变动性之间的关系，是立法者立法水平的重要体现，也是立法者面临的一个重要问题。

---

① 参见高铭暄主编：《刑法专论》（第二版），高等教育出版社2006年版，第553页。

② ［美］罗科斯·庞德：《法律史解释》，沈宗灵译，华夏出版社1989年版，第1页。

③ ［美］博登海默：《法理学：法律哲学与法律方法》，邓正来译，中国政法大学出版社1999年版，第325～326页。

从法的一般理论上来说，法律的稳定性是法律的内在属性。亚里士多德说过："法律所以见效，全靠民众服从。而遵守法律的习性须经长期的培养，如果轻易地对这种或那种法律常作这样或那样的废改，民众守法的习性必然削减，而法律的威信也就跟着削弱了。"① 在现代，美国新自然法学派的代表人物富勒就把法的稳定性列为法治的八大原则之一。②

法律的稳定性是法律规范性的要求。法律具有对本人行为的指导作用，对他人行为的评价作用，对一般人行为的警诫作用或教育作用，对人们相互行为的预测作用，对违法者的强制作用。上述作用并不能自然地发挥，它除了有赖于法律的强制性外，还取决于法律的稳定性。如果法律朝令夕改，那么生活其间的人们就会无所适从，法律就会丧失其规范作用。

法律的稳定性是法律权威性的要求。法律是上升为国家意志的统治阶级的意志，具有国家强制性和普遍约束力，享有极大的权威。然而法律的权威，不光取决于国家的强制，还有赖于法律的稳定性。后者对法律权威有巨大的制约性。如果因人废法、徇私枉法，那么，法律就会失信于民，丧失其权威性。

刑事立法应当注重刑法的稳定性，除了上述原因外，还有刑法本身的要求。首先，刑法的修改受到行政法等"一次法"的限制。"刑法在根本上与其说是一种特别的法律，还不如说是其他一切法律的制裁"，③ 即刑法是作为其他部门法的保护法而存在的。从这个意义上来说，刑法所确认的犯罪行为，必须是与行政法或民法、经济法所确认的违法行为具有类型上的相同性或近似性，只是在危害程度上有轻重之分。如《治安管理处罚法》第 43 条第 1 款规定，"殴打他人的，或者故意伤害他人身体的，处 5 日以上 10 日以下拘留，并处 200 元以上 500 元以下罚款；情节较轻的，处 5 日以下拘留或者 500 元以下罚款。"该条是轻微的伤害他人身体的处罚规定。如果是伤害他人身体，社会危害性大，适用该条规定将难以达到"罪刑均衡"，则这时候需要动用刑法中故意伤害罪、故意杀人罪等条文来调整。所以，刑法的调整具有最后性、迫不得已性。刑法不能直接介入到没有一次法依据的领域，否则就是刑法调整范围的不当扩展。刑法的修订应与"一次法"的规定相适应。如我国《证券法》，对操纵证券市场的违法行为作了重新界定，为了保持与"一次法"的适应性，

---

① ［古希腊］亚里士多德：《政治学》，吴寿彭译，商务印书馆 1985 年版，第 81 页。

② 参见［美］富勒：《法律的道德性》，转引自何勤华：《西方法学史》，中国政法大学出版社 1996 年版，第 452 页。

③ ［法］卢梭：《社会契约论》，何兆武译，商务印书馆 1980 年版，第 73 页。

《刑法修正案（六）》对刑法中操纵证券、期货市场的犯罪的行为作了修改；为了与《治安管理处罚法》相衔接，在《刑法修正案（六）》中增加了组织残疾人、未成年人乞讨牟利行为的犯罪。① 而在《证券法》、《治安管理处罚法》修改、制定前，刑法则不能对上述行为作出超前修改。因此，刑法的修订必然受到行政法等部门法的限制。其次，作为犯罪直接后果之一的刑罚，具有相当的严厉性，它以剥夺犯罪人的财产、名誉、自由甚至生命为内容。正是在此意义上讲，"刑罚本身也是一种恶害"。所以刑罚的动用必须审慎，除此之外，还应积极引导人们不要以身试法，不要犯罪。刑法不能仅仅通过对犯罪人实施刑罚而达到预防犯罪的目的，更应该通过刑法的明确规定与法制宣传，达到教育人们不要犯罪、指引人们遵守刑法的目的。法的教育、指引作用的发挥不是一蹴而就的事，而是一个过程。刑法是伦理道德的一部分，是最低限度的伦理道德，而伦理道德的形成具有渐进性、长期性，且一旦形成又具有稳定性的特征。因此，刑法教育、指引作用的发挥也需要一个长期、渐进的过程，这就要求刑法必须保持相对的稳定性。再次，刑法的频繁变动也会增加司法机关办案难度，不利于准确司法。

我国刑事立法应当保持相对的稳定性。但是，维护刑法的稳定，并不是要牺牲刑法与社会的适应性而保持不变。脱离刑法与社会生活的适应性而强调刑法的稳定性的做法，是形式主义的保守做法，将导致刑法与社会现实的脱节。我们认为，法律的变动性也是法律的内在属性，由此，刑法也应有变动性。法律的变动性之所以是法律的内在属性，是因为：第一，法律以权利义务为内容，而决定权利义务的社会关系尤其是经济关系处于不断发展变化之中。因此，法律也必然会变化。第二，法律是国家制定或认可并为国家强制力保障实施的行为规则，国家既然有权制定或认可法律，当然有权废止或修改法律。

法律的稳定性与变动性固然根源于社会，但是，与法律自身的适应性息息相关。适应性强的法律，可以满足社会的变化，而适应性较差的法律，则会受社会细微变化的束缚。保持法律的稳定性，提高适应性，有赖于两方面的措施。

首先，加强立法预测，运用科学方法，揭示立法的发展趋势及其规律，使现行立法合乎未来的发展规律，符合社会的发展目标，符合改革的方向。这样，法律便不会或减少同改革的冲突，具有相对稳定性和较强的适应性。加强

① 转引自高铭暄、赵秉志编：《中国刑法立法文献资料精选》，法律出版社 2007 年版，第 130 页。

刑事立法预测，要结合对犯罪规律的认识，结合其他部门法方面的立法预测成果，使制定的刑法具有一定的超前性。

其次，提高刑法的伸缩性。我们能探索未来的发展规律，但我们却不可能事无巨细地预测未来的状况。而法律又必须提供人们的行为模式，促进社会的发展。这就要求法律保持一定的伸缩度，用法律原则与相对确定的法律规范去反映和调整社会关系。实践表明，法律过于具体、过于确定，就会限制法律的适应性。法律的伸缩性，在刑法上主要体现为保持刑法适度的模糊性。刑法的模糊性是不可避免的，而刑法的模糊性并非都是坏事，正如有学者所论述的，适度的模糊性具有以下作用：第一，能够弥补罪刑法定原则本身的不足；第二，使刑法具有一定的弹性，能够较好地适应客观情况的变化，从而使刑法具有相当的稳定性，不至于随着客观情况的千差万别、千变万化而包罗万象、繁琐庞杂或朝令夕改；第三，是法官自由裁量权的渊源与必然要求。①

在刑法的稳定性与适时变动性之间寻求平衡，这是立法者立法智慧的体现。随着我国改革开放的深入，社会关系的成熟，部门法学和犯罪学研究成果的积累，立法者的立法水平不断提高，我国刑法必将能保持适度的稳定性与适时变动性的合理张力。

三、刑法修正案研究

（一）刑法修正案的产生及沿革

刑法典是国家立法机关制定的全面系统地规定犯罪、刑事责任和刑罚的基本法律，具有全面性、系统性、普遍适用性的特征，在整个刑法体系中居于主导地位，这就决定了一个国家对刑法典的全面修改必然采取慎重的态度，以保持刑法典在相当长时间内的稳定。然而，由于社会形势的变化、政策的调整、刑法理论研究的推动和刑法典本身存在的缺陷，对现行刑法典进行局部的修正或补充也成为必然。

纵观我国立法机关对1979年刑法典和对1997年新刑法典的修正历程，我国对刑法典修正模式的选择上，先后采用了单行刑法、附属刑法和刑法修正案三种模式。由于单行刑法和附属刑法具有灵活、针对性强、技术上易掌握的优点，1979年刑法典颁布后，单行刑法和附属刑法成为全国人大常委会修正刑

① 参见徐德华：《论刑法的模糊性》，载《公安学刊》2007年第3期。

法典的一种主要方式。① 1981 年以后至 1997 年新刑法典全面修正前，全国人大常委会先后通过了 24 个单行刑法，与此同时，并在 107 个民事、经济、行政等非刑事法律中设置了附属刑法规范，对刑法典作了一系列的补充和修改。1997 年修订的刑法典颁行后，为了适应与新的犯罪形式作斗争的需要，1998 年 12 月 29 日全国人大常委会又通过了《关于惩治骗购外汇、逃汇和非法买卖外汇犯罪的决定》。单行刑法和附属刑法作为刑法典的修正形式虽然具有灵活、及时、针对性强等优点，但作为一种修法方式，也存在着其无法避免的弊端：（1）立法随意性大。“单行刑法往往囿于一个时期的实际需要，而仅就某一类或几类相近的犯罪作出修改补充，彼此缺乏照应，在法定刑上罪刑结构失调，难免有头痛医头、脚痛医脚之嫌。刑法典原有的一些规定可能暂时得到完善，但单行刑法规定的不合理内容又随时产生。”②（2）对刑法典冲击大，破坏了刑法典的统一性。由于单行刑法和非刑事法律中的刑法条款本身难以成为刑法典的一部分，这两类法条的大量增加，使刑法成为包括刑法典、单行刑法和其他法律中的刑事责任条款在内的、复杂的、在某种程度上存在着混乱现象的繁杂体系。同时，很多修改刑法的决定中往往含有规范程序的条款，导致了刑事实体法和程序法的混杂。③（3）单行刑法和附属刑法的分散性，特别是附属刑法中的大量的“比照”和“依照”条款，有时会造成刑法罪名的混乱，容易给刑事司法带来不便，也不利于群众学习和理解刑法。

1997 年刑法典是在我国改革开放经过近 20 年，社会主义市场经济体制基本确立的背景下制定的，是对 1979 年刑法典施行以来中国刑事立法和司法实践经验的总结，是在 1979 年刑法典以及其后施行的单行刑法和附属刑法的基础上增修完成的，基本上实现了我国刑法的统一性和完备性，这就决定了在今后相当一段时期内，刑法的修改和补充将是微调性质，而不会进行再次的大规模修改。

全国人大常委会决定以“修正案”的方式修改、补充刑法始于 1999 年。1999 年 6 月，国务院在九届全国人大常委会第十次会议上，提出了《关于惩治会计犯罪的决定（草案）》、《关于惩治期货犯罪的决定（草案）》。同时，

① 参见黄太云：《立法解读：刑法修正案及立法解释》，人民法院出版社 2006 年版，第 2 页。

② 赵秉志主编：《新刑法教程》，中国人民大学出版社 1997 年版，第 33 页。

③ 参见吴孟栓、罗庆东：《刑法立法修正适应通解》，中国检察出版社 2002 年版，第 20 页。

最高人民检察院、一些地方和部门也建议修改刑法中有关追究国有公司工作人员严重失职，致使国家利益遭受重大损失的刑事责任条款。到底是出台两个单行决定，还是直接修改刑法，成为这一立法阶段的重要议题。一些委员、部门和专家提出，考虑到刑法的统一性和执行的方便，不宜再单独搞两个决定，而直接修改刑法的方式更为合适。经过讨论，立法机关最终认为，一部统一的刑法典既便于广大公民学习，而且又便于司法机关执行与适用，今后修改、完善刑法不宜再搞决定或者补充规定，而是采取刑法修正案的方式。1999 年 10 月 18 日的全国人大常委会委员长会议最终同意采取修正案的方式修改刑法，并决定在修改的方式上，除了对部分犯罪的罪状进行修改、补充外，把新增加条文列在内容相近的条文之后，作为某条之一、之二，即在不改变刑法总条文数的基础上，维护刑法典的完整性与稳定性。① 我国的第一部刑法修正案也随之产生，随后的刑法修改均延续这一形式，分别以刑法修正案（二）、（三）、（四）、（五）、（六）、（七）、（八）为序，逐步确立了刑法修正案作为刑法修改的基本方向：凡是需要增加犯罪类型与修改法定刑的，不管犯罪的性质及其与其他法律关系如何，一概以修正案的方式对刑法典进行修改；基本上不再有附属刑法；除了一个单行刑法外，没有（不）再制定单行刑法。从此开始，我国刑事立法基本上朝着集中性、统一性方向发展，以实现一部刑法典囊括所有的具体犯罪的立法目标。②

（二）刑法修正案的基本内容

自 1999 年 12 月 25 日全国人大常委会通过第一个刑法修正案以来，时至今日，全国人大常委会共颁布八个刑法修正案，其内容主要集中在以下方面：

1. 增设新的罪名，扩大犯罪圈。

增设新罪的修订方式主要有两种：第一种方式是通过“在刑法第×条后增加一条，作为第×条之一或之二”的方式增设罪名。到目前为止，采用这种方式新增设的刑法条文有 22 条，规定了 27 个罪名，涉及刑法典分则第二、三、四、六、七、八、九章等。这些条文与罪名是：资助恐怖活动罪（第 120 条之一），大型群众性活动重大安全事故罪（第 135 条之一），不报、谎报安全事故罪（第 139 条之一），隐匿、故意销毁会计凭证、会计账簿、财务会计

① 参见黄太云：《立法解读：刑法修正案及立法解释》，人民法院出版社 2006 年版，第 3 页。

② 参见张明楷：《刑事立法的发展方向》，载《中国法学》2006 年第 4 期。

报告罪（第162条之一），虚假破产罪（第162条之一），背信损害上市利益罪（第169条之一），骗取贷款、票据承兑、金融票证罪，妨害信用卡管理罪，窃取、收买、非法提供信用卡信息罪（第177条之一），背信运用受托财产罪，违法运用资金罪（第185条之一），组织、领导非法传销罪（第224条之一），非法提供公民个人信息罪，非法获取公民个人信息罪（第253条之一），雇用童工从事危重劳动罪（第244条之一），组织残疾人、儿童乞讨罪（第262条之一），组织未成年人进行违反治安管理活动罪（第262条之一），投放虚假危险物质罪，编造、故意传播虚假恐怖信息罪（第291条之一），利用影响力受贿罪（第388条之一），枉法仲裁罪（第399条之一），危险驾驶罪（第133条之一），虚开发票罪（第205条之一），持有伪造的发票罪（第210条之一），组织出卖人体器官罪（第234条之一），恶意欠薪罪（第276条之一），食品安全监管滥用职权罪，食品安全监管玩忽职守罪（第408条之一）。

另一种方式是在条下增设款，增设新的罪名。此种修订刑法的方式，从形式上看，没有增加刑法条文，但对原条文进行了扩充，因而，在内容上，增加了新的犯罪行为，增加了新的罪名。在现已通过的八个修正案中，《刑法修正案（八）》在《刑法》第164条中增加一款作为第2款增设了对外国公职人员或者国际公共组织官员行贿罪；《刑法修正案（八）》在《刑法》第244条中增加一款作为第2款，增设协助强迫劳动罪；《刑法修正案（七）》在《刑法》第180条中增加一款作为第4款，增设了利用未公开信息交易罪；《刑法修正案（七）》在《刑法》第285条中增加两款作为第2、3款，增设了非法获取计算机信息系统数据、非法控制计算机信息系统罪，提供侵入、非法控制计算机信息系统程序、工具罪；在《刑法》第375条中增加一款作为第3款，增设了伪造、盗窃、买卖、非法提供、非法使用武装部队专用标志罪；《刑法修正案（五）》在第七章危害国防利益罪第369条中增加一款作为第2款，增设了过失损坏武器装备、军事设施、军事通信罪；《刑法修正案（四）》在第九章渎职罪第399条中增加一款作为第3款，从而增设了执行判决、裁定失职罪，执行判决、裁定滥用职权罪。

2. 补充、修改原有犯罪构成要件，扩大犯罪圈。

（1）扩大犯罪主体范围。修正案对刑法典一些犯罪的主体范围予以扩大，从而扩大了犯罪圈。如《刑法修正案》将内幕交易罪的主体由原来的证券交易内幕信息的知情人员扩充为证券、期货交易内幕信息的知情人员；《刑法修正案（六）》将《刑法》第163条非国家工作人员受贿罪的主体由修改前的

“公司、企业的工作人员”扩大为“公司、企业或者其他单位的人员”。

(2) 修改主观要素，降低入罪条件。其主要表现为对目的犯的完善，如《刑法修正案（一）》将第168条国有公司、企业、事业单位人员失职罪，国有公司、企业、事业单位人员滥用职权罪中的“徇私舞弊”由修改前的一个构成要件修改为从重处罚的情节；《刑法修正案（七）》取消了第187条吸收客户资金不入账罪和第345条第3款非法收购、运输盗伐、滥伐的林木罪的主观上“以牟利为目的”的构成要件。

(3) 修改、补充行为方式。如《刑法修正案（三）》将《刑法》第125条第2款中的“非法买卖、运输”扩充为“非法制造、买卖、运输、储存”；《刑法修正案（六）》将第312条规定的犯罪方式增加了“其他方法”，从而使本罪的行为方式不再仅限于“窝藏、转移、收购或者代为销售”，而是包括各种掩饰、隐瞒犯罪所得及收益的方法；《刑法修正案（四）》将《刑法》第345条第3款非法收购、运输盗伐、滥伐的林木罪的行为方式增加了“非法运输”。

(4) 扩充行为对象范围。如《刑法修正案（七）》将《刑法》第151条第3款的犯罪对象“珍稀植物及其制品”修改为“珍稀植物及其制品等国家禁止进出口的其他货物、物品”；《刑法修正案（四）》将《刑法》第152条第2款和第339条第3款的犯罪对象“固体废物”扩充为“固体废物、液态废物和气态废物”；第191条洗钱罪的“上游犯罪”范围，经过两次修订，其范围由“毒品犯罪、黑社会性质犯罪、走私犯罪”扩大到“毒品犯罪、黑社会性质犯罪、恐怖活动犯罪、走私犯罪、贪污贿赂犯罪、破坏金融管理秩序犯罪、金融诈骗犯罪”。

(5) 通过犯罪前置化，扩大犯罪圈。修正案通过犯罪前置化，将刑法典中的“结果犯”修改为“行为犯”或“危险犯”，从而扩大了犯罪圈。如《刑法修正案（四）》将《刑法》第145条“生产不符合保障人体健康的……医疗器械、医用卫生材料……对人体健康造成严重危害的”，修改为“足以严重危害人体健康的”；《刑法修正案（七）》第11条修改了《刑法》第337条“逃避动植物检疫罪”的犯罪构成。根据修正后的规定，行为人违反有关动植物防疫、检疫的国家规定，引起重大动植物疫情，或者有引起重大疫情的危险，情节严重，即成立犯罪。《刑法修正案（八）》第46条修改了《刑法》第338条重大环境污染事故罪，根据新的规定，污染环境无法造成环境污染事故，致使公私财产遭受重大损失或者人身伤亡的严重后果，而“严重污染环境”成为本罪的构成要件之一。

3. 在一些罪名中增设单位犯罪主体。

如《刑法修正案（七）》对掩饰、隐瞒犯罪所得、犯罪所得收益罪增设了单位犯罪主体。

4. 提高了一些犯罪的法定刑。

其主要有两种方式：其一，罪名保持不变，但提高其法定刑，如《刑法修正案（三）》将第120条的组织、领导恐怖组织罪的最高法定刑由修正前的10年有期徒刑提高到无期徒刑；《刑法修正案（七）》将巨额财产来源不明罪的最高法定刑由5年有期徒刑提高到10年有期徒刑。其二，改变罪名，将刑法典原来规定的某一行为独立成罪，并配置较重的法定刑。如《刑法修正案（六）》将《刑法》第134条重大责任事故罪中的"强令他人违规冒险作业"的行为独立出来，成立一个新的罪名，并配置更重的法定刑，其法定刑由修改前的7年有期徒刑提高到15年有期徒刑。

5. 降低了个别罪名的法定刑，并对个别罪名增设免予追究刑事责任的条件，以缩小刑法的打击面。

宽严相济是我国当前的基本刑事政策。《刑法修正案（七）》在强化对一系列犯罪惩治的同时，也在一定程度上体现对宽严相济的刑事政策的贯彻，如将绑架罪的最低法定刑幅度从以前的10年有期徒刑降低到5年有期徒刑，对偷税罪设置了免除追究刑事责任的情形，从而缩小了刑法的实际打击范围，体现了对偷税罪、绑架罪等犯罪的合理从宽对待。《刑法修正案（八）》突破性地取消了13个经济性非暴力犯罪的死刑设置，并增加了对审判时已满75周岁的人排除法定情形下的犯罪不适用死刑的规定。

（三）刑法修正案的基本特点

从现有的八个刑法修正案颁布的时间间隔、修正内容等方面看，我国刑法修正案具有以下特点：

（1）修正条文数量大。据统计，近10年来全国人大常委会通过修改或增加条（款、项）的方式对刑法分则57个条文进行了修正，占刑法典全部条文的10%多，占分则条文总数的13%多。在六个刑法修正案中，除了《刑法修正案（二）》仅修改1个刑法条文以外，其他五个刑法修正案均修订了多个刑法条文，其中，《刑法修正案（六）》修订的刑法条文达19条、《刑法修正案（七）》修改刑法条文达17条、《刑法修正案（八）》修改的条文更达到49个。

（2）修正案既涉及刑法分则，也涉及刑法总则。如《刑法修正案（八）》关于"已满七十五周岁的人故意犯罪的，可以从轻或者减轻处罚；过失犯罪的，应当从轻或者减轻处罚。”又如，关于判处管制的条文规定：“判处管制，可以根据犯罪情况，同时禁止犯罪分子在执行期间从事特定活动，进入特定区域、场所，接触特定的人”等。

(3) 修正的章节颇为集中。从修正的章节来看，主要集中在第二章（危害公共安全罪）和第三章（破坏社会主义市场经济秩序罪），修改的内容也主要集中在公共安全、公司企业管理、金融管理、职务犯罪等领域，其主要原因是：我国处在经济社会加快发展的转型时期，影响社会和谐稳定和经济发展的各种新情况新犯罪层出不穷，及时修正刑法，便于惩治和预防犯罪。①

(4) 注重刑事立法的可操作性和实践效用，修正条文质量日益提高。这些年来，全国人大常委会在加大刑法修正力度的同时，修正案的质量也在日益提高，主要表现在更加注重刑事立法的可操作性和实践效用上。如《刑法修正案（六）》第14条对《刑法》第187条（用账外客户资金非法拆借、发放贷款罪）第一款的修改。该条取消了刑法典中“以牟利为目的”和“将资金用于非法拆借、发放贷款”等主观限制条件，将构罪标准由原来“造成重大损失”修改为“数额巨大或者造成重大损失”。与原刑法规定相比，这样的规定在司法实践中其可操作性无疑更强，为更有效地打击犯罪提供了法律保障。

(5) 刑罚更趋严厉。面对日益翻新的刑事犯罪和不断发展变化的犯罪态势，刑法修正案的刑罚更趋严厉。具体表现为：一是增设新罪名，扩大犯罪化规模；二是扩展部分条文的主体和危害行为，加大覆盖范围；三是删除部分条文的目的犯规定，增加客观因素；四是增加行为犯、情节犯和情节加重犯的法律规定，增强刑法适用的灵活性；五是提高某些犯罪的法定刑，增强刑法的威慑力。通过修正案对刑法的修订，从而使我国刑法的刑事法网更趋严密，刑罚更趋严厉。

（四）刑法修正案模式利弊评析

与单行刑法、附属刑法相比，刑法修正案作为刑法典的修正方式具有其优越性，具体体现为以下几方面：

1. 形式灵活多样，每次修正内容不受限制。

采取单行刑法方式修正刑法典，其每次修正的内容都要受到限制，必须考虑修正内容之间的相关性、系统性和逻辑性，因此，一部单行刑法只能对犯罪

① 参见左良凯：《试论我国刑法修正案的现状、问题与完善》，载《广西政法管理干部学院学报》2007年第1期。

的某一方面的问题进行修改和补充。而修正案可以同时对刑法典中多处毫不相关的内容进行一次性修改，其既可以对刑法典进行大范围的修改，如可以完全修改某章的内容，删除某章或者增加一章的内容，也可以进行小范围的修改，比如仅仅针对一个条文甚至是一款或者一项进行修改和补充。既可以进行总则方面的修改，也可以进行分则内容的修改。

2. 有利于保证刑法典的完整性、协调性。

刑法修正案采用“增删法”直接而明确地对刑法典中有关内容进行修改、补充或更换，注明修改和补充的内容在刑法典中的位置，不改变刑法条文的顺序，使刑法规范统一于一部刑法典中。这种修法模式可以促使刑法的修订工作更加谨慎，更加注重整体上协调的考虑，有利于维护刑法典的统一性、协调性和完整性。

3. 有利于刑法典的编纂和更新。

刑法修正案直接对刑法典进行修改或增加，在内容上直接替代了刑法典的相关内容，与刑法典的关系比较简单，因此更有利于刑法典的编纂。

4. 有利于司法机关对刑法的执行与适用。

采用“增删法”能够保证刑法典在形式上维持持续性、统一性和完备性，避免了普通刑法规范与特别刑法规范并行的局面，司法机关在选择适用法条问题上没有必要再行考虑不同法规内的适用原则，这无疑便于刑事司法活动，提高司法效率。

5. 有利于公民的学习和遵守。

采用刑法修正案模式，其目的是使刑法规范统一于一部刑法典之中。而一部统一的刑法典便于广大群众学习掌握，法律普及较为简易，有利于发挥刑法的引导功能。

与单行刑法模式相比较，以修正案模式对刑法进行补充完善，有利于保持刑法整体框架的稳定和完整，充分发挥刑法的行为指导功能，但刑法修正案作为一种修法模式，其本身也存在固有的缺陷，同时，也许是由于立法者在立法过程中欠缜密，现行的刑法修正案也存在一些问题：

1. 集中性、统一性的单轨立法体制有其优越性，但也存在着难以克服的局限性。

实践表明，以修正案模式修正刑法典虽然有其优越性，但也存在着难以克服的局限性：其一，将本应由行政刑法、经济刑法规定的行政犯罪、经济犯罪纳入刑法典中，要么频繁修改，导致刑法典丧失稳定性，要么为了维护刑法典的稳定性，而不能及时规制行政犯罪、经济犯罪。因为行政犯罪、经济犯罪都以违反行政法、经济法为前提，行政法、经济法的修改，必然导致行政犯罪、经济犯罪的变化，而行政管制、经济管理活动更多是变动不居的。其二，将大量的行政犯罪、经济犯罪规定在刑法典中，增加了空白罪状，而空白罪状没有、也不可能指明各种法规的具体条文与条文的具体内容，常常导致处罚范围不明确，从而影响了刑法的适用。其三，随着社会生活的复杂化，犯罪类型会越来越多，一部刑法典事实上不可能囊括所有的犯罪。① 由此可见，以刑法修正案模式取代单行刑法、附属刑法来修正刑法典并非万全之策，更不能将之作为修正刑法典的唯一模式。

2. 刑法修正案较少对总则内容进行修改。

与单行刑法、附属刑法相比，刑法修正案在修正内容上具有广泛性，可以同时对刑法典的多个内容进行任意修改，这也是我国立法机关弃传统的单行刑法、附属刑法修法模式，而采取修正案模式的重要理由。因此，刑法修正案，既可以对刑法分则的相关内容进行修改，也可以直接对总则进行修改。迄今为止，我国所通过的八个刑法修正案所修正的内容大多限于刑法分则的内容，只有《刑法修正案（八）》涉及刑法总则，从而使刑法修正案这种修法模式的优越性未能得到充分发挥。

3. 与刑法典的整体协调不够。

由于刑法修正案是直接对刑法典进行修改，因此，在增设或修改某个条文时，必须注意保持与原有的条文之间的协调，这是立法协调性的要求。在这方面，刑法修正案还存在一些不足，其主要体现在两个方面：第一，部分新增设条款与原刑法典条文规定缺乏相关性。刑法修正案通过在原刑法条文基础上，增设条或款的方式来增设罪名，这就要求新设条款应该与原有条款规定内容具有一定的相关性，如犯罪客体相同或者在犯罪主体、客观和主观方面具有一定的关联性。如《刑法修正案（一）》在《刑法》第 162 条的基础上增加一条，作为第 162 条之一，增设了隐匿、故意销毁会计凭证、会计账簿、财务会计报告罪。然而，这个新增设的罪名与原《刑法》第 162 条所规定的妨害清算罪在主体、主观、客观方面不存在任何相关性。同样，《刑法修正案（七）》将组织、领导非法传销罪这一罪名增设在《刑法》第 224 条的合同诈骗罪中，也存在上述类似问题。第二，只注意个别条文的修改，而忽视相关刑法条文整体上的协调。例如，《刑法修正案（三）》将《刑法》第 114 条中的投毒罪修改为投放危险物质罪，但是，并没有将《刑法》第 17 条第 2 款已满 14 周岁不

① 参见张明楷：《刑事立法的发展方向》，载《中国法学》2006 年第 4 期。

满 16 周岁的人应当承担的刑事责任相应修改为投放危险物质罪。

4. 一些条、款表述不清，缺乏明确的标准。

我国刑法修正案对新增设罪名的表述方式有两种：一种是“在刑法第××条后增加一条，作为第××条之一”。另一种是“在刑法第×条中增加一款作为第×款”。笔者认为现行修正案对新增罪名条文表述方式存在以下问题：

第一，缺乏明确的标准。同样是新增设罪名，但刑法修正案有时采用“在刑法第××条后增加一条，作为第××条之一：……”的方式，有时又采用“在刑法第××条后增加一条，作为第××条之一款：……”但在何种情况下采用第一种表述方式，何种情况下采用第二种表述方式没有一个明确的标准，带有很大的随意性。

第二，“在刑法第×条后增加一条，作为第×条之一”的表述方式，在逻辑上是矛盾的，在结构上也不完整。因为，既然在刑法第×条后增加一条，从逻辑上理解就是新增加一个独立条文，新增加条文应该独立于原条文之外，它与原条文之间应该是并列关系，而不应该是原条文的一个组成部分。这样，条文数目就应该增加，而刑法修正案只是将它增设在原条文之中，作为原条文的一部分，如此“在刑法第×条后增加一条”这样的表述当然是不符合逻辑的；另外，“作为第×条之一”从语法逻辑上理解，这应该是表示一个“数量”，完整“数量”当然应该由“数词”和“量词”两部分构成，缺一不可。然而，在这种立法表述上，却只有一个数词，而缺乏量词。

第三，“在刑法第×条后增加一条，作为第×条之一”的表述方式，不符合刑法条文的基本表述规范。在刑法体系上，刑法典由编、章、节、条、款、项组成。刑法典对条、款、项进行严格区分；条是表述刑法规范的基本单位，并配以一定的顺序号，一个顺序下的内容统称为一条，以利于引述方便，避免相互混淆；条下为款，款是条的组成单位，款没有编号，以另起一段为标志。因此，如果对条的内容的增加也只能是对款或项的增加，而“增加的一条是不能作为第×条之一的。”否则，就完全混淆刑法条文规范的基本表述，模糊了条和款之间的区分标准。

（五）刑法修正案的完善

1. 确立单行刑法、附属刑法、刑法修正案多元的刑法典修正模式。

实践表明，以修正案模式修正刑法典虽然有其优越性，但也存在着难以克服的局限性，如有一些罪名与现有条文毫无关联可言，就难以找到合适的条款予以增设。并且，单行刑法、附属刑法固然存在着一些弊端，但也有其独特的优点，因而，附属刑法在当今世界许多国家都为刑事立法所普遍采用。因此，我国刑事立法应该结合刑法典、刑法修正案、单行刑法和附属刑法的特点进行分散的立法：对于传统的刑事犯罪，将其规定在刑法典中；对于适合单行刑法规定的类罪，由单行刑法规定；对于严重违反行政法、经济法规的行为，在行政法、经济法等非刑事法律中规定罪状和法定刑；如须对于刑法典总则和分则多个内容同时修改，可采用刑法修正案的方式。

2. 增加刑法总则相关内容的修正。

与单行刑法、附属刑法相比，刑法修正案在修正内容上具有广泛性，可以同时对刑法典的多个内容进行任意修改，这也是我国立法机关放弃传统的单行刑法、附属刑法修法模式，而采取修正案模式的重要理由。因此，刑法修正案，在重视对刑法分则的相关内容进行修改的同时，也应当重视对刑法总则相关内容进行修改，如对单位犯罪概念、单位犯罪刑罚的特殊适用、死刑的限制、资格刑的完善等问题。值得注意的是，《刑法修正案（八）》对老年人犯罪、未成年人犯罪、管制、死刑、累犯、数罪并罚、自首、立功、坦白、缓刑、减刑、假释等问题作了修改，这是可取的。

3. 注重与刑法典原有条文之间的相互协调。

其主要体现在两个方面：其一，在新增设条款的位置安排上，要尽可能让新设条款与原条款之间有一定的关联性。其二，如果修改刑法中的某一概念，要重视对整部刑法进行审核，以便对相关概念进行全部修正。

4. 修改现行的条款表述法。

取消“在刑法第×条后增加一条，作为第×条之一”这种错误的表述方法，修改为“在刑法第×条第×款或项后增加一款或项”的表述。

5. 重视以刑法修正案方式实现非犯罪化和刑罚的轻缓化。

面对日益翻新的刑事犯罪和不断发展变化的犯罪态势，刑法修正案对刑法典修正的重刑化倾向明显，通过刑法修正案对刑法的修订，使我国刑法的刑事法网更趋严密，刑罚更趋严厉，可以说是刑法修正案的基本指导思想和主要内容，而以修正案方式删减罪名、提高入罪条件和降低法定刑的配置，以实现刑罚的轻缓化，在刑法修正过程中，则受到立法者不应有的忽视，仅仅在《刑法修正案（七）》、《刑法修正案（八）》中有所体现。非犯罪化是当今世界刑法改革运动最显著的、共同动向之一，已成为全球化背景下不可抗拒的世界潮流。在全球化的时代大背景下，我国刑法修正案不能仅一味扩充刑法典，还应将不适时的犯罪及时清理出去，将过重的刑罚降低下来。

中篇：刑法总则之修改

一、普遍管辖权的立法完善

我国《刑法》第9条规定："对于中华人民共和国缔结或者参加的国际条约所规定的罪行，中华人民共和国在所承担条约义务的范围内行使刑事管辖权的，适用本法。"该条对我国刑法普遍管辖权的行使作出了规定，确立了我国刑法的"普遍管辖原则"。普遍管辖权的独特性在于，其不同于传统的衍生于国家主权的属地或属人管辖权，具有管辖权行使的广泛性以及针对国际犯罪适用管辖的广泛性。① 在当今国际社会，随着政治、经济全球化进程的不断推进，各国在刑事法领域的联系与合作也越来越紧密，在大量双边条约、多边条约以及国际习惯法中达成了诸多共识——特别是在管辖权范畴，就应如何对待战争罪、反人类罪、种族灭绝罪、恐怖主义犯罪等严重危害人类共同价值的犯罪，各国普遍认为应当允许主权国家行使普遍管辖权。② 从现实情况看，我国已经签署了许多双边条约和多边条约——其中相当一部分涉及普遍管辖权问题，并且尚有一些与普遍管辖原则密切相关的条约有待研究和签署。在此背景下，加强对我国《刑法》第9条的研究——特别是立法方面的研究，显得颇为必要。

---

① 参见高铭暄、王秀梅：《普遍管辖权的特征及本土化思考》，载《法制与社会发展》2001年第6期。

② 普遍管辖权的基本含义是指：对于即使不具有属人或属地因素的犯罪，所有国家仍有权审判罪犯。（参见［加］威廉·A. 夏巴斯：《国际刑事法院导论》，黄芳译，中国人民公安大学出版社2006年版，第91页。）事实上，由于完全实现普遍管辖原则的前提只能是"国际社会的完全统一，人们评价刑事违法行为的完全一致"（See F. Mandovani，"Diritto Penal"，CEDAM，p. 913），因此，要将一国的刑法适用于任何国家中任何人的做法"只有在世界组成一个国家时才是可以理解的"（F. Mandovani， "Diritto Penal"，CEDAM，p. 65）。进而，在多元的现实国际环境中，就普遍管辖权的适用范围作出一定的限制是必需的。

（一）源流之考察

对普遍管辖原则源流的考察，可以从国际法和国内法两个层面来进行。

1. 国际法层面的考察。

普遍管辖理论最早萌芽于古罗马法的有关规定。查士丁尼时代的《国法大全》曾规定，犯罪地法院和罪犯逮捕地法院均可行使刑事案件的管辖权。由于该规定认可法院对任何人在任何地方犯罪均有刑事审判权，后来有学者认为其中已经体现了现代普遍管辖原则的精神。

17世纪初，被誉为“国际法之父”的格老秀斯从自然法的观点出发，在理论上第一次提出并论证了普遍管辖原则的价值。他认为，存在着人类普遍社会和存在着反自然法的犯罪是问题的两大前提，而违反自然法的犯罪是对全人类共同的危害。因此，国际社会应当履行共同的义务，各国通力合作，对违反自然法的犯罪予以惩处。由此，他超越领域、国籍、利益保护等管辖根据之上，提出了对违反自然法的罪行，罪犯所在国不引渡就应对其追究的原则——即“或引渡或起诉的原则”。在格老秀斯思想的影响和鼓舞下，西方学者相继在理论上承认并论证了罪犯被捕地国法院的刑事管辖权。随后，这一学说从欧洲传到北美，在世界范围内得到众多学者的支持。①

到19世纪末20世纪初，科学技术的进步与交通工具的改善，使国际交往日益频繁，犯罪国际化现象也日趋严重。在这种形势下，建议对某些重大犯罪进行普遍管辖的呼声日高。在这段时间里的许多国际会议决议、国际公约、双边条约或多边条约以及国内立法中，都推荐或规定有普遍管辖条款。国际法学会1883年在慕尼黑会议上作出了对重大犯罪应当使用普遍管辖的决议；1889年蒙得维的亚《国际刑法条约》第13条，对海盗行为规定适用普遍管辖原则；1927年在华沙召开的“关于统一刑法的国际会议”上，作出了对海盗行为、伪造货币、买卖奴隶、买卖儿童等犯罪采用世界主义的倡议；1928年的《布斯塔曼特法典》第307条、第308条对一系列重大犯罪也规定了普遍管辖原则。在国内法方面，意大利等国对犯罪管辖采用明确的普遍管辖原则。

第二次世界大战结束后，为了惩办法西斯战争罪犯，根据1945年8月8日苏、美、英、法四国在伦敦签订的《关于告发及惩处欧洲各轴心国主要战

① 参见高铭暄主编：《刑法学原理》(第1卷)，中国人民大学出版社1993年版，第302页。

犯的协定》及所附《国际军事法庭宪章》，对犯有反和平罪、战争罪和反人道罪的战争罪犯，国际军事法庭行使普遍管辖权予以追溯。同时纽伦堡国际军事法庭宣布了一条原则：各国可以设立法庭，对在本国境内抓获的犯有战争罪的人进行审判和处罚。上述有关普遍管辖原则的规定，得到了国际社会的普遍承认。①

近年来，普遍管辖原则的发展则主要表现为罪名上规制范围的扩大，一些多边条约规定对一些特殊犯罪适用普遍管辖权，如劫机和其他威胁空中旅游的行为、海盗、攻击外交人员、核安全、恐怖主义、种族隔离、酷刑。普遍管辖权还广泛地运用于《罗马规约》规定的核心犯罪，即灭绝种族罪、危害人类罪和战争罪。②

2. 国内法层面的考察。

就国内法层面而言，我国对普遍管辖原则经历了一个从否定到逐步接受并最终予以肯定的过程。具体来看，受特定历史条件的制约，在中华人民共和国成立以后较长的一段时间内，无论是在我国刑法学界还是在司法实践中都对普遍管辖权持否定态度。在此背景下，我国1979年刑法典中没有就普遍管辖原则作出规定。尽管如此，随着国际、国内形势的发展，在刑事管辖方面进行国际合作的重要性日益突出，我国开始逐渐认识到为了国际社会的和平与安全以及全人类的利益，采取普遍管辖原则是必要的、有益的，是对人类社会的一种贡献，是一种应尽的国际义务。进而，我国逐步开始在惩治国际犯罪方面承担责任和发挥作用，在实践中有条件地适用普遍管辖权。

特别是自1980年以来，我国先后加入并签署了许多涉及普遍管辖的公约，主要包括《关于制止非法劫持航空器的公约》(《海牙公约》)、《关于制止危害民用航空安全的非法行为的公约》(《蒙特利尔公约》)、《禁止并惩治种族隔离

① 参见赵秉志主编：《刑法基础理论探索》(第1卷)，法律出版社2003年版，第514页。

② 需要说明的是，普遍管辖权还广泛地运用于《罗马规约》规定的核心犯罪，意指各国普遍管辖权的行使在罪名范围上一般包括灭绝种族罪、危害人类罪和战争罪。但是，这并不意味着《罗马规约》中所规定的管辖是普遍管辖。事实上，普遍管辖权属于国家主权的范畴。与此相对，《罗马规约》中的管辖权来自于各国的授权，它既不同于普遍管辖权，也不同于属地管辖权、属人管辖权和保护管辖权，而是一种补充性的“指定管辖权”。和国际刑事法院管辖权性质类似的管辖权还存在于国际法院、前南国际刑事法庭、卢旺达国际刑事法庭以及以塞拉利昂特别法庭为代表的一系列混合法庭。对于上述管辖权的性质区分，我国一些学者存在误解。

罪行国际公约》、《反对劫持人质国际公约》、《海洋法公约》等。由于我国1979年刑法中不存在普遍管辖权的内容，为了履行公约缔约国应承担的对公约规定的犯罪行使普遍管辖权的义务，1987年6月23日我国第六届全国人民代表大会常务委员会第21次会议在批准中国加入规定有普遍管辖条款的《关于防止和惩处侵害应受国际保护人员包括外交代表的罪行的公约》的同时，根据国务院的建议作出了《中华人民共和国对于其缔结或者参加的国际条约所规定的罪行行使刑事管辖权的决定》。该决定明确规定："对于中华人民共和国缔结或参加的国际条约所规定的罪行，中华人民共和国在所承担条约义务的范围内，行使刑事管辖权。"这一规定不仅以特别法的形式填补了我国适用刑事普遍管辖权的国内法依据的空白，而且事实上也为以后的刑事立法准备了必要的条件。此外，全国人大常委会1990年《关于禁毒的决定》第13条第2款规定："在我国领域外犯走私、贩卖、运输、制造毒品罪进入我国领域的，我国司法机关有管辖权，除依照我国参加、缔结的国际公约或双边条约实行引渡的以外，均应适用该决定。"该规定进一步在实体法上确认了我国刑法的普遍管辖权。

为了使国内刑事立法与履行国际义务和行使国家主权的需要相协调，我国1997年刑法典增补了有关普遍管辖权的条文，即《刑法》第9条。这一规定标志着我国刑法典正式确立了普遍管辖原则。

(二)《刑法》第9条规定之缺陷

就国际法层面考虑，各主权国家逐渐深刻地认识到虽然国际社会不同国家存在着多元的价值和利益需求，但是在打击犯罪方面仍然存在着一些普遍的价值和利益。普遍管辖权的确立，为世界各国联合制裁国际犯罪提供了统一的依据与保障，有利于形成对罪犯的全球追究机制，使任何国家都可以依照本国刑法审判特定的罪犯，令罪犯很难逃脱惩罚。显然，这对于维护人类社会普遍的价值追求和利益具有重要意义。我国1997年刑法典规定了普遍管辖原则，顺应了国际社会的发展趋势，显示了我国作为一个大国承担国际义务的决心，理应受到肯定评价。但是，从实际情况来看，由于立法技术的欠缺以及国际社会打击犯罪的形势发生变化等原因，我国《刑法》第9条关于普遍管辖原则的规定已经很难适应实际需要，暴露出一些比较明显的缺陷。

1. 制定模式。

对国外刑法中普遍管辖原则的制定模式应如何加以概括，我国学界主要存在两种观点：第一种观点认为可以将其区别为援引式、概括式、列举式、要件式；第二种观点认为可以将其区别为简略式和缜密式。在上述两种观点中，客观地说第一种观点具有逻辑上的缺陷，忽略了分类标准的唯一性，尤其是要件式不能和援引式、概括式、列举式相并列，其优点在于便于对普遍管辖原则的制定模式问题展开细致的研究。第二种观点虽然在逻辑上比较可取，但是其分类比较粗疏，不便于对普遍管辖原则的制定模式问题进行研究。不过，从实用主义的角度看，第一种观点有存在的余地。如果在第二种观点内部进行更为细致的划分，第二种观点存在的不足也完全能够得以弥补。考虑到上述因素，对其中任何一种观点的不足的视而不见都是无法理解的，但是完全脱离两种观点而另辟蹊径的可行性和必要性也值得怀疑。其实，两种观点并非互相排斥的关系，可以考虑以第二种观点为基础，同时采纳第一种观点的合理因素在简略式和缜密式内部进行更为细致的划分。为了更直观的表明见解，笔者绘制了如下图表：

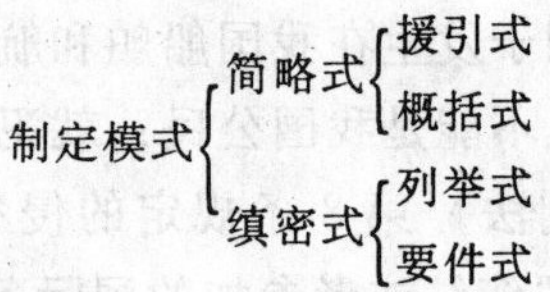

援引式、概括式、列举式以及要件式各有其特点。援引式的特点在于，这种模式既不在刑法典中明确规定普遍管辖原则所能适用的具体罪行，也不泛泛地规定可以根据刑法典适用普遍管辖权，而是以缔结或加入的国际公约为基础，援引公约中确定的普遍管辖权的适用范围。《俄罗斯联邦刑法典》采取了援引式的立法方式，但在适用条件上作出了一定限制，强调“犯罪人是在外国未被判刑且正在俄罗斯联邦境内被追究刑事责任的”。概括式的特点在于，这种模式不以缔结和加入的国际公约为基础，本国刑法典中也没有对适用普遍管辖原则予以明确。如《新加坡刑法》规定：“对任何人在新加坡境外实施的，依照本法规定应当负刑事责任并应受本法管辖的行为，应当处以在新加坡境内实施的犯罪行为相同的刑罚。”列举式的特点在于，这种模式是在刑法典中明确规定普遍管辖权适用的具体罪行，并且往往与国际条约的规定或保护管辖原则相结合。如《德国刑法典》第 6 条列举了 8 类妨害国际保护法益的国外行为，同时还追诉那些对德国有约束力的国际条约中规定的国外行为。要件式的特点是，在刑法典中明确规定普遍管辖权适用的要件，不仅包括实体方面的要件，而且包括程序方面的要件。如《意大利刑法》第 10 条规定：“如果外国人在外国犯有损害外国国家或外国人的罪行，具备下列条件的，根据意大利司法部长的要求，可以对罪犯所犯罪行行使管辖权：（1）犯罪人在意大利领土内；（2）该犯罪所犯罪行应处无期徒刑或者3年以上有期徒刑；（3）该罪犯之引渡未被允许或未被其本国政府或犯罪地国政府接受。

在上述四种模式中，简略式所包含的援引式与概括式的共同优点在于适用上的灵活性，缺点是因为过于模糊会导致管辖权的虚置。与之相比，缜密式所包含的列举式和要件式虽然表面上看起来对普遍管辖原则作出了比较严格的限制，大大增强了普遍管辖原则的可操作性，但也各自存在其适用上的局限性。我国刑法就普遍管辖原则采取了援引式的立法模式，自然存在援引式的优点与缺点。

2. 管辖范围。

根据我国《刑法》第9条的规定，我国行使刑事普遍管辖权所应符合的条件为：（1）不属于我国基于国家主权而行使刑事管辖权的范围。这意味着，就犯罪发生的空间而言，以普遍管辖为根据而行使管辖权，不适用于发生在我国领域内的犯罪，也不适用于发生在我国船舶和航空器内的犯罪；就犯罪人的国籍而言，被指控的犯罪人不能是我国公民；就犯罪侵犯的利益而言，被指控的犯罪不能是属于我国《刑法》第8条规定的侵犯我国国家利益或者公民利益的犯罪。（2）属于我国“缔结或者参加的国际条约所规定的罪行”。根据本条规定，我国根据普遍管辖原则行使普遍管辖权，必须是我国缔结或者参加的国际条约所规定的罪行。如果犯罪不属于我国缔结或者参加的国际条约所规定的应当予以打击惩处的范围，我国就没有义务根据普遍管辖原则行使刑事管辖权。（3）未超出我国“所承担条约义务的范围”。这意味着，就某些条约而言，虽然我国已经加入，但是对其中属于条约内容的我国声明保留的条款，我国并不承担行使普遍管辖权的义务。①

通过我国行使普遍管辖权所应符合的三个条件可以看出：第一，我国的普遍管辖原则并没有对行为人是否处于我国境内加以限制；第二，我国的普遍管辖原则并没有对行为人实施犯罪后是否加入我国国籍作出限制；第三，我国的普遍管辖原则所及的罪名只限于我国缔结或参加的国际条约所明确规定的犯罪。结合其他国家刑法中的规定来看，笔者认为这三点都尚值得进一步研究。

① 我国有学者认为，之所以作出该条件限制，是因为中国刑法规定普遍管辖权的目的不是为了强制推行我国的价值观，而是为了履行中国因缔结或参加条约而承担的进行国际协作的义务。（参见陈忠林：《我国刑法中的普遍管辖原则》，载《淮阴师范学院学报》2004年第4期，第472页。）笔者认为这种观点值得商榷。

就第一点而言，诚然，普遍管辖权的行使在理论上应当可以及于域外的行为人，但是理论上享有管辖权并不意味着能够行使管辖权。在现实情况下，将管辖权的行使范围扩展到域外的犯罪人，易导致侵犯别国主权的后果，引起外交上不必要的麻烦。另外，对域外行为人行使管辖权，在扩大国家管辖权的同时实际上也增加了国家在控制和惩处国际性犯罪方面的义务，容易增加司法上的压力和经费。就第二点而言，虽然明确规定只有在犯罪嫌疑人实施罪行后已经成为本国的公民或居民，本国才对其行使管辖权的国家是少数，但是像澳大利亚和英国这样典型的法治发达国家作出了此类规定，还是应当引起我们的注意和思考。笔者对此的结论是，过于严格地限制普遍管辖权的适用虽然并不合适，但是在普遍管辖权的行使上作出一定的限制还是必需的，一定要把握好其中的分寸。就第三点而言，将我国普遍管辖原则适用所及的罪名拘泥于我国缔结或参加的国际条约，不利于我国在某些情况下根据习惯国际法行使普遍管辖权。众所周知，普遍管辖原则虽然可以适用于国内刑法规定的某些犯罪，但在国际实践中，主要还是适用于国际犯罪。而对国际犯罪适用普遍管辖原则，又存在两种情况，即有的是由国际条约明确规定的，有的是由国际习惯法确认的。例如，就战争罪、反人类罪和种族灭绝罪而言，虽然目前有一些国际公约对它们作出了规定，但它们实际上是由国际习惯法确立的，而不是由国际成文法规定的。其实，虽然普遍管辖权的宗旨是出于打击特定犯罪，维护人类某些共同的基本利益的需要，但在现实情况中，各国在行使普遍管辖权时还是会考虑打击此类犯罪与本国利益所存在的特殊关联。将普遍管辖权的罪名范围扩展至包括国际习惯法所确认的罪名，在未明显增加我国国际义务的同时，显然有利于我国根据国家利益的需要就特定情况进行灵活选择。

3. 法律衔接。

无论是我国缔结或参加的国际条约与国内刑法之间，还是我国刑法总则与刑法分则之间，都应当衔接适当，不存在法律冲突。如果它们之间存在法律冲突，就会让人们产生困惑，影响立法目的的实现。这里所要讨论的法律衔接问题不仅涉及《刑法》第9条规定与我国缔结或参与的国际条约的关系，而且还涉及其与刑法分则的关系，甚至往往需要将三者结合起来。

根据我国《刑法》第9条的规定，对于我国缔结或参加的国际条约所规定的犯罪，我国行使刑事管辖权。由此规定来看，普遍管辖原则在我国已经实现了立法化，在宏观上与我国缔结或参加的国际条约之间不存在衔接上的问题，不过问题的关键在于国际条约中虽然会对哪些罪应当被纳入普遍管辖权的范围予以规定，却往往并不对相应的法定刑作出规定。例如，《关于制止非法劫持航空器的公约》第 1 条和第 2 条规定："凡是在飞行中的航空器内的任何人（1）用暴力或用暴力威胁，或用任何其他恐吓方式，非法劫持或控制该航空器，或企图从事任何这种行为，（2）或是从事或企图从事这种行为的人的同犯，即是犯有罪行。各缔约国承允对上述罪行给予严厉惩罚。"但是，全文中并不包含对这些罪行应当处以何种法定刑的规定。在此情况下，已纳入我国刑法分则的罪行当然可以依照我国的刑法予以处理，但是由于罪刑法定原则的限制，对于种族灭绝罪、种族歧视罪、种族隔离罪等我国刑法分则中无明文规定的犯罪则难以进行处理。如此看来，我国《刑法》第 9 条的完善，即使在国内法的视角内也并非孤立，要想使我国《刑法》第 9 条与我国缔结或参加的国际条约真正协调起来，就有必要统筹处理好其与我国刑法分则的关系。

（三）完善之方法

在前文中，笔者指出了我国《刑法》第 9 条的规定所存在的一些立法缺陷，对这些缺陷有必要加以完善。

1. 采纳援引式与要件式相结合的制定模式。

如前所述，规定普遍管辖权的立法模式可以区分为简略式和缜密式两种，继续进行更为细致的划分则可以区分为援引式、概括式、列举式和要件式四种。世界各国往往是在四种典型的制定模式中进行选择，确立本国的普遍管辖原则。我国《刑法》第 9 条采取的是援引式。由于援引式存在明显的缺陷，不能很好地满足我国普遍管辖权行使的需要。那么，如果单独加以考虑，在概括式、列举式和要件式三者之间是否存在一种更符合我国的实际需要的制定模式呢？

首先，概括式完全不以缔结和加入的国际公约为基础，一方面同等地看待本国缔结或参加的公约与国际法中的犯罪，使本国普遍管辖原则的适用范围在一些情况下显得过于宽泛，不仅容易造成管辖权上的冲突，也使本国承担了不必要的义务。另一方面，完全不考虑本国缔结和加入的公约，需要以十分完备的刑法分则规定作基础，如果本国刑法分则中缺乏相应规定，则存在使本国无法履行公约义务的弊病。此外，对本国而言，已缔结或加入的国际条约的效力应高于国内法的效力，在有关普遍管辖原则的条款中，完全忽视各类公约的法律效力的存在，仅仅以国内法的规定取而代之，并不合适。

其次，如果对列举式加以详尽的分析，我国也不宜对其予以采纳。按照列举式，本国关于普遍管辖原则的条文，一般应对普遍管辖权的行使所及范围内的主要罪名予以列举。由于此类罪名诸多，这就必然使相应条文过于冗长，不符合立法条文应当凝练的要求。同时，该制定模式对刑法分则的完备程度也要求较高。立法需要一个过程，对于我国缔结或参加的国际条约中所涉及的罪行，我国立法上很难一步到位地全部予以规定。另外，还要特别考虑到的是，我国刑法中普遍管辖原则所及的罪行是应随着我国缔结或参加的国际条约的变化而有所变化的，对此不可能在总则条文中随时一一予以增减。当然，列举式在对普遍管辖原则的规定中，对本国缔结或参加的国际条约进行了特别的考虑并在条文中加以反映，在这一点上是值得肯定的。

最后，仅就制定模式而言，要件式不仅包括实体方面的要件，而且包括程序方面的要件，能够比较好地对普遍管辖原则的适用予以规制。但是，如果结合我国刑事立法的特点以及我国刑法的整体制定模式进行考虑，要件式的不足就显而易见了，即在我国刑法条文中并不适宜对普遍管辖原则的实体要件和程序要件同时予以规定。不过，要件式对我国应如何规制普遍管辖原则还是具有启发性意义的，可以考虑在忽略其关于程序要件规定的同时，领会其所体现出的立法精神对我国的制定模式予以完善。

通过上述分析可以看出，如果单独予以考虑，援引式、概括式、列举式和要件式都不能合理地对我国的普遍管辖原则予以规制。比较理想的方式是吸收援引式和要件式所具备的合理因素，构建一种新的模式——对此可称为综合式，作为我国《刑法》第 9 条的制定模式。

2. 重新确定管辖范围。

结合我国《刑法》第 9 条在管辖范围上的立法缺陷进行考虑，重新确定管辖范围意指以下两个方面：其一，重新确定我国《刑法》第 9 条所及的人的范围；其二，重新确定我国《刑法》第 9 条所及的罪的范围。

重新确立我国《刑法》第 9 条所及的人的范围，可以借鉴其他一些国家的相关立法。由于考虑到将普遍管辖权的行使扩展到域外行为人，可能会产生主权冲突以及增加不必要的国际义务，很多国家都在本国的刑事立法中坚持了“实际控制原则”，要求被指控的对象处于本国领域内，例如《意大利刑法》。甚至，有的国家不仅要求对嫌疑人进行实际控制，还要求其他国家已经向本国提出了引渡要求并被拒绝后，才能行使普遍管辖权，例如哥伦比亚、丹麦等国。根据我国的具体情况，在借鉴国外相关立法的基础上，可以考虑将普遍管辖权所及的人的范围限制为：“如果行为人在中华人民共和国领域内。”

重新确定我国《刑法》第 9 条所及的罪的范围意味着，我国应当坚持对缔结或参加的国际条约所规定的犯罪，在所承担条约义务的范围内行使管辖权的同时，慎重地考虑如何对根据习惯国际法规则所确立的犯罪行使刑事管辖权。笔者认为，虽然将我国普遍管辖原则适用所及的罪名拘泥于我国缔结或参加的条约，不利于我国在某些情况下根据习惯国际法行使普遍管辖权，但是考虑到国际利益的维护以及主权冲突的尽量避免，也没有必要在任何情况下都对习惯国际法规则所确立的犯罪行使刑事管辖权。因此，可以在我国《刑法》第9条中增加下述条款："对于习惯国际法所确立的犯罪，可以适用本法。"

3. 在我国《刑法》分则中增设相关罪名。

我国《刑法》第3条规定："法律明文规定为犯罪行为的，依照法律定罪处罚；法律没有明文规定为犯罪行为的，不得定罪处罚。"结合本条规定，考虑到国际条约在规定国际犯罪时一般没有关于法定刑的规定，无论我国《刑法》第9条如何完善，如果没有与之相匹配的罪名完备的刑法分则，我国的普遍管辖原则也难以实现。因此，结合我国的普遍管辖原则，在刑法分则中增设新罪名对我国《刑法》第9条的立法完善意义重大。在我国刑法分则中增设新罪名的时候，不仅要在分则中增设我国已经缔结或加入的国际公约中的罪名，而且应当适当根据习惯国际法所确认的犯罪增设新罪名。当然，对刑法分则中根据习惯国际法确认的犯罪所增设的新罪名行使刑事管辖权并不是我国必须承担的义务，我国可以对是否行使管辖权进行选择。

综上所述，笔者认为可以考虑将我国《刑法》第9条的内容修改为：如果行为人在中华人民共和国领域内，对于中华人民共和国缔结或参加的国际条约所规定的犯罪，中华人民共和国在所承担条约义务的范围内行使刑事管辖权的，适用本法；对于习惯国际法所确立的犯罪，可以适用本法。

二、犯罪主体的立法完善

我国《刑法》第17条将刑事责任年龄分为三个阶段：不满14周岁为绝对不负刑事责任阶段，已满14周岁不满16周岁为相对刑事责任年龄阶段，已满16周岁为完全刑事责任年龄阶段。对老年人犯罪未规定单独的刑事责任。近年来，围绕刑法关于刑事责任年龄的上述规定，就是否需要降低我国最低刑事责任年龄，是否需要按照渐进性原理规定刑事责任年龄，是否需要单独规定老年人刑事责任，是否规定刑事责任最高年龄等问题，理论界有人对此进行了有益的探讨，并提出了一些有借鉴意义的建议。

（一）关于未成年人刑事责任年龄的争论

随着我国未成年人犯罪的日益增多，且呈现低龄化趋势，刑法理论界近年来对我国刑法关于未成年人刑事责任年龄的规定进行了有益的探讨，有学者提出完善我国最低刑事责任年龄的构想。

有论者认为，我国现在规定的最低刑事责任年龄偏高，应当降低这一年龄。其理由大致如下：第一，我国目前未成年人犯罪形势严峻，且呈现向低龄化方向发展的态势；第二，随着我国经济的发展，人们的物质生活水平有了很大的提高，青少年的发育较以前大为提前；第三，现代社会已步入信息社会，青少年可以通过各种渠道及时获得大量的信息，因而其心理年龄也较以前大为提前。甚至有人认为，“年龄并非判断公民是否具备认知、辨别能力和自我控制能力的唯一标准”；“降低未成年人刑事责任年龄是保护未成年人的需要”。因为“对于低龄少年犯罪予以一定限度的严厉惩罚，从某种程度上讲，胜过和颜悦色的说服教育”；“诸多未成年人犯罪，其共犯、对象也多为未成年人，通过对罪大恶极的犯罪分子加以严惩，会极大地震慑周围的其他未成年人，不再重蹈覆辙，犯同样的错误，同时也避免了青少年犯的家长从法律的宽容中放松了对子女的教育和警惕”；《刑法》第 17 条第 4 款关于因不满 16 周岁不予刑事处罚的，责令其家长或者监护人加以管教，必要时也可由政府收容教养的规定存在缺陷，因为青少年犯罪本身就是家长或者监护人管教失败的结果，再由他们对其子女进行管教难以收到理想的效果；而政府收容教养又受资金的限制，且未经法院判决而限制公民自由是与现代法治精神相悖的。① 在要求降低我国最低刑事责任年龄的理论中，对将该年龄降低到什么点尚存在不同看法。有学者认为，应当将该年龄确定为 12 周岁，② 有学者建议确定为 13 周岁。③ 上述论者都只是论证了为何要下调刑事责任最低年龄，而对于为什么要将该年龄确定在 12 或者 13 周岁未予进一步论证。

除了上述认为应当降低最低刑事责任年龄的意见外，还有学者从其他方面对我国现行的刑事责任制度提出了质疑和完善意见。如有论者认为，应当降低完全刑事责任年龄，将其降至 14 周岁。该论者对我国现行刑事立法中对青少年刑事责任的保护性规定提出了质疑，认为“刑法中定罪量刑上的规定，实际上把犯罪少年置于一种犯重罪轻判、犯轻罪亦轻判的有利境地，而对于重案乃至于凶残案件一律适用应当减轻或者减免的条文，造成了少年犯罪无论多重

---

① 参见孔徙：《降低未成年人刑事责任年龄的必要性》，载《学习月刊》2003 年第 10 期。

② 参见李宏峰：《对未成年人刑事责任年龄相关规定的思考》，载《嘉兴学院学报》2007 年第 5 期；刘强、郭卿、孙宝林：《关于降低刑事责任年龄的探析》，载《科技信息》2008 年第 1 期；孔徙：《降低未成年人刑事责任年龄的必要性》，载《学习月刊》2003 年第 10 期。

③ 参见张建军：《我国刑事责任年龄之检视》，载《政法学刊》2007 年第 4 期。

都不会判重刑，实质上纵容了犯罪。”为此，该论者建议，在降低完全刑事责任年龄的同时，扩大法定刑的适用范围，对于死刑、无期徒刑、罚金、没收财产也应适当适用。①

与上述要求降低我国刑事责任最低年龄的观点相反，也有人认为我国现行14周岁刑事责任年龄的下限设置具有合理性，不能下调。② 持该观点的理由如下：第一，从生理和心理状况看，12岁、13岁的人正处在从儿童期向少年期过渡的时期，生理和心理刚刚开始发生显著变化，身心发育尚未基本成熟；从智力开发和知识水平看，尚幼稚无知，文化知识和社会知识还相当贫乏。因而还不具备刑罚适应能力，还不能真正理解刑罚的性质、功能以及刑罚制裁意义与后果。对其判处刑罚，自然也就很难达到教育与改造的目的。第二，少年儿童尚处在人生的初期，可塑性很大，对他们应以教育为主，注重预防，而不宜过分强调刑罚的惩罚作用。从司法实践看，对低龄犯适用刑罚的效果并不理想。第三，对未达刑事责任年龄者实施的危害行为并非放任不管。第四，降低刑事责任年龄并不代表国际刑法发展的趋势。③

有学者对我国最低刑事责任年龄未提出质疑，但是认为我国现行的未成年人刑事责任范围并非完美，有待进一步完善。如有人认为，应规定渐进式的未成年人刑事责任范围。该学者认为，我国刑法中关于绝对无刑事责任年龄的表述不科学，因为14周岁以下为绝对无刑事责任年龄这一结论是通过对刑事责任年龄的下限进行分析才得出的，采用直接规定模式更合理些，即规定“行为时不满14周岁的人，无刑事责任能力”；我国刑法规定已满16周岁不满18周岁的人对过失犯罪负刑事责任不当，与未成年人刑事责任能力的特点相适应，应当渐进式地规定未成年人刑事责任范围，建议刑法规定已满16周岁不满18周岁的人仅对故意犯罪承担刑事责任，满18周岁的人对所有犯罪承担刑事责任。④ 还有人认为，由于立法者认为已满14周岁不满16周岁的未成年人犯罪与已满16周岁不满18周岁的人在犯罪的认知能力和控制能力上存在差异，这是我国规定相对刑事责任年龄和完全刑事责任年龄的依据，因此，从刑

---

① 参见闻静、张连华：《论犯罪低龄化与法律正义的冲突》，载《安徽警官职业学院学报》2003年第3期。

② 参见马克昌主编：《犯罪通论》，武汉大学出版社1999年版，第261~263页；马曼：《我国未成年人的刑事责任若干争议问题研究》，载《法制与社会》2008年4月号。

③ 参见马克昌主编：《犯罪通论》，武汉大学出版社1999年版，第261~262页。

④ 参见冯卫国、王振海：《我国未成年人刑事责任范围的立法完善：以渐进性为视角》，载《青少年犯罪问题》2005年第6期。

事责任承担与刑罚裁量的主客观相统一的原则出发，对这两者在刑罚裁量上应当有所区别，在量刑情节规定上，前者应该比后者更宽缓，这应当在立法上予以规定。①

上述观点似乎都有一定道理，但笔者认为，降低刑事责任最低年龄的观点值得商榷。具体理由在前述赞同保持现行刑事立法中刑事责任最低年龄不变的几点理由之外，补充以下两点：第一，未成年人犯罪是全世界面临的问题，其成因是非常复杂的，在解决的方法上也需要多管齐下，综合治理，而不能仅仅依靠刑罚。意图以降低刑事责任最低年龄，从而起到加大打击力度的作用的做法在理论上是错误的，在实践中是无益的。第二，降低刑事责任最低年龄的做法并不代表国际刑法发展的趋势，与国际公约背道而驰。1985 年第七届联合国预防犯罪和罪犯待遇大会在北京通过《联合国少年司法最低限度标准（北京规则）》指出，各国“由于历史和文化的原因，负刑事责任的最小年龄差别很大。现代的做法是考虑一个儿童是否达到负刑事责任的精神和心理要求，即根据孩子本人的辨别和理解能力来决定其是否能对本质上反社会的行为负责”。同时指出，“在承认少年负刑事责任的年龄这一概念的法律制度中，该年龄的起点不应该规定得太低，应考虑到情绪和心理成熟的实际情况”。该规则呼吁，“应当作出努力以便就国际上都适用的合理的最低年龄限度的问题取得一致意见”。而当今世界，多数国家的刑法规定的刑事责任最低年龄都是 14 周岁。2004 年 9 月 12 日至 19 日，第十七届国际刑法大会在北京召开，通过了《国内法与国际法下的未成年人刑事责任决议》，对于刑事责任年龄的最低起点，该决议也明确提出为 14 周岁。因此，该决议是对降低刑事责任最低年龄这一理论界呼声的反对。相反，该决议还规定，完全负刑事责任年龄是 18 周岁，这一规定高于当前的国际立法，目前多数国家将完全负刑事责任年龄规定为 16 周岁。因此，降低刑事责任最低年龄的观点值得商榷。

笔者还认为，不降低刑事责任最低年龄并不是说我国现行的有关未成年人刑事责任的规定就是完美无缺的，就不存在需要完善之处。笔者认为，未成年人刑事责任的规定应尽可能反映人格形成的渐进性规律，因为一个人的辨认和控制能力不可能在某一周岁的第二天就能发生质的飞跃，而是逐渐成熟起来的。在此意义上，最合理的是对刑事责任年龄作出弹性规定。但是，如果刑事立法上不规定明确的刑事责任年龄下限，而是设置一条弹性的标准，其结果可以预见：司法统一将荡然无存，一般公正不可能实现。所以，完全反映人格形

① 参见雪英：《我国相对刑事责任年龄刑事立法研究》，苏州大学 2007 届硕士论文。

成的渐进性在当前社会发展水平下是无法实现的，只能尽可能地反映这一渐进过程。而我国现行的有关未成年人刑事责任年龄的规定在反映这一渐进过程方面存在不足，主要体现在：虽然立法上将刑事责任年龄分为绝对无刑事责任年龄、相对刑事责任年龄和完全刑事责任年龄这三个阶段，但是已满 14 周岁不满 16 周岁的相对刑事责任年龄的人仅对刑法规定的八种犯罪行为承担刑事责任，而已满 16 周岁不满 18 周岁的人对所有犯罪行为负刑事责任，这二者间年龄相差不大，但承担的刑事责任程度却悬殊。所以，有学者认为，这一规定在行为范围上，跳过了对所有故意犯罪负刑事责任这一重要环节，违背了事物发展的连续性规律。① 笔者赞同该观点。因此，将我国完全刑事责任年龄设定为 18 周岁，将相对刑事责任年龄细化为已满 14 周岁不满 16 周岁和已满 16 周岁不满 18 周岁两个阶段，前者对若干严重的故意犯罪负刑事责任，后者则对所有故意犯罪负刑事责任。这样更能反映刑事责任年龄与人格形成的渐进性规律。对于前引关于扩大法定刑的适用范围，对于死刑、无期徒刑、罚金、没收财产也应适当适用的观点，与保护未成年人的国际潮流相悖，自不待言。

（二）关于老年人刑事责任能力的争论

一般来说，自然人的认知能力和控制能力是随着年龄的增长而经历一个逐渐发展的过程，但进入老年后，人的生理功能和心理思维能力逐渐衰退，直至最终衰竭。此时，人的辨认、控制能力又随着年龄的增长而呈现反比关系。因此，自然人的责任能力不仅随着年龄的增长而逐渐形成和发展，而且随着成年人进入老年阶段，其责任能力逐渐减弱，直至衰竭。基于对这一自然规律的认识，对老年人犯罪从宽处理是科学的。各国对老年人犯罪的从宽处理方式各异。我国《刑法修正案（八）》规定：已满 75 周岁的人故意犯罪的，可以从轻或者减轻处罚；过失犯罪的，应当从轻或者减轻处罚。这一规定的增设体现了对老年人犯罪从宽处罚的精神，是可取的。

完善刑事立法，对老年人刑事责任作出特别规定，并不意味着必须设置刑事责任最高年龄。如前所述，对我国刑事立法中是否需要设置刑事责任最高年龄有不同观点，存在肯定与否定两种不同认识，笔者赞成否定说。首先，从设置刑事责任年龄的目的看，不能规定刑事责任最高年龄。刑事立法设置刑事责

① 参见冯卫国、王振海：《我国未成年人刑事责任范围的立法完善：以渐进性为视角》，载《青少年犯罪问题》2005 年第 6 期。

任年龄的目的是为了给司法人员提供一个衡量行为人是否具有刑事责任能力的标尺，防止将无刑事责任能力人的行为作为犯罪予以追诉。但是，不同的自然人身体发育程度不同，心智成熟状况各异，加之个人经历、周围环境、所受教育等因素的不同影响，导致即便同处一个年龄段的人对同一事物的感受度也存在差异。因此，从实现实质正义来说，设置最高刑事责任年龄是不恰当的，因为这可能放纵犯罪。① 对每个行为人的刑事责任能力进行单独评估才是最符合实质正义的要求，但是如此一来，即便不存在评估错误的情况发生，这也绝对是一种以牺牲司法效率来追求公正的做法，况且以当前的科技发展水平难以对人的认知能力和控制能力作出精确无误的判断。不同的国家，根据其本国公民的身体发育程度、同犯罪作斗争的需要以及社会治安状况等实际，确定一个刑事责任最低年龄是必要的。在笔者看来，这是一个追求司法效率的无奈之举。其次，从当前的科技发展水平看，也不能确立刑事责任最高年龄。尽管一个国家刑事立法在确定刑事责任最低年龄和刑事责任最高年龄时考虑的因素很多，但最基本的因素还是其本国公民的身心发育程度。一般来说，同一国家的未成年人的心智成熟年龄大致相当，这是确立刑事责任最低年龄的前提。确定刑事责任最高年龄与确定刑事责任最低年龄不同，前者是确定“具有刑事责任能力”与“不具有刑事责任能力”的年龄界限，后者则是确定“不具有刑事责任能力”与“具有刑事责任能力”的年龄界限。纵观一个正常的自然人的人生发展历程，何时心智发展成熟一般有个明确的预期，但是对其何时丧失对事物的认知能力或者控制能力则是难以预计的，且不同的人差异悬殊。现代科技尚不能准确测算出一个国家的公民其心智丧失的大致年龄，而不同的自然人在这方面差异悬殊，因此，即便是赞成在刑事立法中规定刑事责任最高年龄的人也不能给出一个合理的理由解释为何以某个确定的年龄作为该最高年龄。再次，规定刑事责任最高年龄与当今世界的通行立法例不一致。现代世界各国，除个别国家的刑事立法中保留了对老年人犯罪从轻处罚的规定外，各国现行刑事立法中不再有关于达到一定年龄的老年人犯罪不追究刑事责任的规定了。

综上所述，在我国刑事立法中增设有关老年人犯罪的刑事责任的特别规定是必要的，但不必人为设置一个刑事责任最高年龄。

---

① 在最低刑事责任年龄规定之外，由于尚有如精神病人等特别刑事责任能力的规定，因此，对于在超过最低刑事责任年龄但不具备完全刑事责任能力的人，则不必担心其因不具备完全刑事责任能力而错误追诉的情况。

三、正当防卫的立法完善

正当防卫是我国刑法中正当化事由的一种。无论是在刑法实务界还是理论界对这一问题一直都比较重视。从关注和研究的焦点来看，主要涉及两个方面：一是如何科学地理解现行刑法典中的有关规定并在司法实践中正确运用；二是如何对现行刑法典中的有关规定予以完善。“裁判者只有适用法律的职务，却没有批评法律的权能。裁判者只能说出法律是怎样怎样，却不能主张法律应该是怎样怎样；所以立法的良恶在原则上是不劳裁判者来批评的……要晓得法律的良不良，是法律的改造问题，并不是法律的适用问题。”① 的确，法律应当被信仰，“既然信仰法律，就不要随意批评法律，不要随意主张修改法律”。② 从这一角度出发，在正当防卫问题上，学界以现行刑法典为根据，进行解释学方面的研究以满足司法实践的要求是必要的。但是，学者并非裁判者，在进行解释学方面的研究以满足司法实践的要求的同时，也有责任关注和研究立法中所存在的问题，提出具体的完善意见，以更好地满足社会情势的要求。由此看来，对正当防卫问题进行两个方面的研究都是必要的，而下文将聚焦于后一个方面。

（一）正当防卫的立法规定

在我国现行刑法典中，第 20 条是关于正当防卫制度的规定。该条共设三款，具体内容为：（1）为了使国家、公共利益、本人或者他人的人身、财产和其他权利免受正在进行的不法侵害，而采取的制止不法侵害的行为，对不法侵害人造成损害的，属于正当防卫，不负刑事责任。（2）正当防卫明显超过必要限度造成重大损害的，应当负刑事责任，但是应当减轻或者免除处罚。（3）对正在进行行凶、杀人、抢劫、强奸、绑架及其他严重危及人身安全的暴力犯罪，采取防卫行为，造成不法侵害人伤亡的不属于防卫过当，不负刑事责任。上述规定是由 1979 年刑法典第 17 条关于正当防卫的有关规定发展演变而来的。③ 与 1979 年刑法典相比，其在具体内容上主要呈现出如下变化：（1）

① 朱采真：《现代法学通论》，世界书局 1935 年版，第 93 页。

② 张明楷：《刑法格言的展开》，法律出版社 1999 年版，第 3 页。

③ 1979 年《刑法》第 17 条规定：（1）为了使公共利益、本人或者他人的人身和其他权利免受正在进行的不法侵害，而采取的正当防卫行为，不负刑事责任。（2）正当防卫超过必要限度造成不应有的危害的，应当负刑事责任，但是应当酌情减轻或者免除处罚。

将“为了使公共利益、本人或者他人的人身和其他权利”修改为“为了使国家、公共利益、本人或者他人的人身、财产和其他权利”；（2）将“采取的正当防卫行为”修改为“采取的制止不法侵害行为，对于不法侵害人造成损害的，属于正当防卫”；（3）将“正当防卫超过必要限度造成不应有的危害”修改为“正当防卫明显超过必要限度造成重大损害”；（4）删除了第2款“应当酌情减轻或者免除处罚”中的“酌情”；（5）增加了第3款的规定：“对正在进行行凶、杀人、抢劫、强奸、绑架以及其他严重危及人身安全的暴力犯罪，采取防卫行为，造成不法侵害人伤亡的，不属于防卫过当，不负刑事责任。”总的来说，现行刑法典中关于正当防卫的规定与1979年刑法典中的有关规定相比，突出和加大了对正当防卫行为的鼓励和保护力度，在立法技术上也有所进步。但是，1997年刑法在对1979年刑法中的有关规定予以发展完善的同时，也延续了其中存在的一些问题，而新增添的一些内容也颇有值得商榷之处。

（二）正当防卫的立法缺陷

1. 第一款中的立法缺陷。

其一，在第一款中将正当防卫的保护范围限定为“国家、公共利益、本人或者他人的人身、财产和其他权利”，这与1979年刑法典中的有关规定相比虽然显得更加全面，但是仍存在疑问。具体而言，在该范围限定中并未具体列明集体利益，那么应如何确定集体利益的归属，这值得研究。可以明确，集体利益不应归属到“本人或者他人的人身、财产权利和其他权利”的范畴。那么集体利益究竟是应当归属于国家利益、还是公共利益的范畴呢？一般而言，国家利益应当是指国家安全、人民民主专政的政权和社会主义制度等政治利益以及国家财产等经济利益。公共利益应当是指公共设施等公民的共同利益。显然，将集体利益归属于国家利益或者公共利益的范畴都很牵强。也许，我们可以很勉强地把集体利益纳入公共利益的范畴，但是这仍然不能解决该范围限定中所存在的问题。按照我国《刑法》第2条的规定：“中华人民共和国刑法的任务，是用刑罚同一切犯罪行为作斗争，以保卫国有财产和劳动群众集体所有的财产，保护公民私人所有的财产，保护公民的人身权利、民主权利和其他权利，维护社会秩序、经济秩序、保护社会主义建设事业的顺利进行。”在该规定中，明确地区分了国家利益和集体利益，如果在关于正当防卫的保护范围限定方面专门地划分出国家利益而不指明集体利益，则显然与刑法的总体规定不协调。① 此外，在正当防卫的保护范围方面，与1979年刑法典的有关内容相比，现行刑法典把“财产权利”从“其他权利”中分割出来，体现了对财产权的重视和保护，值得肯定。可是，这也导致了新的问题。即除了人身权利和财产权利，还有什么“其他权利”需要纳入到正当防卫的保护范围呢？正如有学者所指出的，从公民权利的种类和正当防卫的性质来说，作为正当防卫保护范围的权利，除主要是指人身权利外，也只有财产权利。其他权利如政治权利、民主权利、劳动权利、婚姻家庭权利等，实际上不可能成为正当防卫所要保护的权利。② 的确，人身权利已经涵盖了生命、健康、性的不可侵犯以及人身自由等广泛权利，如果再把财产权利专门列举出来，“其他权利”的补充已经毫无意义。

其二，按照第一款的规定，正当防卫只有在面临“正在进行的不法侵害”的情况下才能实施。这存在两个方面的问题。从时机条件来看，要求不法侵害“正在进行”的情况下才能实施正当防卫，这显得过于苛刻。从法律设立正当防卫制度的目的来看，是为了防止在紧急情况下，因无法获得官方保护而出现只能任由侵害人损害合法权益的法律真空现象。既然如此，在不法侵害尚未进行，但是威胁已经十分紧迫的情况下就不应当禁止当事人积极地采取必要的防卫行为。再者，“不法”一词用在此处显得不够明确，为刑法解释留下了过于宽泛的空间，不利于其在司法实践中的具体操作运用。具体而言，正当防卫只能针对不法侵害而进行。那么，无刑事责任能力人（未成年人、精神病人）的侵害是否属于“不法侵害”呢？就此问题，在我国学界存在主观说和客观说的争论。主观说认为，不法侵害不但要求侵害行为客观上危害社会，还要求侵害人主观上有罪过且具有刑事责任能力。客观说则认为，不法侵害是指行为

① 在立法上，关于正当防卫的保护范围可否及于国家、公共利益，各国的规定之间也存在明显差异，主要可以分为两类：一类将正当防卫保护的对象规定为本人和他人的合法权益（德国、日本），另一类将正当防卫保护的对象规定为国家、社会、本人以及他人的合法权益（中国、阿尔巴尼亚）。之所以在有些国家刑法中规定不得对侵犯国家和社会利益的行为实施正当防卫，是因为这些国家的主流观念认为维护公共利益是政府的专有职责，允许对侵犯公益的行为实施防卫是推卸责任的表现。同时，公益的范畴相对抽象、不易把握，允许对侵犯公益的行为实施防卫有导致法秩序混乱的危险。笔者认为，在我国允许公民为了保护公共利益而进行正当防卫，是符合我国的现实社会状况要求的，应当予以肯定。

② 参见赵秉志、赫兴旺、颜茂昆、肖中华：《中国刑法修改若干问题研究》，载《法学研究》1996年第5期。

客观上危害社会并且违法的行为，不要求侵害人具备刑事责任能力和主观罪过。由此，按照主观说的观点，对无刑事责任能力人是不能实施正当防卫的，只能实施紧急避险。而按照客观说的观点，对无刑事责任能力的人则可以实施正当防卫。但是，按照我国刑法的规定，正当防卫与紧急避险的限度条件是不同的。如果在司法实践中不能明确地界定当事人的行为是正当防卫还是紧急避险，就难免出现相同行为得不到相同对待的情况。从国内外的情况看，就此方面的规定主要可分为三种表述类型：（1）用“正在进行的不法侵害”（我国、阿尔巴尼亚）和“正在发生的不法侵害”（德国）表述；（2）用“正在进行的或即将发生的非法侵害”（芬兰）和“实施或即将实施的非法侵害”（瑞典）表述；（3）用“现实危险”（意大利）、“紧急危险”（泰国）、“急迫的不法侵害”（日本）表述。笔者认为，上述三种表述类型中，第三种最为合理，而其中“现实危险”的表述则尤其值得我国吸收、借鉴。

其三，根据第一款的规定，采取的制止不法侵害的行为，只有在“对不法侵害人造成损害”的情况下，才属于正当防卫。质言之，没有给不法侵害人造成损害的，就不是正当防卫。如此规定并不妥当，将会在理论和实践中带来如下问题：第一，给公民造成错误引导。导致公民在能够制止不法侵害并且不给侵害人造成任何侵害的情况下作出更为强烈的反应。正当防卫的目的在于制止不法侵害，而不在于造成新的损害，这种情况的出现与法律维护社会安定的宗旨相背离。第二，在理论上形成自相矛盾：没有给不法侵害人造成损害的不是正当防卫，那到底是什么？是见义勇为？还是不法侵害？其实，正当防卫的本质就在于制止不法侵害，而与给不法侵害人造成损害没有关系。法律更应该鼓励公民实行不造成任何损害的正当防卫。①

2. 第二款中的立法缺陷。

其一，第二款中前两个字“正当”的使用值得商榷。就此，我国有论者指出：“所谓‘正当’，是‘合理、合法’的意思。既然是‘合理、合法’的防卫就不存在‘明显超过必要限度造成重大损害’，反之，既然‘明显超过必要限度造成重大损害’了，那就不能称之为‘正当防卫’。从逻辑上讲，‘明显超过必要限度造成重大损害’的行为只能说是防卫行为，因该行为‘明显超过必要限度造成重大损害’而成为一种刑法理论中的‘防卫过

① 参见侯国云、么惠君：《论“正当防卫”立法的再完善与再修改》，载《法学评论》2005年第2期。

当’行为。”① 基于上述认识，论者认为应当将第二款中的“正当防卫”一词改为“防卫”。对于上述看法，我国也有论者表示了反对意见，认为：“刑法上的正当防卫，是在防卫人与侵权人之间进行的，构成一个互相对立统一的矛盾体。就防卫人来说，必须首先获得防卫权，然后才能实行防卫。因此，正当防卫，是由‘获权’和‘防卫’两部分组成的。这两部分各有严格的限制条件。前部分的条件叫正当防卫的前提条件，后部分的条件叫正当防卫的限度条件。前提条件共有如下三个：（1）必须有不法侵害行为发生；（2）不法侵害行为必须是正在进行的；（3）不法侵害行为必须是实际存在的，而不是防卫人想象或者推测的。这三个条件必须同时具备，防卫人才能获得防卫权。获得了防卫权，实行防卫才是正当防卫。获得了防卫权之后，在实行正当防卫时，还必须遵守限度条件……防卫行为造成的后果不能明显超过必要限度，明显超过了必要限度，就构成防卫过当。由上可知，能不能实行正当防卫，是由前提条件决定的。正当防卫行为过不过当，是由限度条件决定的。如果不具备前提条件，就不具有防卫权，没有防卫权就没有防卫的正当性，在没有防卫正当性的情况下实施的防卫就不是正当防卫，造成严重后果的，就不是防卫过当，而是一般犯罪。总之，只有在取得正当防卫权之后进行的防卫才是正当防卫，只有在正当防卫的前提下才能成立防卫过当。”② 在上述两种观点中，笔者赞同第一种观点。在笔者看来，第二种观点的上述理由表述于逻辑上是混乱的。按照论者的观点，防卫权的获得是正当防卫的基础条件，这没有什么问题；正当防卫的产生需要具备三个前提条件，这也没有什么问题。但是，认为由限度条件所决定，正当防卫中既包括正当防卫，也包括防卫过当，却并不合适。因为，虽然防卫行为的作出以防卫权的获得为基础，但是防卫权本身却是有限制的。只有在防卫权的行使没有超过必要限度的情况才成立正当防卫，而防卫权的行使如果超过必要限度，则是防卫过当。由此来看，根源于防卫权行使的界限，是否“明显超过必要限度”应当是区分正当防卫与防卫过当的分界。在关系上，正当防卫与防卫过当二者应当是并列关系，而非包含与被包含的关系。只不过，正当防卫是关于防卫权行使后所发生法律后果的一般情况的规定，而防卫过当则是关于防卫权行使后所发生法律后果的补充性规定。笔者的这种理解应当说与第一款中的规定也是协调的。因为，按

① 参见何佐汉：《建议修改刑法第二十条》，载《法制日报》2003 年 1 月 2 日，第 10 版。

② 侯国云、么惠君：《论“正当防卫”立法的再完善与再修改》，载《法学评论》2005 年第 2 期。

照第一款的规定，“……属于正当防卫，不负刑事责任”。与此相对，负刑事责任的，自然并非正当防卫，而是防卫过当。

其二，第二款于逻辑上存在一定的错误。从形式逻辑上讲，定义是用简练的语言揭示概念内涵的逻辑方法。每个定义都由定义概念、被定义概念和联结词三部分组成。被定义概念就是通过定义揭示其内涵的概念。定义概念就是用来揭示被定义概念内涵的概念。被定义概念和定义概念是定义的两个主要部分，它们靠定义的联结词联结起来。定义的联结词通常是“就是”、“是指”、“属于”，有时简写为“是”。① 在实际下定义时，可以将被定义概念放前边，也可以将定义概念放前边。例如，“法律规范就是由国家制定或认可的，体现统治阶级意志的，以国家强制力保证实施的行为规则”，这就是一个定义。在这个定义中“法律规范”是被定义概念，“由国家制定或认可的、体现统治阶级意志的、以国家强制力保证实施的行为规则”是定义概念，“就是”是联结词。凡下定义者，这三部分一个也不能少。少了被定义概念，会让人不明白究竟是为谁定义的，即不明白定义的是什么；少了定义概念，则等于没有下定义；少了联结词，则会使定义显得语无伦次，没有条理，让人摸不着头脑。可见，少了其中任何一部分，所下的定义就不规范、不科学。按照上述要求，分析第二款时不难发现，其中的前半部分只涉及了定义概念，却缺少被定义概念和联结词。这显然不够科学。此外，从协调性方面来看，这一规定方式与第一款的规定也不够协调。因此，笔者建议将此款的前半部分修改为：“防卫明显超过必要限度造成重大损害的，属于防卫过当。”

3. 第三款中的立法缺陷。

其一，条款中前半部分关于犯罪范围的限定不够科学。按照该条款的规定，“对正在进行行凶、杀人、抢劫、强奸、绑架及其他严重危及人身安全的暴力犯罪”，采取的防卫行为，造成不法侵害人伤亡的都不属于防卫过当。那么，“其他严重危及人身安全的暴力犯罪”与“行凶、杀人、抢劫、强奸、绑架”之间的关系就很值得研究，到底是并列关系，还是包容关系？如果是并列关系，那么“其他严重危及人身安全的暴力犯罪”具体指的什么犯罪？这显然不够明确。如果说是包容关系，那么在已经指明“行凶、杀人、抢劫、强奸、绑架”这一范围的情况下，再进一步用“其他严重危及人身安全的暴力犯罪”予以描述，就显得没有必要。就此，我国有学者认为这里采取的是列举与概括相结合的立法方式，因此“其他严重危及人身安全的暴力犯罪”

① 参见何佐汉：《建议修改刑法第二十条》，载《法制日报》2003年1月2日，第10版。

对“行凶、杀人、抢劫、强奸、绑架”这一犯罪范围有限制作用。① 的确，即便是“杀人”也有暴力形式与非暴力形式的区别，因而有必要将其限定为暴力形式，而不应当允许对非暴力形式的“杀人”行使无限防卫权。按照这一思路，将“其他严重危及人身安全的暴力犯罪”与“行凶、杀人、抢劫、强奸、绑架”之间的关系理解为限制与被限制的关系是有一定合理性的，这一理解比较好地解决了这两个部分之间的关系问题。不过，这并未能解决“其他严重危及人身安全的暴力犯罪”中的“其他”到底是指什么的问题。实际上，即便按照论者的理解，也不应当是“其他严重危及人身安全的暴力犯罪”与“行凶、杀人、抢劫、强奸、绑架”之间的关系是限制与被限制的关系，而应当是“严重危及人身安全的暴力犯罪”与“行凶、杀人、抢劫、强奸、绑架”之间是限制与被限制的关系。不仅如此，“严重危及人身安全的暴力犯罪”与“其他”之间也是限制与被限制的关系。由此看来，论者的观点并未能解决该款中“其他”所指范围不够明确的问题。

此外，即便不考虑“严重危及人身安全的暴力犯罪”与“行凶、杀人、抢劫、强奸、绑架”之间的关系问题。其中，关于“行凶、杀人、抢劫、强奸、绑架”的列举方式也存在明显缺陷。因为在这一列举方式中，“杀人、抢劫、强奸、绑架”都可以在我国刑法典中找到相应的罪名，② 可是“行凶”

① 参见赵秉志主编：《刑法学总论》，群众出版社 2000 年版，第 169 页。

② 关于“杀人、抢劫、强奸、绑架”是仅指四种具体罪名，还是同时也包括其他犯罪中含有的“杀人、抢劫、强奸、绑架”行为（如拐卖妇女、儿童罪中的强奸妇女的行为），学界存在争议。有的学者认为，从对该条款的立法技术分析来看，应当认为这四种犯罪包括具有同类性质或者相同手段的多种犯罪罪名。具体说：第一，是以转化犯的形式存在的。《刑法》第 20 条第 3 款所规定的杀人、抢劫犯罪，都存在着转化犯的可能。例如，《刑法》中第 238 条第 2 款规定的，使用暴力非法拘禁致人死亡的，应当依照第 232 条定杀人罪并处刑。第二，是根据刑法的立法推定而存在的。例如，对于强奸罪，就不仅仅是指《刑法》第 236 条规定的强奸妇女的行为，还应当包括同条第 2 款规定的奸淫幼女的行为，因为立法上对于奸淫幼女行为规定了“以强奸论”，即作为强奸犯罪的一种特殊形式。因此，对于这种“准强奸罪”，也应认为可以实施特别防卫。（参见王作富、阮方民：《关于新刑法中特别防卫权规定的研究》，载《中国法学》1998 年第 5 期，第 92 ~ 93 页。）但有学者不同意上述观点，认为不管采用哪种理解在实际运用效果上其实是一致的。但是，从文理上分析，将该四种犯罪视为仅表示具体罪名更为妥当。因为，其一，“杀人、抢劫、强奸、绑架”中只有杀人和绑架可以勉强地认为是一种犯罪手段，而抢劫、强奸都是一种危害行为；不同层次上的范畴并列在一起，在逻辑上有难以说通之处。其二，将“杀人、抢劫、强奸、绑架”解释为既是具体罪名又是犯罪手段，易造成认识混乱，不如直接以是否“严重危及人身安全的暴力犯罪”作为判断能否对故意杀人罪、抢劫罪、强奸罪、绑架罪以外的其他犯罪进行特殊防卫的标准。（参见卢勤忠：《无限防卫权与刑事立法思想的误区》，载《刑法问题与争鸣》（第二辑），中国方正出版社 2000 年版，第 348 页。）单纯就此问题而言，笔者赞同后一种观点。

一词的所指却让人感到难以琢磨。就此，我国有学者主张应当以刑法解释的方式予以完善。例如，有学者认为，“行凶”的含义十分宽泛，难以界定，刑法采用“行凶”一词，存在一定的缺陷，因此应当对“行凶”的含义加以限制解释，限于使用凶器、对被害人进行暴力袭击，严重危及被害人的人身安全的犯罪行为。① 也有学者认为，“行凶”是指严重危及人身安全的、以暴力手段实施的、构成犯罪的“行凶”。基于此，对未严重危及人身安全的，非以暴力手段实施的，或者尚未构成犯罪的“行凶”进行防卫的，均不能适用《刑法》第20条第3款的规定。同时强调，“行凶”并不限于使用凶器，某些未使用凶器的行凶行为，比如，在不法侵害人的人数、侵害能力与被害人或者防卫人的人数、防卫能力相差悬殊的情况下的行凶行为，同样也具有严重危及人身安全的性质，对之自然可以依法进行特殊防卫，否则，不利于保护被侵害人的合法权益。② 还有学者认为，因为第20条第3款列举的几种犯罪已把“杀人”专门列出，从法条文字排列看，“行凶”在前，“杀人”在后，无疑这里的“行凶”，是指故意伤害，包括故意伤害致死。③ 可是，上述解释与其说是对“行凶”一词的解释，不如说是对“其他严重危及人身安全的暴力犯罪”一语的解释。

其二，缺乏存在的必要理由。笔者上述关于我国《刑法》第20条第3款有关特殊防卫规定的分析，主要是就微观的立法技术层面而言的。然而，如果从宏观上进行分析，可以认为该条款的规定在整体上缺乏必要性。

首先，从立法宗旨来看，《关于〈中华人民共和国刑法〉(修订草案）的说明》指出，设立特殊防卫制度的用意主要有两个：一是为了鼓励、支持公民更好地行使防卫权，以保护其合法权益；二是为了纠正过去司法实践中处理防卫过当案件普遍偏严的现象。针对正当防卫立法宗旨中的第一个来看：的确，积极鼓励公民放下思想包袱与犯罪作斗争是应该的。按照我国《刑法》第20条第2款的规定，防卫行为只有在“明显超过必要限度造成重大损害”的情况下，才应当承担刑事责任。应当说，这一限度条件已经比较宽松，已经足以起到鼓舞广大民众积极与犯罪作斗争的作用。如果再进而赋予公民以特殊防卫的权利，其对民众行使防卫权的进一步鼓舞作用值得怀疑。另外，关于正当防卫的一般规定，在很大程度上已经包括了特殊防卫权行使过程中可能发生的情

① 参见陈兴良：《论无过当之防卫》，载《法学》1998年第6期。

② 参见赵秉志主编：《刑法学总论》，群众出版社2000年版，第170页。

③ 参见高洪宾：《论无限防卫》，载《政治与法律》1998年第4期。

况。比如，对采用暴力手段的故意杀人的犯罪人行使防卫权导致犯罪人伤亡的情况，一般来说都应当认为防卫人防卫权的行使没有明显超过必要限度。在这种情况下，立法宗旨在前两款中已经被比较好地贯彻，再进而对特殊防卫权予以规定，显然缺乏必要性。针对立法宗旨中的第二个来看：虽然特殊防卫权的规定在一定程度上有助于纠正司法实践中认定正当防卫的标准偏严的情况，但是，以不适当的立法来纠正司法中的问题终非明智之举、长久之计。司法中存在的问题最终还是应当交由司法内部解决。况且，总体来看，近年来随着法官素质的不断提高，对于是否构成正当防卫的限度已经能够进行比较适当的把握。基于上述考虑，设立特殊防卫制度的第二个立法宗旨也值得商榷。

其次，从社会效果上讲，本款存在着明显的副作用。这一方面表现为，该款的规定容易让人形成“防卫有理，杀人无错”的观念，在本来能够防卫自身又不导致犯罪人伤亡的情况下，仍然痛下杀手。而这不仅将导致犯罪人不必要的伤亡，也不利于引导公民形成科学的刑法观念。另一方面，该款的规定在增加犯罪人犯罪成本的同时，事实上也将防卫人置于了更危险的境地。因为，随着防卫手段的增强，犯罪人势必也会随之采取更为极端的行为，而这在很多时候将会给防卫人带来不必要的伤害。

（三）正当防卫的立法完善建议

综合上述分析，笔者认为应当删除《刑法》第 20 条第 3 款关于特殊防卫权的规定，对第 1 款和第 2 款的内容予以修改完善，具体条款内容可以修改为：“（1）为了使国家、集体、公共利益、本人或者他人的人身、财产权利免受具有现实危险的行为的侵害，而采取的制止侵害的行为，属于正当防卫，不负刑事责任。（2）防卫明显超过必要限度造成重大损害的，属于防卫过当，应当负刑事责任，但是应当减轻或者免除处罚。”

四、共同犯罪的立法完善

共同犯罪的立法完善问题，是我国刑法学界研究共同犯罪问题时所关注的一个重要方面。由共同犯罪的复杂性所决定，学者们在就这一问题进行研究时，所涉及的内容比较广泛，提出的见解也往往存在较大差异。本书中，笔者将就其中两个学界普遍关注的重要问题展开研究，希望能对共同犯罪的立法完善有所裨益。

(一) 关于共同犯罪的主观要件

我国现行刑法典第二章第三节是关于共同犯罪的规定，从条文上看主要包括第25~28条，其中第25条是关于共同犯罪概念的规定，具体内容为：(1)共同犯罪是指两人以上共同故意犯罪。(2) 两人以上共同过失犯罪，不以共同犯罪论处；应当负刑事责任的，按照他们所犯的罪分别处罚。从上述条文的规定可以看出，我国刑法中共同犯罪的主观要件只能是故意而不能是过失。也就是说，从我国刑事立法的立场来看，没有共同过失犯罪存在的空间。那么，在我国刑法中为何只承认共同故意犯罪而不承认共同过失犯罪呢？其主要理由在于：(1) 过失犯罪缺乏共同犯罪所要求的内在一致性。共同犯罪之所以比单独犯罪具有更大的社会危害性，是由于共同故意使数人结成犯罪的整体，彼此互相支持，互相配合，易于作大案要案，对社会造成严重的危害。而在过失犯罪的情况下，行为人缺乏对共同犯罪的认识，不能使数人的共同行为具有共同犯罪所要求的那种内在的一致性。(2) 共同过失犯罪不需要对各行为人根据其在犯罪中所起的作用和分工确定刑事责任。刑法总则中规定共同犯罪，是因为行为人在共同故意犯罪中所起的作用不同或者分工不同，需要根据各自的作用和分工确定不同的刑事责任。而在过失犯罪的情况下，无主犯、从犯、教唆犯之分，不需要查明各犯罪人在犯罪中所处的地位和所起的作用，因而也没有必要将共同过失构成的犯罪按共同犯罪对待。①

在相当长的时期内，我国刑法理论中对共同犯罪概念的探讨，是以刑事立法对共同犯罪的规定为基础和依托的，一般不存在争论。② 不过，晚近，一些学者对刑法典中否认共同过失犯罪的立场提出了质疑，认为，在刑法典中应当对共同过失犯罪予以肯定。其提出的理由主要包括：(1) 客观现实是立法的前提和基础。刑事立法应当反映特定物质生活条件下的社会需求。而共同过失犯罪是一个客观存在的社会现象，如果不承认它将是不切实际的，也是不明智的。(2) 诚然，在过失共同犯罪中，各过失行为人不存在故意共同犯罪中那样的意思联络、沟通，但是各过失行为人在违反共同注意义务上存在懈怠注意的共同心理，这种共同心理助长了各过失行为人主观上的不注意、不谨慎，从而必然地而不是巧合地共同造成了一个危害结果，这样各过失行为人违反其共同注意义务的共同行为和共同过失，已具备共同犯罪行为是一个统一的有机整

① 参见侯国云：《过失犯罪论》，人民出版社1993年版，第156页。

② 参见赵秉志：《刑法基本理论专题研究》，法律出版社2005年版，第502页。

体这一共同犯罪的本质特征。(3) 对于共同过失犯罪现象如果不能作为共同犯罪，势必使有些案件得不到妥善处理。① (4) 从刑事政策需要看，在现代社会，随着科学技术的发达，专业性强、危险性大的工作越来越多。由于从业人员的素质并不能迅速适应工作上的要求，导致各种责任事故发生，致使过失犯罪在刑事案件中所占的比例增大。就此，如果以共同过失犯罪案件处理，将有利于追究相关人员的刑事责任，进而也有利于遏制此类犯罪。②

面对上述争论，刑事立法上就共同过失犯罪问题应当作出何种抉择呢？换言之，刑事立法中到底应当继续坚持否定共同过失犯罪的立场还是对共同过失犯罪作出肯定性的规定呢？从源头上看，共同犯罪是我国从前苏联刑法中引入的一个概念，因而其规定与苏联刑法的规定相似。在今天看来，欲科学地解决共同过失犯罪所关涉的立法问题，显然不能单纯局限于对前苏联刑法的借鉴，而有必要进行更广泛的考察——特别是对大陆法系法制发达国家的相关刑事立法进行考察。经验表明，这种比较性的考察往往能对我们就刑事立法问题作出最终抉择有所帮助。基于上述考虑，笔者对德国、法国、日本和意大利的相关刑事立法情况进行了考察，具体情况如下：

(1) 在德国刑法典中，其总则第二章第三节就正犯与共犯问题作出了规定。与共同过失犯罪问题相关的条文主要涉及其中的第 25 条、第 26 条、第 27 条。从内容上看，第 25 条规定：①自己实施犯罪，或通过他人实施犯罪的，依正犯论处。②数人共同实施犯罪的，均依正犯论处。第 26 条规定：故意教唆他人故意实施违法行为的是教唆犯。对教唆犯的处罚与正犯相同。第 27 条规定：对他人故意实施的违法行为故意予以帮助的，是帮助犯。③对帮

① 比如，在共同实施过失行为又无法判明究竟是谁的行为造成危害后果的情形下，如果说依照各个行为人的行为对同一事实负责，每一个犯罪嫌疑人都可以认为自己的行为不是危害后果发生的原因，而且，从事实上说，的确也不能说就是因某一个人的行为造成危害后果。在这种情况下，如果不依照共同过失犯罪理论，将很难追究共同过失行为人的刑事责任。

② 参见林亚刚：《犯罪过失研究》，武汉大学出版社 2000 年版，第 252 ~ 263 页；侯国云：《过失犯罪论》，人民出版社 1993 年版，第 161 ~ 172 页；樊舸：《论共同过失犯罪的立法完善》，载《西南政法大学学报》2000 年第 9 期；阴剑峰：《论共同过失犯罪》，载《山东公安专科学校学报》2001 年第 3 期。

助犯的处罚参照正犯的处罚，并依第49条第1款减轻其刑罚。① 由上述规定可以看出，在德国刑事立法中并没有把主观方面是故意作为共同正犯成立的要件，对于狭义共犯的成立则明确要求故意这一主观要件。②

（2）在日本刑法典中，其总则第十一章专门就共犯问题作出了规定。与共同过失犯罪问题相关的条文主要有其中的第60条、第61条和第62条。从内容看，日本刑法第60条规定：两人以上共同实行犯罪的，都是正犯。第61条规定：教唆他人实行犯罪的，判处正犯的刑罚；教唆教唆犯的，与前项同。第62条规定：帮助正犯的，是从犯；教唆从犯的，判处从犯的刑罚。由上述规定可以看出，在日本刑法典中并无关于共同犯罪主观要件的明确规定。或者说，在日本刑事立法中并未将共同犯罪的主观要件局限于故意，在共同过失的情况下也可能成立共同犯罪。

（3）在法国刑法典中，其第一卷总则部分第二编关于刑事责任的规定中就共同犯罪的内容作出了规定。具体条款为第121条第7款，内容为：知情而故意给予帮助或协助，为准备或完成重罪或轻罪提供方便者，是重罪或轻罪的共犯。从这一规定可以看出，在如何处理共同犯罪主观要件这一问题上，法国刑事立法的态度与德国相似，同样没有把主观方面是故意作为共同正犯成立的要件。但是明确规定，狭义共犯的成立只能由故意构成。

（4）在意大利刑法典中，其第一编总则部分第四章“关于罪犯和犯罪被害人”中就共同犯罪的内容作出了规定。与共同过失犯罪问题相关的条文主要有其中的第110条和第113条。从内容上看，第110条规定：当数人共同实施同一犯罪时，对于他们当中的每一人，均处以法律为该犯罪规定的刑罚。第113条规定：在过失犯罪中，当危害结果是由数人的合作造成时，对每人均处以为该犯罪规定的刑罚。由上述规定可以看出，意大利的刑事立法中明确承认共同过失犯罪。

上述国家的刑事立法中就共同犯罪主观要件的规定，可以归纳为三种情况：第一，明确规定共同犯罪只能由共同故意构成；第二，明确规定共同犯罪

① 第49条为关于特别的法定减刑理由的规定，其第1款内容如下：法律规定或许可依本条减刑的，适用下列规定：（1）终身自由刑由3年以上自由刑代替。（2）针对有期自由刑最高可判处最高刑的3/4。（3）被提高了的最低自由刑：在最低自由刑为10年或5年的情形下，减至2年；在最低自由刑为3年或2年的情形下，减至6个月；在最低自由刑为1年的情形下，减至3个月；其他情形下减至法定最低刑。

② 就共同犯罪，大陆法系国家存在着广义和狭义的区分。广义的共犯包括共同正犯（或称共同实行犯）、教唆犯和从犯，狭义的共犯仅指教唆犯和从犯（帮助犯）。

既能由共同故意构成，也能由共同过失构成；第三，规定共同正犯既能由共同故意构成，也能由共同过失构成，而狭义共犯只能由共同故意构成。上述各国就共同犯罪的规定之所以存在上述明显差异，是由对共犯本质的认识不同所导致。在大陆法系的刑法学研究中，就共犯的本质问题，主要存在犯罪共同说与行为共同说的对立。其中，犯罪共同说是客观主义的共犯理论。这种学说从犯罪的本质是对法益的侵害出发，认为共同犯罪是两人以上共同对同一法益实施侵害。所谓“共同”，是指两个以上有责任能力的人，以实施同一犯罪的意思，对同一犯罪事实进行协作。行为共同说是主观主义的刑法理论，这种学说从犯罪是罪犯主观恶行的表现的观点出发，认为共犯中的“共同”关系，不是两人以上协同犯一罪的关系，而是共同表现恶性的关系。所以，共犯应理解为两人以上基于共同行为而各自实现自己的犯意。只要行为共同，不仅协同犯一罪可以成立共犯，甚至各自实施不同的犯罪，也不影响共犯的成立。① 由此看来，国外刑事立法中就共同犯罪主观要件方面的规定也存在很大差异。这启示我们，尽管我国刑法学界在研究具体问题时经常区分传统的苏联模式和大陆法系模式，并从区分后的比较中发现许多问题。但是，共同犯罪主观要件的立法规定问题，不存在因模式的不同而导致的实质性差异。因而，就此问题最终还是要从本国实际情况的考量出发来予以规定，不存在可供直接参照的统一的世界性模式。

以我国的实际状况为考量，笔者认为在我国刑法中不宜承认共同过失犯罪。也即，我国刑法中应当维持把共同犯罪的主观要件限于共同故意的做法。具体而言，除了前文所提及的否认共同过失犯罪的理由外，还包括：第一，我国刑法中就共同犯罪主观要件的规定能够比较好地满足司法实践中解决共同犯罪的实际需求，“法律不理会琐细之事”，不应因过于轻微的事由就对其进行修改。第二，从刑法学理论的总体状况看，我国的刑法学是以社会危害性为中心的刑法学，而社会危害性是主客观方面的有机统一。在共同过失犯罪的情况下，其由于主观方面不具有意思联络，因而不能形成意思上的合力，最终自然

---

① 参见赵秉志主编：《外国刑法原理（大陆法系）》，中国人民大学出版社 2000 年版，第 208 页。由此，在大陆法系国家刑事立法中，将共犯成立的主观要件限于故意的观点实际上接纳了犯罪共同说；规定共犯的成立其主观方面既可以是共同故意也可以是共同过失的，实际上是接纳了行为共同说；规定共同正犯既能由共同故意构成也能由共同过失构成，而狭义共犯只能由共同故意构成的，实际上是对犯罪共同说和行为共同说的争论采取了折中的立场。

也不能产生与单人过失犯罪相比更大的社会危害性。从另外的角度思考，承认共同过失犯罪也意味着对我国以社会危害性为中心的刑法学理论体系的颠覆，这显然得不偿失。第三，共同过失而导致犯罪的情况的确作为一种客观的现象而存在，但对于这种现象立法者应当有作出取舍的权力。只有在立法者予以承认的情况下，其最终才能成为一种法律事实。如果一味地以其是客观现象为理由，要求立法上予以规定，就混淆了客观现象和法律现象的差异。第四，认为增设共同过失犯罪，将有利于追究犯罪人的刑事责任，进而有利于遏制相关犯罪的观点缺乏实证资料的支撑。在目前的情况下，尚无确切资料表明增设共同过失犯罪将有利于相关犯罪人的处理、相关犯罪的遏制。

根据上述分析，我国现行刑事立法中将共同犯罪成立的主观要件限制为共同故意，这值得肯定，不宜修改。不过，这并不意味着我国刑法中就共同犯罪的概念规定不存在问题。具体而言，我国刑法中就共同犯罪的概念共设两款予以规定，其中第1款指明："共同犯罪是指二人以上的共同故意犯罪"。既然共同犯罪的主观要件是共同故意，那么共同过失自然不构成共同犯罪。以此为前提，对相应的犯罪人自然应当按照他们所犯的罪分别处罚。由此看来，其第2款："二人以上共同过失犯罪，不以共同犯罪论处；应当负刑事责任的，按照他们所犯的罪分别处罚"无存在的必要，应当删除。

（二）关于共同犯罪人的分类

我国现行《刑法》第26～29条对共同犯罪人的类别作出了划分，并分别就定罪处罚等内容作出了规定。具体来看，第26条规定：（1）组织、领导犯罪集团进行犯罪活动的或者在共同犯罪中起主要作用的，是主犯；（2）三人以上为共同实施犯罪而组成的较为固定的犯罪组织，是犯罪集团；（3）对组织、领导犯罪集团的首要分子，按照集团所犯的全部罪行处罚；（4）对于第三款规定以外的犯罪，应当按照其所参与的或者组织、指挥的全部犯罪处罚。第27条规定：（1）在共同犯罪中起次要或者辅助作用的，是从犯；（2）对于从犯，应当从轻、减轻处罚或者免除处罚。第28条规定：对于被胁迫参加犯罪的，应当按照他的犯罪情节减轻处罚或者免除处罚。第29条规定：（1）教唆他人犯罪的，应当按照他在共同犯罪中所起的作用处罚。教唆不满十八周岁的人犯罪的，应当从重处罚；（2）如果被教唆的人没有犯被教唆的罪，对于教唆犯，可以从轻或者减轻处罚。由这些具体规定来看，在我国刑法中就共同犯罪人主要作出了主犯、从犯、胁从犯和教唆犯的划分。从具体内容上看，我国现行刑法典中就共同犯罪人种类划分的规定基本沿用了1979年刑法典的内容，只是将“被诱骗参加犯罪的人”排斥于胁从犯之外，不再规定。①

就刑法典中上述关于共同犯罪人的划分，学界长期以来都存在着不同的认识和争论。通说的观点认为，我国刑法对共同犯罪人的分类是采用四分法，即分为主犯、从犯、胁从犯和教唆犯。这种分类方法主要是以共同犯罪人在共同犯罪中所起的作用为分类标准，同时也兼顾到共同犯罪人的分工情况。特别是刑法条文另外划分出教唆犯这一类，有利于正确定罪；而且该条文又明确规定，对教唆犯应当按照他在共同犯罪中所起的作用处罚，这样就将教唆犯这一分类，纳入以“在共同犯罪中所起的作用”为分类标准的分类体系，从而获得了分类的统一。② 也有论者认为，我国刑法是以共同犯罪人在共同犯罪中的作用为标准，将共同犯罪人分为主犯、从犯、胁从犯三类，教唆犯不是共同犯罪人中的独立种类。因为按分工分类与按作用分类是标准不同的两种分类方法，而形式逻辑的分类规则之一是分类标准必须同一，将以不同标准划分出来的共同犯罪人混杂在一起，定会出现某种罪犯同时具有双重身份的分类重叠的逻辑错误。如果按通说的观点，采用双重标准，把共同犯罪人分为主犯、从犯、胁从犯和教唆犯四类，那么，教唆犯在起主要作用时，就是主犯；起次要作用时则又成为从犯。只有把教唆犯分别归入主犯与从犯，而不作为与主犯、从犯相并列的独立种类时，才能避免这样的逻辑错误。持此观点的学者，除就我国刑法对共同犯罪人如何分类的问题提出上述见解之外，还从立法应力求科学性的角度出发，建议取消教唆犯与胁从犯，刑法上规定的共犯人只应限于主犯与从犯两类。③ 还有论者认为，上述两种观点都有一定道理，又都有值得商榷之处。具体而言：我国刑法确实规定了主犯、从犯、胁从犯和教唆犯，前三种是按作用为标准分类的，教唆犯则是按分工为标准分类的共同犯罪人之一，尽管其刑事责任是按作用为标准，分别依主犯或从犯处罚，但这一共同犯罪人种类却不是按作用为标准划分的，也就谈不上“获得了分类的统一性”。因而，第一种观点认为我国刑法是采用四分法，而将教唆犯与主犯、从犯、胁从

---

① 根据 1979 年刑法第 25 条规定，“被胁迫、被诱骗参加犯罪的”，是胁从犯。1997 年修订后的刑法删去了“被诱骗”一词。原因在于，对“被诱骗”如何理解，常有歧见；如何认定，较难掌握。并且它与“被胁迫”是两个不同内容的概念，不能成为胁从犯的特征。参见周道鸾主编：《刑法的修改与适用》，人民法院出版社 1997 年版，第 109 页。

② 参见高铭暄主编：《新中国刑法学研究综述》，河南人民出版社 1986 年版，第 538 页。

③ 参见高铭暄主编：《刑法专论》（上编），高等教育出版社 2004 年版，第 370 ~ 371 页。

犯并列并不妥当。在这点上，第二种观点的看法是可取的。但第二种观点认为我国刑法中的共同犯罪人只有主犯、从犯、胁从犯三种，否定教唆犯是独立的共同犯罪人，这就从一个极端走向了另一个极端，既有悖于规定教唆犯的立法精神，也不符合刑法“共同犯罪”一节规定的实际情况。① 持该观点的学者还进而指出：我国刑法虽然按分工分类只规定教唆犯，但理论上在共同犯罪中教唆犯是以实行犯存在为条件的。没有实行犯犯罪，就没有作为共同犯罪人的教唆犯，而“像组织犯、实行犯、帮助犯、在我国刑法条文中已经内涵了”。② 不过，持该观点的学者并未对我国刑法中共同犯罪人分类的相关规定提出异议。

在对我国现行刑法中共同犯罪人分类的认识方面，笔者基本赞同第三种观点。应当说我国刑法中确实是采纳了一种混合的规定方式，将按照分工分类法所划分出的教唆犯与按照作用分类法划分出的主犯、从犯、胁从犯一并予以规定，在逻辑方面存在一定的问题，缺乏分类的统一性。③ 此外，虽然我国刑法在“共同犯罪”一节中只明确规定了按照分工分类法划分出的教唆犯，而对实行犯、组织犯和帮助犯未予规定，但是不应因此否定教唆犯作为共同犯罪人种类的地位。

在对待我国刑法中共同犯罪人划分规定的态度方面，第一种观点和第三种观点实际上都可以说是采取了支持的态度，而第二种观点则作出了批判。就此问题，笔者认为虽然我国刑法中共同犯罪人的划分存在问题，但是取消教唆犯的主张却值得商榷。从分类方法上看，教唆犯属于按分工分类的划分方法对共同犯罪人进行划分的结果，而在刑法中坚持和保留这一划分方式有着十分重要的意义。因为：第一，犯罪分子在共同犯罪中的分工，明确地显示出每类共犯在共同犯罪中的地位和所从事的活动，也就是说明了他们各自的犯罪事实，而确定每一个犯罪分子所起作用的大小，是不能脱离分工的犯罪事实的。第二，根据犯罪分子的分工行为，可以较好地解决定罪问题，例如教唆他人杀人与本人实行杀人，行为是不同的，因而罪名也应有所不同：一是故意杀人罪，一是教唆杀人罪。单纯按作用分类，就显示不出这种区别。又如教唆他人犯罪，当

① 参见马克昌：《有关共同犯罪的几个争议问题》，载《现代法学》1990年第5期。

② 马克昌：《有关共同犯罪的几个争议问题》，载《现代法学》1990年第5期。

③ 在笔者看来，这里的逻辑问题并非由于同时采纳了分工分类法和作用分类法所导致，而是由于采纳分工分类法却又贯彻不彻底所导致。所谓贯彻不彻底，是指只规定了按照分工分类法划分出的教唆犯，却未对“实行犯”、“组织犯”、“帮助犯”予以规定。

被教唆的人没有犯他教唆的罪时，教唆犯应该对他教唆的罪独立负责，单纯按作用分类，也解决不了这样的定罪问题。定罪问题是非常重要的，“共同犯罪”之所以列入“犯罪”一章，而不列入“刑罚”一章，首先就是要解决定罪问题。① 第三，按分工分类，可以较好地反映共同犯罪中的复杂情况，避免非主犯即从犯的较粗略的划分方法，而且分类标准是一致的。② 由此看来，在刑法中不仅应当保留教唆犯这一共同犯罪人种类，而且应当考虑增加“实行犯”、“帮助犯”这两种犯罪人种类，从而解决现行刑法中的逻辑问题，更好地发挥犯罪人类别划分在司法实践中的重要功能，而不应当仅仅止于“组织犯、实行犯、帮助犯，在其他条文中已经内涵”的状况。

那么，在增添“实行犯”和“帮助犯”的相关规定的情况下，是否应当取消按照作用分类法进行划分的相关共同犯罪人种类呢？就此问题，还有必要予以进一步研究。在笔者看来，在刑法中保留按照作用分类法对共同犯罪人的划分方式是必要的。因为：第一，这样分类明确地体现出我国对犯罪分子区别对待的政策和原则，根据犯罪分子在共同犯罪中所起作用的大小，确定刑事责任和惩罚的轻重，策略性比较强。第二，对犯罪分子分清主次、首从，便于分化瓦解犯罪集团，而犯罪集团是最危险的犯罪形式，是我们打击的重点。第三，共犯分类的主要目的在于区分共犯成员各自的刑事责任，便于分别量刑，而社会危害的大小就是确定他们各自的刑事责任，对他们分别量刑的重要根

---

① 也有论者否认分工分类法具有有利于解决定罪问题的优点，认为：“如果把共同犯罪的定罪问题放在整个犯罪的定罪背景下考察，就会发现，对共同犯罪的行为定性，并不以共同犯罪行为人的多寡、行为人的身份为依据，而是以共同犯罪的行为整体的性质为依据的。共同犯罪相对于单独犯罪而言：单独犯罪以一人犯罪为全部内容，所犯之罪由一人承担全部责任；共同犯罪以多人犯罪为基础，所犯之罪由多人共同承担全部刑事责任。一人犯罪由一人的行为性质决定其犯罪性质，多人犯罪由多人的行为性质决定其犯罪性质。一人杀人者为杀人，多人杀人者也为杀人。由此可见，多人共同犯罪只是增加了行为量的内容，并没有改变行为的属性”。（杨兴培：《论共同犯罪人的分类依据与立法完善》，载《法律科学》1996 年第 5 期，第 53 页。）笔者认为上述论者的观点只是一种表象分析，没有看到分工分类法影响定罪的深层原因，并不妥当。从刑法的规定来看，刑法对某一具体犯罪的规定一般仅限于该种犯罪的实行行为。在此情况下，对于实行犯可以依照刑法分则直接定罪、处罚，而由于教唆犯、帮助犯的教唆、帮助行为不符合刑法分则规定的犯罪构成要件，显然无法予以定罪，自然也无法予以处罚。这就需要在刑法总则中按照分工分类法对犯罪人予以分类，从而完成对教唆、帮助行为之相关构成要件的修正。

② 参见高铭暄：《中华人民共和国刑法的孕育和诞生》，法律出版社 1981 年版，第 52～53 页。

据。犯罪分子在共同犯罪中的分工，虽然有的（如组织犯、帮助犯）也体现社会危害性大小，但有的（如实行犯）就体现得不直接、不明确，不像按作用分类，能直接明确地体现出社会危害性的大小，从而便于确定各自的刑事责任，便于分别量刑。① 不过，应当在刑法中保留按照作用分类法对共同犯罪人的划分，这并不意味着我国刑法中按此划分方法划分出的犯罪人种类就是合理的。具体来看，我国刑法中按照这一划分方法，主要划分出了主犯、从犯和胁从犯。主犯、从犯的划分没有什么问题，但是在主犯和从犯之外又划分出胁从犯，其合理性值得怀疑。首先，从范围上看，主犯、从犯的划分事实上已经使按照作用分类法对共同犯罪人的划分周延，而胁从犯完全可以归属于从犯的范畴。其次，从刑法规定上看，我国刑法规定对从犯“应当从轻、减轻处罚或者免除处罚”，对胁从犯“应当按照他的犯罪情节减轻处罚或者免除处罚”。可见，关于胁从犯的处罚规定完全为关于从犯的处罚规定所含括。最后，从内容上看，所谓胁从犯，是指被胁迫参加犯罪活动的人。而所谓被胁迫参加犯罪活动，“指受到暴力威胁或精神威胁、被迫参加犯罪活动。详言之，行为人知道自己参加的是犯罪行为，虽然他主观上不愿参加犯罪，但为了避免遭受现实的危害或不利而不得已参加犯罪”。② 不难看出，被胁迫的实质意义是意味着相应的参与犯罪的行为人主观恶性的轻微。因而，这种情况应当被作为减轻或免除处罚的情节来看待，而不应由此再独立地划分出一种共同犯罪人种类。基于上述理由，笔者认为我国刑法中按照作用分类法对共同犯罪人进行划分只应划分为主犯和从犯，不宜再就胁从犯予以规定。

（三）结论

在前文中，笔者主要就我国刑法中关于共同犯罪的主观要件和共同犯罪人分类的有关规定予以了研讨。总的来说：在共同犯罪的主观要件问题上，笔者认为我国现行刑法中将共同犯罪的主观要件限于故意的规定值得肯定，但是没有必要再进而作出“共同过失犯罪，不以共同犯罪论处；应当负刑事责任的，按照他们所犯的罪分别处罚”的规定，因而应当将其删除。在共同犯罪人的分类问题上，笔者认为我国刑法中现有的分类方法事实上同时采纳了作用分类

① 参见高铭暄：《中华人民共和国刑法的孕育和诞生》，法律出版社 1981 年版，第 52 页。

② 高铭暄、马克昌主编：《刑法学》（第二版），北京大学出版社、高等教育出版社 2005 年版，第 188 页。

法与分工分类法，这也值得肯定。但是，我国刑法中贯彻分工分类法不够明确和彻底，因而导致其在逻辑上出现了一定问题，应当通过在“共同犯罪”一节增设“实行犯”、“组织犯”、“教唆犯”相关条款的方式予以完善，这也有利于司法实践对共同犯罪的认定和处理。此外，我国现行刑法中按照作用分类法将共同犯罪人划分为“主犯”、“从犯”和“胁从犯”，其中关于“胁从犯”的划分缺乏必要性，相应的条款应当删除。

五、刑罚体系的立法完善

刑罚体系是由刑法依照一定的标准对各种刑罚方法进行排列而形成的刑罚序列。我国现行《刑法》第32条规定：“刑罚分为主刑和附加刑。”第33条规定：“主刑的种类如下：（一）管制；（二）拘役；（三）有期徒刑；（四）无期徒刑；（五）死刑。”第34条规定：“附加刑的种类如下：（一）罚金；（二）剥夺政治权利；（三）没收财产。”第35条规定：“对于犯罪的外国人，可以独立适用或者附加适用驱逐出境。”通过以上的规定，我们可以看出，我国现阶段的刑罚体系由主刑与附加刑组成。主刑是对犯罪分子适用的主要刑罚方法，其特点是只能独立适用，不能附加适用。主刑的刑种具体包括：管制、拘役、有期徒刑、无期徒刑和死刑；附加刑，又称从刑，是补充主刑适用的刑罚方法。附加刑的特点是既可以附加主刑适用，也可以独立适用，附加刑的刑种具体包括：罚金、剥夺政治权利、没收财产以及专门针对外国人适用的驱逐出境。

我国现行刑罚体系具有要素齐备、结构合理，宽严相济、衔接紧凑，内容合理、方法人道等特点，从总体上说，是适应当时我国具体国情的，从而对保障人们的权利、维护社会的稳定起到了积极的作用。但是随着我国经济和社会的发展，我国的刑罚体系的立法已显现出一些缺陷，需要通过立法进一步加以完善。

（一）我国刑罚体系立法缺陷的宏观考察

从宏观上考察，我国现行的刑罚体系的相关规定存在以下几方面的问题：

1. 片面强调生命刑和自由刑，而较为忽视资格刑和财产刑。

从主刑的种类上来看都是生命刑和自由刑，而资格刑和财产刑只是附加刑，这便使资格刑和财产刑注定处于从属的、受轻视的地位。另外，资格刑和财产刑在刑法上设立简单，刑罚方法本身也不完善，主要表现为在我国财产刑仅包括罚金和没收财产，资格刑仅包括剥夺政治权利和只对外国人适用的驱逐出境，这种设立方法忽视了一些资格对人们实施犯罪行为的重要性。正是由于资格刑和财产刑在刑种设立上的简单，从而导致这些刑罚方法本身在同罪犯作斗争的过程中不能完全起到预期的积极的效果。①

2. 在有期徒刑、无期徒刑和死刑之间，存在着刑罚轻重不协调的现象。

我国刑法规定的有期徒刑最高15年，一般数罪并罚只有20年，根据《刑法修正案（八)》的修改，数罪并罚总和刑期超过35年有期徒刑时，最高执行期为25年，由于存在减刑与假释制度，实践中罪犯往往服完一半刑期即可能释放，最长为12年半；由于存在减刑无期徒刑名义上是终身监禁，但罪犯服刑满13年就有可能假释；接下来的死刑，有一个缓期两年执行，如果被判死缓，一般都会减为无期徒刑，有的还会减为有期徒刑（根据《刑法修正案（八)》的修改，限制减刑的除外)。这样就形成了“生刑过轻，死刑过重”的刑罚轻重不协调的局面，也正是由于从死刑到死缓以至下面的无期徒刑之间存在着很大的真空，对准确量刑造成了一定困难，有时甚至是不得不适用死刑。

3. 监禁刑较多，开放型刑种相对欠缺。

现行的刑罚体系是以监禁刑为主，非监禁的刑罚方法在法律规范中处于从属的、辅助的、次要的地位。属于开放型的刑种和行刑方式只有管制、缓刑、假释、剥夺政治权利和监外执行。其中作为主刑的非监禁刑只有管制一种，其他都是附加刑和具体的行刑制度。

（二）我国刑罚体系立法缺陷的微观考察

1. 自由刑立法缺陷的考察。

（1）管制刑的立法缺陷。管制刑是对犯罪分子不予关押，但限制其一定自由，交由公安机关执行和群众监督改造的刑罚方法。管制刑的特点是对犯罪分子不予关押，但在服刑期间其人身自由受到一定的限制。根据《刑法》第39条的规定，限制自由的具体内容是：遵守法律、行政法规，服从监督；未经执行机关批准，不得行使言论、出版、集会、结社、游行、示威自由的权利；按照执行机关的规定报告自己的活动情况；遵守执行机关关于会客的规定；离开所居住的市、县或者迁居，应当报经执行机关批准。管制刑的期限为3个月以上2年以下，数罪并罚时，管制的期限不得超过3年，判决前先行羁

① 参见李洁：《对修改我国刑罚体系的思考》，载《吉林大学社会科学学报》1990年第1期。

押的，羁押1日折抵刑期2日；管制刑由公安机关执行和群众监督改造。

管制刑是我国独创的刑种，诞生于民主革命时期，在社会主义建设时期不断得到发展和完善，1979年刑法将其作为独立的主刑予以规定，1997年刑法典继续将管制刑作为一种主刑予以保留。但随着我国社会的发展和社会观念的变革，管制刑逐渐暴露出其缺陷：

第一，管制刑所体现的惩罚性较弱。刑罚的首要特征在于它的惩罚性，不能给罪犯带来一定的痛苦或利益损失，就谈不上刑罚。管制刑作为一种独立的主刑，其惩罚性明显较弱，甚至根本就不具有惩罚性。根据我国刑法规定，被判处管制的犯罪分子，在管制期间应当遵守一些规定，然而这些规定并不能体现对犯罪的惩罚。因为其第一项遵守法律、行政法规的规定是每一个公民应尽的义务，被判处管制的犯罪分子当然不能例外，服从监督也只是一种宣告，并没有具体的内容；第二项所规定的限制行使各种政治权利，对一般的犯罪分子显示不出惩罚力度；第三项"按照执行机关的规定报告自己的活动情况"应当是具有一定限制和惩罚性的规定，但是由于实践中很少有执行机关具体规定考察的内容，因而管制犯不知道该如何报告自己的活动情况，也不知道该报告哪些情况，如此，这一规定也就往往流于形式；第四项"遵守执行机关关于会客的规定"，在罪犯居住和日常活动相对自由的情况下，罪犯正常会见客人，执法机关是难以具体控制的，因而也难以起到多大的限制作用，并且"会客"这一规定本身含义也不明确，而导致其意图难以实现；第五项的规定要求犯罪分子离开所居住的市、县或迁居时，必须报经执行机关批准，这一规定除了在手续上给罪犯带来一些不便之处，也无较大的惩罚作用。

第二，现行的管制刑缺乏必要的强制措施，因而难以发挥应有的效果。法律所规定的管制的惩罚性虽然不足，可在现实中，这些惩罚性内容也缺乏应有的执行保障。法律只规定由公安机关执行管制，却并未规定如果违反了这些规定，公安机关应当如何处理。①

第三，管制刑与拘役在刑罚体系协调上存在矛盾。我国刑法中的刑罚体系是依据各刑种的严厉程度由轻到重依次排列的。管制刑被理论界一致认为是我国刑罚中最轻的主刑，被排在拘役之前，位列五种主刑之首。《刑法》第40条规定，管制的期限为3个月以上2年以下。如果按照《刑法》第41条的规定，判决执行前羁押1日折抵管制2日来推算，管制的刑期可折算为一月半以上，1年以下。而《刑法》规定拘役下限1个月，上限6个月，显然，经过刑

① 参见马克昌主编：《刑罚通论》，武汉大学出版社1999年版，第182～186页。

期折抵以后，管制的刑期几乎是拘役的2倍。并且，拘役可以适用缓刑，而比拘役更轻的管制却不能适用缓刑，这也导致实质的不合理。因此，从刑罚的轻重上考察，管制刑存在着与拘役刑不协调的问题。

第四，管制刑与缓刑在内容上也存在着重叠，导致刑罚体系有失科学性。缓刑也是适用于社会危害性较轻和人身危险性较小的犯罪分子的，并且缓刑期间对犯罪分子设定的义务和管制相差无几（差别只是能否自由行使言论、出版、集会、结社、游行等政治权利），缓刑与管制在立法理念、适用对象、内容、执行机关上几乎完全一致。刑法对违反管制规定的行为没有制裁，但是对违反缓刑管理规定的行为却规定了比较严谨的处理条款。故而，缓刑包容着管制又优于管制，将两者并立于刑罚体系中，既是一种法条浪费，也明显有损刑法体例的严谨性和科学性。①

（2）拘役刑的立法缺陷。拘役是短期剥夺犯罪分子的自由，就近执行并实行劳动改造的刑罚方法。拘役是一种短期自由刑，是主刑中介于管制与有期徒刑之间的一种轻刑。根据《刑法》第42条至第44条的规定，拘役刑具有以下特点：剥夺犯罪分子的自由，但剥夺自由的期限较短。根据《刑法》的规定，拘役的期限为1个月以上6个月以下，数罪并罚时，拘役刑期最长不能超过1年，拘役的刑期从判决执行之日起计算，判决执行以前先行羁押的，羁押1日折抵刑期1日；管制刑由公安机关就近执行。就近执行，是指将犯罪分子放在所在地的县、市或市辖区的公安机关设置的拘役所执行，没有建立拘役所的，放在离犯罪分子所在地较近的监狱执行，如果所在地附近没有监狱，可以将犯罪分子放在看守所执行。

拘役作为一种短期人身自由刑，与管制、罚金这两种轻刑相比，我国刑法中的拘役刑在司法适用中具有下列难以克服的弊端：如果判决前羁押期过长，就会使许多判决一宣布就放人，难以发挥刑罚的功能；刑期太短，难以收到教育改造之效；如果拘役条件差，管教不力，容易使犯人之间交叉感染，加深了犯人主观恶性；判处短期自由刑与判处中长期自由刑对犯罪人前途具有同样的影响；短期自由刑缺乏威慑力，难以收到一般预防的作用。② 正因为短期自由刑具有上述弊端，限制短期自由刑的适用已成为世界各国所关注的问题，并且

① 参见曾魁：《论管制的废除》，载《华南理工大学学报（社会科学版）》2005年第6期。

② 参见赵秉志主编：《刑法修改研究综述》，中国公安大学出版社1999年版，第173～174页。

已经成为几次国际刑法会议的议题之一。

（3）有期徒刑的立法缺陷。有期徒刑是剥夺犯罪分子一定期限的人身自由，强迫其劳动并接受教育和改造的刑罚方法。根据《刑法》第45条、第69条之规定，有期徒刑的期限为6个月以上15年以下，数罪并罚时最高不能超过20年。根据《刑法修正案（八）》的规定，数罪并罚超过规定35年时，最高执行刑罚不超过25年。不提高单个犯罪有期徒刑的最高执行刑期只提高特殊情形下数罪并罚的有期徒刑的最高执行期。这一规定的合理性值得进一步探讨。

此外，有期徒刑的法定刑上下限之间幅度过大。我国刑法分则对一些犯罪所规定的有期徒刑法定刑幅度过大，有的上下相差7年，如3年以上10年以下，有的甚至相差10年。法定刑幅度过大，必然留给法官的自由裁量权空间过大，这不利于维护法律的统一性。

（4）无期徒刑的立法缺陷。无期徒刑是剥夺犯罪分子的终身人身自由，实行强制劳动改造的刑罚方法。在刑法中，它是一种仅次于死刑的严厉的惩罚措施。我国刑法有关无期徒刑的规定主要有以下两点问题：

第一，无期徒刑的适用范围过大。就其性质而言，无期徒刑毕竟仍是一种十分严厉的刑种，因此，国家应当将之作为处罚犯罪分子的最后手段来适用于那些危害最严重的犯罪。

第二，无期徒刑适用减刑、假释条件过于宽松，实际服刑的刑期过短。现行刑法规定无期徒刑几经减刑后，或者假释前实际服刑的期限不能低于13年，这和有期徒刑的最高刑只有半年之差，赋予无期徒刑这么低的刑期与这个刑种应有的严厉惩罚性很不相称，使无期徒刑应有的威慑作用大大降低，使该刑种失去其终身自由刑的含义。（由于死刑制度本书已作专章安排，故本章对死刑制度的立法缺陷及完善不作专门分析。）

2. 财产刑立法缺陷的考察。

在我国现行刑法中，财产刑主要包括罚金和没收财产两种，属于附加刑，一般附加在主刑后适用，但也可以独立适用。

（1）罚金刑的立法缺陷。罚金是人民法院判处犯罪分子向国家缴纳一定数额金钱的刑罚方法。我国《刑法》总则第52条、第53条分别对罚金数额确定的原则、罚金的缴纳方式进行了总的规定，刑法分则对一些个罪的罚金数额及适用方式进行了具体规定。考察我国刑法有关罚金刑的立法规定，存在以下问题：

第一，罚金刑的适用对象比较单一。根据我国现行刑事立法，罚金刑主要适用于贪财图利或与财产有关的犯罪，此外，罚金刑还适用于少数妨害社会管理秩序的犯罪，但刑事立法却没有将该思想贯彻到底，刑法中有近10个典型的贪利性犯罪没有设置罚金刑，它们分别是：第163条的“非国家工作人员受贿罪”；第272条的“挪用资金罪”；第274条的“敲诈勒索罪”；第382条的“贪污罪”；第384条的“挪用公款罪”；第385条的“受贿罪”；第389条的“行贿罪”；第391条的“对单位行贿罪”；第393条的“单位行贿罪”等，以上犯罪都与贪财图利有关，但刑法并没有配置相应的罚金刑。从罚金刑所惩处的犯罪罪过形式来看，我国现行的罚金刑绝大部分适用于故意犯罪，对于一些性质较轻的过失犯罪，仍然是以自由刑为主，极少采用罚金刑来处罚。这一做法存在严重缺陷，因为与生命刑、自由刑相比较，罚金刑更为缓和，作为一种较轻的刑罚方法，理应更多地适用于轻罪，而过失犯罪相对于故意犯罪而言，社会危害性是比较轻微的。

第二，《刑法》第52条对罚金刑数额确定的规定较为原则、模糊。《刑法》第52条规定：“判处罚金，应当根据犯罪的情节决定罚金的数额”，这是刑法总则确定罚金数额的原则规定。笔者认为，简单地以犯罪情节为根据确定罚金的数额，可能会造成不同的处罚效果。因为被告人客观上存在贫富不均的现象，对轻松缴纳罚金的犯罪分子而言，感受不到经济惩罚的痛苦；而对无力缴纳罚金的被告人，则会导致法院判决的无法执行，最终导致执行中止或终结，最终削弱法律的权威。现行刑法分则对罚金刑数额的规定与1979年刑法的规定相比较，已经对某些犯罪的罚金数额作了较为明确的规定，如规定了限额罚金制和比例罚金制，这种规定一般比较容易掌握，易于计算，可操作性较强。但无限额罚金制目前仍为罚金数额的主要适用方式，而且由于我国刑法总则仅对罚金数额确定作出了原则的规定，这势必使难以操作的老问题依然难以解决。

第三，在罚金刑的适用方式上，过多地规定必须并处或单处罚金，而忽视了选处罚金的规定。在现行刑法中，无论是无限额罚金制、限额罚金制或倍比、比例罚金制，大多是以必处的形式加以规定的，在147个涉及罚金刑的条文中，必须并处罚金及必须并处或者单处罚金的条文达119条，可以并处罚金的1条，“必并科”方式成为罚金适用的最主要方式。现今西方国家的罚金刑适用，主要是将其作为轻刑而独立适用，很少与自由刑并科适用。如瑞士刑法典规定可以并科罚金的犯罪有19种，只占全部可并科罚金刑的犯罪总数的14.8%；奥地利有3种犯罪可并处罚金，只占全部可判处罚金刑犯罪的3.8%。德国现行刑法规定罚金刑以单独科处为原则，只有在特别情况下才可并科罚金。若从实务上看，西方国家在适用罚金刑的案件中，并科罚金所占的比例就更少。我国刑法典对罚金刑的这种立法模式，一方面反映了立法者对罚金刑功能的重视，另一方面也反映了在刑种之间的相互替代问题上，尤其是在罚金刑与自由刑之间还存在着种种顾虑。同时，这种立法模式不仅限制了法官的自由裁量权，使其不能根据犯罪和犯罪人的不同情况，有针对性地选择最有利于犯罪人改造的刑种，而且不加区分地一律处以罚金刑，容易造成罚金刑判决后难以执行的现象，事实上，这也是造成司法实践中罚金刑执行难的主要原因之一。

第四，罚金刑的执行制度不完善。罚金刑的执行是一个世界性难题。为了破解罚金刑执行难的困境，各国纷纷在罚金刑的执行方式上作出特别规定，如采取日数额罚金制、允许分期缴纳罚金、罚金刑缓刑制、罚金刑易科劳动改造或者监禁等。与国外罚金刑的执行方式相比，我国刑法关于罚金刑的执行方式的规定过于简单笼统，缺乏保障制约措施，仅规定了一次缴纳、分期缴纳、强制缴纳、随时缴纳和酌情减免五种措施。而这些执行方式的前提都建立在犯罪分子有财产可缴纳的基础上，未充分考虑执行实践中犯罪分子无钱缴纳的情况。因此，没有规定罚金易科劳役或监禁、罚金刑缓刑或罚金刑时效等特别执行方式是现行刑法的缺陷。

第五，罚金刑的行刑时效制度存在法律空白。《刑法》第 53 条规定，人民法院对于不能全部缴纳罚金的，任何时候发现被执行人有可以执行的财产，都应当随时缴纳。由于人民法院的执行资源所限，这条规定在执行操作中不具有现实可行性；另外，有些被判处罚金的犯罪人主刑服刑完毕并回归社会多年，基本改造好后，如果人民法院仍无限期保持对其财产的随时追缴权力，势必干扰这些人的正常生活，也难以达到罚金刑的教育目的。

（2）没收财产刑的立法缺陷。根据《刑法》第 34 条和第 59 条的规定，没收财产是将犯罪分子个人所有财产的一部或全部强制无偿收归国有的刑罚。考察我国刑法关于没收财产刑的立法，其主要存在以下问题：

第一，适用没收财产的罪名数量多，适用范围广泛。纵观整个刑法分则，共有 59 个条文、69 个罪名适用没收财产，分别占分则条文总数（351 条）和罪名总数（410 条）的 16.81% 和 16.83%。这些犯罪分布在危害国家安全的犯罪、破坏社会主义市场经济秩序罪、侵犯公民人身权利和民主权利罪、侵犯财产罪、妨害社会管理秩序罪、贪污贿赂罪等各大类罪名中。在这些罪名中，绝大部分属性质特别严重的犯罪，其法定最高刑为无期徒刑或者死刑。但也有一些犯罪的性质不是太严重，最高法定刑只有 15 年有期徒刑的犯罪，如《刑法》第163条的非国家工作人员受贿罪、第172条的持有、使用假币罪。

第二，适用强制性程度过大。这一点主要反映在没收财产刑的适用方式上，在现行刑法典中，没收财产刑共有三种适用方式：①得并制，即“可以并处没收财产”的方式。②必并制，即“并处没收财产”的方式。刑法中共有13个条文、19个罪名适用这种方式。③罚金与没收财产择一必并制，即“并处罚金或者没收财产”的方式。这是现行刑法中最为普遍的适用方式，共有44个条文、47个罪名适用这种方式。

第三，不便操作。作为附加刑的没收财产刑，分则中没有规定没收财产的具体数量，一方面法官不知如何操作，是部分没收还是全部没收，无法判断，另一方面导致法官的自由裁量权过大，不利于犯罪人财产的保护。

第四，过于严厉，有可能殃及无辜的亲属。“在已经规定了犯罪关联物的没收处分制度的情况下，没收财产刑是一种没收犯罪分子个人所有的合法财产的严厉的刑罚方法。……在其适用时，没收财产一般没有数量限制，具有不平等性，并且可能殃及与犯罪分子共同生活的无辜的亲属。”①

3. 资格刑立法缺陷的考察。

我国刑法是将资格刑作为一个刑种来适用的，包括剥夺政治权利和驱逐出境两种。剥夺政治权利这一资格刑具体包括国家对以下权利的剥夺：一是选举权和被选举权；二是言论、出版、集会、结社、游行、示威自由的权利；三是担任国家机关职务的权利；四是担任国有公司、企业、事业单位和人民团体领导职务的权利。而驱逐出境只适用于犯罪的外国人，不具有普遍的意义。从我国刑法规定的资格刑的期限上来看，剥夺政治权利的期限分为四种情况：对判处死刑、无期徒刑的，剥夺政治权利终身；死刑缓期执行减为有期徒刑或者无期徒刑减为有期徒刑的，附加剥夺政治权利的期限应改为3年以上10年以下；判处有期徒刑、拘役而附加适用或单独适用剥夺政治权利的期限为1年以上5年以下；判处管制附加剥夺政治权利的期限与管制的期限相等。我国刑法对驱逐出境没有期限的规定。

从总体上来说我国的资格刑制度具有一定的合理性，但是同时存在着不足之处，主要表现在以下几个方面：

（1）资格刑种类单一、作用面小。目前我国刑法规定的资格刑，从种类上看主要有两种：一是对犯罪的中国公民适用的剥夺政治权利；二是对犯罪的外国人适用的驱逐出境。现代意义上的资格刑是以剥夺犯罪分子从事某种活动

① 储槐植、梁根林：《论法定刑结构的优化》，载《中外法学》1999年第6期。

的资格或权利为内容的刑罚，即剥夺犯罪人再犯之能力。但是，从我国目前资格刑规定能够剥夺的权利内容与当前我国公民所享有的权利相比，有较大差距，不能达到资格刑特殊预防和限制犯罪人再犯能力的目的。这种内容的单一性，决定了现行的资格刑只能发挥惩治与预防一些人利用所享有的政治权利进行的犯罪。然而，在现实生活中，除了存在着利用政治权利进行犯罪的情况外，也不乏利用从事特定职业的权利，利用所享有的荣誉进行犯罪的情况，而且往往是后者多于前者。

(2) 适用主体范围狭窄。我国资格刑只适用于犯罪的自然人，单位犯罪不适用资格刑。无论是自然人犯罪，还是单位犯罪，单一的刑种制度都难以收到行刑个别化的效果，因此刑法应当增加可以适用单位犯罪主体的资格刑。

(3) 适用形式单一。根据我国现行刑法的规定，剥夺政治权利一经适用，即要对犯罪分子所享有的四项政治权利全部予以剥夺，而不是根据犯罪人犯罪时所利用的具体权利有针对性地剥夺其一种或者几种权利。

(4) 资格刑缺乏激励机制。资格刑是无期限或者有期限地剥夺犯罪人行使一定权利的资格。根据我国现行刑法的规定，犯罪人只有在死刑缓期执行减为无期徒刑或者无期徒刑减为有期徒刑的时候，才把附加剥夺政治权利的期限改为 3 年以上 10 年以下。凡是适用有期限地剥夺政治权利的，无论犯罪人在被剥夺政治权利期间的表现，均不得减少剥夺政治权利的时间。这样的立法规定，未能体现区别对待的原则，不利于调动资格刑犯改造的积极性。①

（三）外国刑罚体系立法的借鉴

1. 法国。

1994 年 3 月 1 日，法国新刑法典生效，其刑罚体系规定在第三编第一章“刑罚之性质”中，内容十分丰富。法国新刑法典对重罪、轻罪、违警罪分别规定了不同的刑罚种类及量刑幅度，又按自然人犯罪和法人犯罪分别作了规定。新刑法典规定的刑罚有主刑、附加刑和轻罪、违警罪的替代刑，在很多情况下，替代刑即是附加刑。主刑的种类有徒刑或拘押、监禁刑、罚金刑。附加刑的概念很广，法官在适用时有多种选择。

对自然人犯罪，法国刑法取消了死刑，对所规定的刑罚都设定了特定的名称，徒刑、拘押和监禁是适用于重罪与轻罪的主刑。拘押适用于政治性犯罪构成重罪的情况，监禁适用于轻罪。重罪的自由刑分为四级：无期徒刑或终身拘

① 参见李永梅：《浅谈资格刑的立法完善》，载《法制与社会》2006 年第 10 期。

押、最高30年徒刑或30年拘押、最高15年徒刑或15年拘押、最高10年徒刑或10年拘押。轻罪的刑罚为：监禁、罚金、日罚金、公共利益劳动、剥夺权利或限制权利之罚、其他附加刑，其中，监禁刑的最高期限为10年。对违警罪不再适用监禁刑，可处之刑罚为罚金、剥夺权利或限制权利之刑罚、其他附加刑。对法人犯罪，新刑法典第131～137条规定的刑罚为：罚金以及在法律有特别规定之情况下，第131～139条所列举之解散、职业性或社会性劳动、关闭、司法监督等刑罚。

2. 德国。

在1999年1月1日生效的德国新刑法典中，自由刑仍是刑罚体系的支柱，罚金刑的适用显著增加，成为刑罚体系的重点。德国刑法第三章的标题为“犯罪的法律后果”，有关刑罚体系的规定在该章第一节“刑罚”之中。刑罚分为自由刑、罚金刑、财产刑、附加刑、附随后果四部分。德国取消了死刑，自由刑包括无期徒刑和有期徒刑，有期徒刑最高为15年，最低为1个月。罚金刑以日罚金处罚，最高为360单位日罚金，最低为5日罚金，可与自由刑并罚。行为人被判处财产刑的，如果不能缴纳财产，法院会规定一定期限的自由刑（替代自由刑）。替代自由刑的期限最高为2年，最低为1个月。附加刑规定在第44条，附随后果规定在第45条（担任公职、选举及投票权的丧失）之中。

3. 意大利。

就现代刑罚理论而言，自1864年贝卡里亚发表《论犯罪与刑罚》以来，意大利的刑罚思想一直处于领先地位。意大利刑罚典规定的刑罚分为主刑和附加刑两大类。刑法典第17条规定了重罪和轻罪的主刑，意大利完全废除了死刑，无期徒刑为最重的刑罚。重罪的主刑为无期徒刑、有期徒刑和罚金，其中有期徒刑的期限为15天以上24年以下，罚金的数额为10万里拉到1000万里拉。轻罪的主刑为拘役和罚款，拘役的期限为5天到3年，罚款的数额为4000里拉到200万里拉。刑法典第19条是对适用于重罪和轻罪的附加刑的规定，附加刑的刑期分“永远”和“有期”两类。①

4. 俄罗斯。

俄罗斯于1996年重新修订刑法典，俄罗斯新刑法第44条规定了13种刑罚：罚金；剥夺担任一定职务或从事某种活动的权利；剥夺专门称号、军衔或荣誉称

① 参见刘柏纯：《外国刑罚体系的特点及对我国的启示》，载《吉林公安高等专科学校学报》2007年第3期。

号、职衔和国家奖励；强制性劳动；劳动改造；限制军职；没收财产；限制自由；拘役；军纪管束；一定期限的剥夺自由；终身剥夺自由；死刑。其中新规定的刑种有强制性劳动、限制军职、限制自由、拘役、终身剥夺自由。①

比较各国的刑罚体系，我们可以发现这些国家在刑罚体系设置方面具有以下共同特点：

1. 刑罚种类较多，条文细化，可操作性强。

为使刑罚适应处罚不同犯罪的实际需要，许多国家规定了较多的刑罚种类，法国刑法典在第三编第一章“刑罚之性质”标题下，分“适用自然人之刑罚”和“法人适用之刑罚”两节，用57个条文对刑罚的种类及具体内容作了详尽规定，由于可供选择的刑罚种类较多，法官可根据案件的具体情况适用不同的刑罚。各国改革刑罚体系的目的之一就是保证刑罚体系的实用性和有效性，基于犯罪现象日益复杂多样的表现，为数不多、选择有限的刑罚种类显然不能满足需要。因此，各国在制定或修改刑罚体系时，都增设了刑种，而且每一刑种下又包括诸多内容，虽然刑罚适用的复杂性增加了，但灵活性和有效性却增强了。

2. 财产刑的比重增加。

财产刑是剥夺犯罪人财产的刑罚方法，财产刑增加是商品经济发达的产物，也是刑罚轻缓化的必然要求。在一些国家的刑罚理念中，适用罚金刑的正当依据主要是赎罪，其次才是预防。外国刑法对财产刑的适用一般都有十分复杂的规定，许多国家将属于财产刑的罚金上升为主刑。罚金主要适用于轻罪，或者作为自由刑的替代刑。关于罚金数额，多数国家的刑法都规定了明确的计算方法，如法国刑法典第 131 ~ 135 条规定：对轻罪，法院要宣判日罚金刑。日罚金是指被判刑人在一定天数内按日向国库支付一定的款项。款项的数额由法官确定。每日交付的罚金数额视犯罪人的收入与负担而定，但不得超过300欧元。支付罚金的天数依据犯罪情节确定，但不得超过360天。德国刑法典第40条（以日额金处罚）规定，罚金刑以日额金为单位科处，最低为5单位日额金，最高为360单位日额金，法律另有规定的除外，每一单位日额金最低不得少于两个德国马克，最高不得超过1万德国马克。第43条规定，不能缴纳罚金的，以自由刑代替之，1单位日额金相当于1日自由刑。可见，在外国刑法中，罚金刑的执行是十分严肃的，不能缴纳的，要用自由刑折抵。

① 参见［俄］斯库拉托夫：《俄罗斯联邦刑法典释义》，黄道秀译，中国政法大学出版社 2000 年版。

3. 附加刑不断完善。

在一些国家的刑罚体系中，附加刑的地位不断提高。历史上，附加刑一直处于主刑的附属地位，不仅规定简单，而且执行不严格，给人一种可有可无的印象。但是随着社会的发展，自然人或法人的某些权利或资格的作用日益明显，甚至关系到其生存，有的资格和权利本身就被犯罪人用做犯罪手段，如果刑罚对此不予注意，就会影响刑罚功能的发挥。法国新刑法典第131条规定，自然人判处附加刑即意味着禁止权利、丧失权利或资格、撤销权利、指令其进行治疗或者负担义务、封存或没收物品、关闭机构或张贴宣传的决定，或者在新闻报刊上运用视听方式公布此决定。法国新刑法典对附加刑的规定十分详细具体，几乎涉及了社会生活的所有重要领域，如暂时吊销驾驶执照、禁止驾驶特定车辆、撤销驾驶执照、没收或查封车辆、禁止持有携带或没收武器、收回并禁止申请打猎执照、禁止签发支票以及使用信用卡付款。

4. 刑罚社会化程度增强。

外国刑罚体系的另一个发展趋势就是尽最大努力体现刑罚社会化原则，虽然刑罚社会化在本质上属于刑罚执行的内容，但刑罚体系的设定是刑罚执行的基础，所以，刑罚社会化成为刑罚体系必须体现的内容。在一些国家的刑罚体系中，刑罚社会化主要体现在刑罚的种类及适用原则方面，刑罚社会化的主要作用是教育感化犯罪人，减少刑罚执行成本。如俄罗斯刑法第49条（强制性工作）规定：（1）强制性工作是被减刑人在主要工作或学习之余无偿完成社会有益工作。工作的种类由地方自治机关决定。（2）强制性工作的期限为60小时至240小时，而每日的服刑时间不得少于4小时。在一些国家的刑罚体系中，有许多与刑罚社会化有关的内容，如禁止驾驶车辆、禁止签发支票以及禁止使用信用卡付款等。①

（四）完善我国刑罚体系立法的建议

1. 刑罚体系立法完善的宏观建议。

（1）重新配置刑罚体系，以实现刑种多样化。刑罚方法的多样化是刑罚现代化的一个重要内容。犯罪的多样性，决定了作为惩罚犯罪的刑罚也应该是多样的。针对我国目前刑罚种类相对单一且开放性程度较低的状况，我国刑罚体系的配置应以轻刑化为切入点，对刑罚种类进行适当的调整和补充，使刑罚

① 参见刘柏纯：《外国刑罚体系的特点及对我国的启示》，载《吉林公安高等专科学校学校学报》2007年第3期。

种类得以丰富和充实。

(2) 刑罚幅度设置合理化。刑罚幅度是立法上针对具体犯罪规定的具体刑罚量。合理的刑度是刑罚现代化的一个重要方面，刑罚幅度如果太窄，难以实现具体个案的区别对待；刑罚幅度过大，则容易出现轻纵或过枉的弊端。只有法定刑幅度合理，才能为刑罚功能的正常发挥与刑罚目的的实现提供可靠的保障。我国现行刑法中自由刑幅度设置存在的一个突出问题就是法定刑幅度过大，因此，应对我国刑法中的刑罚幅度予以适当调整，使之趋于合理化、科学化。①

(3) 行刑更加社会化。近20年来，在世界范围内各国都在研究、探索刑罚中的非监禁刑以取代监禁。目前在西方社会，非监禁化已成为行刑制度发展的一大趋势。同其他国家相比较，我国行刑实践存在社会化程度明显偏低，管制、缓刑、假释等适用率极低，同时执行较为散乱等问题。因此，在刑法改革中，对此仍需要加以完善：一方面，完善社区刑罚制度，适当扩大管制、罚金、缓刑、假释等监禁措施的适用，合理运用判刑制度。另一方面，应对监狱行刑模式与行刑制度予以变革，实现监狱设置的合理化。②

2. 刑罚体系立法完善的微观建议。

(1) 自由刑的立法完善。

第一，管制刑的立法完善。

在当今世界，刑罚发展的趋势是由严厉向缓和、由封闭型向开放型发展。管制刑作为我国独创的一种刑种，其完全符合刑罚的轻缓化、开放化的发展方向，我国长期的司法实践已经证明了它具有许多其他刑种和刑罚制度所不能替代的优点。因此，针对管制刑在立法和司法适用中存在的问题，我们的正确做法是应该如何完善而不是废除管制刑。为了克服管制刑的弊端，更好发挥管制刑的作用，对管制刑的立法，应该加强以下几个方面的完善：

其一，缩短管制刑期。我国目前的管制刑期为3个月以上2年以下，数罪并罚时可达3年，刑期太长，因此，应当缩短管制刑的刑期。考虑到在刑罚严厉上与拘役刑的协调性，笔者认为将管制刑的刑期缩短为2个月以上1年以下为宜。

其二，扩大管制刑的适用范围。管制刑作为一种限制自由的轻刑，符合当

① 参见卢建平、郭理蓉：《刑罚政策及其现代化研究》，载赵秉志主编：《刑事法治发展研究报告》(2004年卷)，中国人民公安大学出版社2005年版，第351页。

② 参见卢建平、郭理蓉：《刑罚政策及其现代化研究》，载赵秉志主编：《刑事法治发展研究报告》(2004年卷)，中国人民公安大学出版社2005年版，第352页。

今世界刑罚轻缓化、开放化的发展趋势，因此，在立法中的适用范围不是限制而应该是扩大。其适用对象不应该根据犯罪的性质来确定，而应根据犯罪行为的社会危害程度和罪犯的人身危险性来确定。因此，对于一切危害较轻，罪犯本人又不会再次危害社会的犯罪，均可适用管制。

其三，细化管制刑内容，增加一定时间的社区服务。根据《刑法修正案(八)》第2条第2款的规定，判处管制，可以根据犯罪情况，同时禁止犯罪分子在执行期间从事特定活动，禁止进入特定区域、场所，禁止接触特定的人。根据《刑法修正案（八)》第2条第3款的规定，对判处管制的犯罪分子，实行社区矫正。通过在社区内展现管制刑的惩罚性，可以消除在公众中可能产生的有罪不罚的负面影响；通过犯罪人在公益活动或劳动方面的积极表现，可以帮助犯罪人在公众中取得好感，从而有利于社区和谐关系的恢复。因此，上述修改是可取的。

第二，拘役刑的立法完善。

拘役刑作为短期自由刑，确实存在一些难以克服的弊端，但目前废除拘役刑是不现实的，也是不必要的。因为社会上还存在着大量的轻微犯罪，而我们迄今尚未找到更为合适的、且能为社会所接受的、与这些轻微犯罪的社会危害性相适应的处理办法；所谓不必要，是指拘役本身虽有弊端，但多是可以通过对其进行改革、完善，采取补救措施就能减少其负面影响的。因此，拘役刑不能放弃，但必须对其进行完善，以充分发挥其长，弥补其短。结合我国的实际情况，并吸取国外比较成功的经验，我国刑法中的拘役应该加强以下方面的完善：其一，严格拘役刑的宣告。由于拘役刑可能给罪犯的声誉以及未来的工作、生活造成不良影响，因此，应当在法律上确定短期自由刑作为对付轻微犯罪的“最后手段”的地位，即不在必须适用的情况下，法院不应对罪犯适用拘役刑。确保拘役刑只适用于那些危害不大，但又确实有必要关押的罪犯。其二，充分发挥罚金、管制、资格刑的替代作用。其三，充分发挥缓刑的作用。其四，改善拘役刑的执行方式。

第三，有期徒刑的立法完善。

关于有期徒刑的完善，有的学者曾提出，将有期徒刑的上限提高至20年，数罪并罚不超过25年，以实现与增加严厉性的无期徒刑的相互协调，并作为对大幅度削减死刑后的补救措施。① 笔者认为，在调整刑罚结构时，注重各罪

① 参见陈兴良：《刑法哲学》(修订3版)，中国政法大学出版社2004年版，第423~424页。

种间的相互协调是合理的，但其实现方式却并不一定是唯一的。对监禁刑的功能我们必须要形成全面的认识。监禁刑的功能一方面体现为对犯罪人的威慑功能，另一方面体现为对犯罪人的隔离功能。同时，在监禁刑发挥其威慑与隔离功能的同时也将不可避免地产生此类刑罚的负面效果，如狱内的交叉感染，长期监禁对犯罪人社会性人格的破坏等。因此，在有期徒刑刑种的完善方面，笔者并不赞成在单独判处一个有期徒刑的情况下提高有期徒刑的上限，对于只犯下一个需要判处有期徒刑的犯罪的犯罪人而言，其人身危险性一般并不大，现有的上限为 15 年的有期徒刑已足以对其进行威慑。但对于犯有数个需要判处有期徒刑的罪行的犯罪人，在其总和刑期相对较高的情况下，鉴于其严重的人身危险性，应当适当提高其监禁年限。就此而言，《刑法修正案（八）》第 10 条的规定是较为合理的。根据这一规定，在维持有期徒刑数罪并罚最高刑期不超过 20 年的一般规定的基础上，对其中有期徒刑总和刑期在 35 年以上的，特别规定最高刑期不能超过 25 年。这样，不但进一步发挥了有期徒刑对具有严重人身危险性的犯罪分子的隔离功能，而且，对于一个因数罪并罚被判处 25 年有期徒刑的犯罪人而言，在被减刑、假释后实际执行的刑期就大于或等于 12 年半，从而在刑罚强度上也顺利实现了与下文中经过完善后的无期徒刑最低执行期限（15 年）的有机衔接。笔者认为，这样的修改是合适的。其二，缩短有期徒刑法定刑幅度。在未来立法中，将有期徒刑的法定刑下限之间的幅度限制在以不超过 5 年徒刑为宜。其三，改革有期徒刑的执行方法，逐渐实行行刑社会化、开放化。

第四，无期徒刑的立法完善。

其一，应当慎重控制无期徒刑的适用范围。建议立法机关今后再修改、补充刑法时，对无期徒刑的适用范围应全面衡量，反复比较，在可能的情况下，还是尽量不要动用这一刑种；在必须适用时，则应该对适用的情节进行严格而且明确的限制，尽量将其适用范围控制在比较小的程度内。

其二，应当对无期徒刑减刑作出明确的、严格的限制。建议在刑法中明确规定无期徒刑减刑的时间和可减刑的幅度，以使司法机关在适用减刑时有明确的法律规定可依。

其三，为了缩短无期徒刑最低执行刑期（13 年）和有期徒刑最低执行刑期（12 年半）之间差距过小的问题，建议将无期徒刑最低执行刑期修改为 15 年。

（2）财产刑立法完善的建议。

第一，罚金刑的立法完善。

借鉴国外有关罚金刑立法经验，针对我国刑法关于罚金刑的具体规定及现行适用状况，笔者认为刑法应加强对罚金刑以下方面的完善：其一，提高罚金刑在刑罚结构中的地位，将罚金刑上升为主刑。我国现行刑法仅规定罚金刑为附加刑，罚金刑在刑罚体系中的地位偏低。尽管按照刑法规定，附加刑既可附加适用，也可独立适用，罚金刑的附加刑地位似乎不影响其广泛适用。但是否将附加刑上升为主刑，涉及刑事立法的价值导向。刑事立法明确规定罚金刑为主刑，表明立法者认为罚金刑是对罪犯的主要刑罚方法之一，立法者这种认识必然会影响到司法者对罚金刑的态度，从而引起司法者对罚金刑的重视。罚金刑上升为主刑后，也不会妨碍其和自由刑并科。德国、法国、日本刑法典将罚金刑上升为主刑后，都规定罚金可以和自由刑并科。① 其二，进一步明确罚金刑罚金数额确定的原则。在《刑法》第52条“根据犯罪的情节”之后，可以加上“和犯罪分子的经济能力”的内容。同时，对无限额罚金制应在《刑法》第52条之后，以法条的形式明确规定一个总的上限和下限。其三，进一步扩大罚金刑的适用范围。对刑法中所有的贪财图利性质的犯罪（包括单位犯罪、财产犯罪、经济犯罪和其他具有图利目的和动机的犯罪）都应该配置罚金刑；对某些较轻的故意犯罪的人也可适用罚金刑；对过失犯罪的人一律配置可处罚金刑。其四，在罚金刑的适用方式上，应当改变以必并制为主的模式，而代以单科为主。对犯罪情节较轻的犯罪均可单处罚金，减少对重罪的必并制规定，并取消对死刑犯并处罚金的规定。其五，增设罚金刑的易科执行制度，对犯罪分子不主动缴纳或不完全缴纳罚金的，执行机关首先强制缴纳；仍然不能缴纳的，期限届满采取易科执行，免去罚金刑的缴纳。其六，增设罚金刑缓刑制度。所谓的罚金刑缓刑制度，是指根据犯罪分子的犯罪情节、悔罪表现及经济能力，对所处的罚金刑宣告缓刑，考验期满后而没有不良表现的，对其所判处的罚金不再执行的制度。其七，增设罚金刑的行刑时效。所谓罚金刑的行刑时效，是指犯罪分子被判处罚金刑后，经过法律规定的期限而未能执行，便不再执行的制度。关于罚金刑的行刑时效，瑞士刑法规定为5年，韩国刑法规定为3年，参照国外有关罚金刑行刑时效的规定，我国刑法对罚金刑行刑时效的规定以5年为宜，即行为人回归社会5年后罚金刑没有执行完毕的，剩余部分可不再执行。

第二，没收财产刑的立法完善。

---

① 参见梁根林、宗建文：《我国刑罚结构改革的目标和设想》，载高铭暄主编：《刑法修改建议文集》，中国人民大学出版社1997年版，第285页。

其一，大幅度地缩小没收财产刑的适用范围。现行刑法所规定的没收财产刑所涉及的刑法分则条文众多，遍布刑法分则六章。因为没收财产刑不排除对犯罪分子的合法财产的没收，同时又无数量限制，属于极其严厉的刑罚，因此，它只能作为国家维护自身安全和社会安宁、抵制敌对势力和恶势力的特殊手段，而不宜作为一般性的从经济上打击贪利型犯罪的刑罚方法。① 在修改刑法时，有必要大幅度地缩小没收财产刑的适用范围，将没收财产刑限制在罪行极其严重的危害国家安全罪等犯罪的范围之中。其二，具体规定没收财产的数量。在分则中可以参照罚金刑的标准，规定两种情形：一是没收全部财产，对于判处死刑的犯罪分子，由于不存在生活出路，故除了留给其扶养的家属必要的生活费用外，可以附加没收全部财产。另一种是按百分比没收。对于判处其他重刑的犯罪分子，在没收财产时应按百分比没收。其三，没收财产刑只能附加适用，不能独立适用。其四，没收财产应作弹性规定。鉴于硬性规定的弊端，刑法总则中应增加一条："对于严重的刑事犯罪分子，可以附加没收财产。"然后在分则中弹性规定哪些罪"可以"没收财产，防止出现判了没收财产却发现犯罪人无财产可供没收的现象。②

(3) 资格刑的立法完善。根据我国资格刑立法的现状，借鉴外国资格刑立法的经验，我国资格刑应从以下几个方面进行完善：

第一，增设对自然人适用的资格刑。

其一，增设剥夺从事特定职业或活动的权利。其二，增设剥夺担任特定职务的权利。同时将《刑法》第 54 条剥夺政治权利的第 4 项内容即"剥夺担任国有公司、企业、事业单位和人民团体领导职务的权利"纳入"剥夺担任特定职务的权利"之中。

第二，增设以单位为适用对象的资格刑。

目前我国刑法规定的对单位追究刑事责任的刑罚仅有罚金刑一种，针对单位犯罪日趋严重、涉及的范围日益扩大之趋势，单一的罚金刑惩罚单位犯罪已是远远不够，有必要对单位犯罪增设资格刑。具体来说针对单位犯罪的资格刑应包括：(1) 停业整顿。即剥夺单位犯罪主体在一定的期限内从事工商业活动权利的一部或全部。(2) 限制从事业务活动。所谓限制从事业务活动，是指在一定的期限内，禁止犯罪单位从事某种业务活动，限制其业务活动的范围

① 参见阮齐林：《论财产刑的立法完善》，载高铭暄主编：《刑法学研究精品集锦》，法律出版社 2000 年版，第 642 页。

② 参见蒋兰香：《论没收财产刑的立法完善》，载《政法学刊》2001 年第 1 期。

的刑罚。这种刑罚适用于利用业务活动进行犯罪的法人。通过禁止或者取缔与犯罪行为相关的业务活动，犯罪单位丧失在某方面的业务活动的能力与自由，从而达到惩罚与预防犯罪的效果。（3）强制撤销。所谓强制撤销是一种最为严厉的惩罚法人犯罪的刑罚，即强制撤销犯罪单位，消灭其犯罪的组织基础。其适用对象是那些严重违反了国家法律或者危害社会公共利益，犯罪后果严重，或者积习已深、屡教不改的犯罪单位。

第三，完善资格刑的适用制度。

刑法在规定了资格刑后，还应完善资格刑的适用制度，其具体内容包括：（1）建立资格刑的减免制度。我国现行刑法中有适用于自由刑的减刑制，但并未规定资格刑的减免制度。死刑缓期执行、无期徒刑尚可减刑，资格刑也应可以减刑，否则易造成刑罚过剩，不利于犯罪人的改造。立法应对资格刑减刑的条件、起始时间、幅度以及程序等作出相应的规定。（2）建立资格刑的复权制度。资格刑的复权制度，是指对被适用资格刑的犯罪人，在其具备法律规定的条件时，恢复其被剥夺、限制的权利、资格的制度。复权制度有利于调动资格刑犯改造的积极性，加速犯罪人回归社会的进程。刑法应明确规定资格刑的适用条件包括时间条件和犯罪人表现条件以及复权的程序。（3）建立资格刑的分立制度。立法者应对各种资格刑分别开列，一个条文只包含一种资格刑，同时还应规定资格刑的内容既可以全部剥夺又可以有选择地剥夺其中一项或者两项以上。法院在判决时，就可以根据案件和罪犯的具体情况，采用一种或几种资格刑。（4）资格刑的监督执行制度。犯罪人被判处资格刑后，应由哪个部门负责将该判决送达至相关人事、工商、卫生、司法等行政主管单位，监督资格刑的实施，保证犯罪人在资格刑期内无法取得或继续取得从事某种职业或具有某种职业资格的制度。①

六、死刑制度的立法完善

（一）我国死刑立法的现状和评价

死刑，通常又称为生命刑或极刑，是剥夺犯罪分子生命的刑罚方法，是所有刑罚中最严厉的刑罚方法。死刑是一种古老的刑罚方法，其历史至少和国家的历史一样漫长，但自从近代刑法学创始人贝卡里亚 1764 年在《论犯罪与刑罚》一书中首次比较系统和尖锐地论证了死刑的残酷

① 参见李永梅：《浅谈资格刑的立法完善》，载《法制与社会》2006 年第 10 期。

性和非人道性，明确提出废除和限制死刑主张以来，西方刑法学界围绕人的生命价值、死刑是否具有威慑力、死刑是否违宪、是否符合刑罚目的、是否符合历史发展的趋势的优劣利弊展开了长达200余年、至今仍无停止的死刑存废之争，在这场争论中，主存论和主废论最后得出了各自不同的结论。

“保留死刑，但严格限制”是我国在死刑问题上的基本刑事政策。基于这一刑事政策，我国现行刑法一方面保留死刑这一刑种，但同时通过《刑法修正案（八）》减少了死刑罪名，即取消了13个非暴力犯罪的死刑，这13个非暴力犯罪是：走私文物罪，走私贵重金属罪，走私珍贵动物、珍贵动物制品罪，走私普通货物、物品罪，票据诈骗罪，金融凭证诈骗罪，信用证诈骗罪，虚开增值税专用发票、用于骗取出口退税、抵扣税款发票罪，伪造、出售伪造的增值税专用发票罪，盗窃罪，传授犯罪方法罪，盗掘古文化遗址、古墓葬罪，盗窃古人类化石、古脊椎动物化石罪。这表明我国刑法中的死刑罪名越来越少。同时我国司法实践中对死刑的适用十分严格，坚决地贯彻了“少杀”的政策。我国刑法中的死刑规定包括总则性条款和分则性条款，总则性条款，是指刑法典总则部分关于死刑的刑种、适用条件、程序、执行方法、死缓制度等的规定。分则性的条款，是指刑法典分则中关于死刑适用的罪名及具体适用条件的规定。刑法典总则中的死刑条款，对于刑法典分则中所有的死刑罪名都具有指导意义。纵观现行刑法典对死刑的立法设置，首先应当肯定，从立法上限制和减少死刑，在相当大的程度上已受到立法者的重视，其具体表现为：进一步限制了死刑适用条件；放宽了死缓减为无期徒刑或者有期徒刑的条件；较大幅度地削减了死刑罪名；在刑法分则中，对死刑罪名提高了死刑适用标准，或具体明确了死刑适用情节。

然而，在目前，我国有关死刑立法还存在以下方面的缺陷：（1）关于死刑适用的总则性规定还不完善，这主要表现为刑法总则条文没有规定死刑的基本刑事政策；死刑适用标准的“罪行极其严重”的表述模糊，不够明确；死刑缓期两年执行的实质条件及撤销的条件还存在一定问题。（2）关于限制死刑适用的对象条件“审判时候怀孕的妇女”表述不够科学，禁止适用的对象范围过窄。（3）对某些犯罪的加重犯的法定刑配置了绝对死刑。所谓绝对死刑，是刑法明文规定某一犯罪在某种特定情形下所对应的刑罚绝对确定为死刑，而没有其他刑种可供选择，即“……处死刑”的规定模式。在我国现行刑法分则中，共有7个罪名规定有绝对死刑，分别是：对劫持航空器、绑架罪的结果加重犯规定了应当判处死刑的绝对法定刑，对拐卖妇女、儿童罪，暴动越狱罪，聚众持械劫狱罪，贪污罪，受贿罪5种犯罪在情节特别严重情况下判处死刑。

（二）死刑立法完善的指导思想

1. 我国目前还不能完全废除死刑。

死刑的存废，取决于一个国家现阶段社会发展进步的实际需要，受制于一定历史时期的社会物质生活条件。我国目前之所以保留死刑制度，是有其自身的合理性的：我国还处在社会主义初级阶段，生产力还比较落后，人民的物质生活水平还不太高；同时，我国目前还处于社会转型时期，各种矛盾错综复杂，法制建设还不够完善，经济犯罪还比较严重，社会秩序和社会治安状况还较为严峻；现阶段我国还存在着极其严重的危害国家安全、危害公共安全、侵犯公民人身权利的犯罪。另外，人们的报应心理还根深蒂固，废除死刑的社会条件尚未成熟。因此，在这种社会背景下，适当保留死刑是必要的，死刑对于打击和预防犯罪，维护社会安定和经济秩序，有着积极的作用。

2. 严格限制、直至最终废除死刑应当成为死刑立法完善之方向。

目前，限制、减少死刑乃至废除死刑已日益成为世界性潮流与趋势。据大赦国际的最新统计，截至2007年5月，世界上已有89个国家和地区在法律上明确废除了所有罪行的死刑，9个国家和地区在法律上明确废除了普通犯罪的死刑（军事犯罪或战时犯罪除外）。而且，死刑的限制与废除现已被越来越多的国际法律文件所认可，1948年《世界人权宣言》作为人权国际保护的纲领性文件，强调了生命、自由和人身安全的权利，为死刑的限制与废除奠定了法理基础，1966年联合国《公民权利与政治权利国际公约》第6条，首次在国际公约中对死刑的适用明确加以限制。随后的《美洲人权公约》以及《关于保障面临死刑的人的权利的措施》，则对死刑进一步作了限制性规定。上述国际性法律文件不仅为限制与废除死刑确立了国际法依据，使各成员国在限制或废除死刑问题上承担了相应的法律义务，也为限制或废除死刑的运动建立了国际保障机制。而中国作为国际社会的重要一员，于1998年签署并将于不久批准加入《公民权利与政治权利国际公约》，因此，作为该公约的成员国，需要完善现行刑事立法，改革现行的死刑制度，切实减少死刑的适用。随着我国社会的进步、法治的发展，尊重和保障人权日益得到国家的关注和重视。2004年，我国正式将“国家尊重和保障人权”载入宪法，这无疑是我国政治生活和政治文明建设的一件大事。而严格死刑的适用标准，构建死刑立法替代性措施则顺应了保障人权之时代要求。①

因此，从世界各国废除死刑制度的国际性趋势、我国签署的《公民权利与政治权利国际公约》的限制以及我国人权保障的需要，限制死刑到最终废除死刑，这应该是我国死刑立法的发展趋势。

3. 分阶段逐步废止死刑是死刑立法完善切实可行的路径。

根据目前中国的国情，在当前及今后相当一段时间内，废除死刑可能还无法提到议事日程。为了循序渐进地实现法治进步的目标，同时避免导致不必要的社会震荡，我国立法在死刑的废止问题上，应遵循先易后难的法治变革规律，以废止罪责刑失衡、长期备而不用、社会心理反应不大的死刑条款为起点，分阶段、分步骤地进行。同时，在改革、逐步废止死刑的过程中，对切实减少死刑的立法对策进行全面研究，构建完备的死刑立法替代性措施。②

（三）死刑立法完善的具体措施

1. 刑法总则关于死刑的立法完善。

（1）增设明确限制死刑适用的原则。在现阶段，死刑不可立即全部废止与死刑不可滥用是我国死刑立法的基本要求的两个方面。为了鲜明地体现我国坚持少杀、慎杀的死刑政策，为死刑的立法本身及司法严格限制死刑提出明确要求，在刑法修改时，有必要在刑法总则中明确增设限制死刑适用的原则。③

（2）进一步明确刑法总则死刑适用的积极条件。《刑法》第 48 条第 1 款规定了死刑适用的积极条件，即“死刑只适用于罪行极其严重的犯罪分子”。这是死刑适用的一般标准，也是确立我国刑法死刑基准的基础和依据。④ 但何谓“罪行极其严重”，刑法并未对此内涵作出明确界定，从语义表面上来看，“罪行极其严重”仅表达出了犯罪行为与危害后果极其严重，而没有包括犯罪人主观恶性和人身危险性的内容。因此，在刑法理论上的观点也不统一，由此，形成了客观标准说、主客观标准统一说与法定刑标准说的不同观点，以致“罪行极其严重”的规定存在理解上的分歧⑤，无法为完善死刑立法及司法限

① 参见赵秉志主编：《死刑改革研究报告》，法律出版社 2007 年版，第 11 ~ 13 页。

② 参见赵秉志主编：《死刑改革研究报告》，法律出版社 2007 年版，第 89 页。

③ 参见赵秉志：《死刑改革探索》，法律出版社 2006 年版，第 31 页。

④ 参见赵秉志主编：《死刑改革研究报告》，法律出版社 2007 年版，第 15 页。

⑤ 参见曲新久：《刑事政策的权力分析》，中国政法大学出版社 2002 年版，第 251 页。

制死刑适用提供切实有力的客观标准和依据。因此，基于刑法适用条件的原则性，在今后立法修订时，立法机关应在总结司法经验、吸取学理解释合理成分的基础上，对死刑的适用标准“罪行极其严重”的含义作出明确规定。对犯罪人判处死刑，要注意从犯罪性质、犯罪后果、犯罪人的主观恶性、人身危险性多方面考虑，从此立场出发，可将其表述为“犯罪性质和后果特别严重，犯罪人主观恶性特别恶劣”。

（3）扩大禁止适用死刑对象的范围。我国《刑法》第49条规定：“犯罪的时候不满十八周岁的人和审判的时候怀孕的妇女，不适用死刑。”这是对特定的对象不适用死刑作了具体的规定。《刑法修正案（八）》在第49条中增加一款作为第2款规定：“审判的时候已满75周岁的人，不适用死刑，但以特别残忍手段致人死亡的除外。”但是现行刑法这一规定存在着概念不清、限制范围过于狭窄的缺陷。笔者主张在继续保留“犯罪的时候不满十八周岁的人”不适用死刑这一规定外，还应该作如下修改：

第一，将“审判的时候怀孕的妇女”修改为“在诉讼过程中怀孕的妇女、哺乳期内及期满一定时期内的妇女”。

对孕妇不得适用死刑，这是现代各国对死刑适用对象最普遍的限制之一，《公民权利与政治权利国际公约》在第6条第5款也明确规定，“对十八岁以下的人所犯的罪，不得判处死刑；对孕妇不得执行死刑”，以体现对孕妇的特别保护。我国刑法也坚持这一原则，规定“审判的时候怀孕的妇女，不适用死刑”，最高人民法院为了最大限度地控制死刑的适用，对“审判的时候”作了扩张解释，认为“审判的时候”不仅包括人民法院审理期间，而且还包括案件起诉到人民法院以前的羁押期间。但“审判”在我国刑事法律中有特指的含义，从字面上应该排除了从刑事立案至起诉、审判后执行程序等阶段，所以，现行立法表述在司法实践中容易引起混乱。因此，在立法上有必要修改为“在刑事诉讼过程中怀孕的妇女”。另外，基于对婴儿权利的保障，还有必要对哺乳期内及期满一定时期内的妇女作出严格禁止适用死刑的规定。因此，可考虑修改为“在刑事诉讼过程中怀孕的妇女、哺乳期内及期满一定时期内的妇女，不适用死刑”。

第二，增设对心神耗弱者不适用死刑的规定。

所谓心神耗弱者，是指行为人在实施危害行为时虽然没有完全丧失责任能力，但因精神障碍如智力发育不健全或严重精神反常而使其辨认或者控制自己行为的能力大为减弱的情况。现代各国一般都将心神耗弱者作为限制责任能力者对待，对其从宽处罚。如日本刑法第39条第2款规定：“精神耗弱人的行为，减轻处罚。”巴西、意大利等国的刑法典都有类似规定。我国刑法可以借鉴以上立法例，增设对心神耗弱者不适用死刑的规定。

第三，修改老年犯罪人不适用死刑的年龄界限。

“对已达到一定年龄的老人不得适用死刑”，这是《公民权利与政治权利国际公约》和《美洲人权公约》等国际性文件的明确规定，世界上许多国家的刑法也都作了这样的限制。我国更有对老年人犯罪从宽处罚的历史传统，早在西周时期，便有“老耆之人”，“虽有罪不加刑焉”的规定，以后历代皆为沿用。《唐律·名例律》中更有详细的规定。《刑法修正案（八）》第3条将“已满七十五周岁的人”纳入到不适用死刑的范围内，对此应予肯定，因为老年人本身是弱者，来日已不多，只判相对较长的自由刑，就可以消除他们对社会的威胁，同时也可以降低我国的死刑适用率。另外，在死刑的适用对象方面也符合死刑的国际标准。但是，笔者对于“七十五周岁”这一年龄稍有异议。笔者认为，应该将该年龄降到“七十周岁”，其理由有三：其一，有关法律文件一般界定老年人是指已满七十周岁的人。如《治安管理处罚法》第21条规定：七十周岁以上的老年人违反治安管理，依法应当给予行政拘留处罚的，不执行行政拘留。再如，《最高人民检察院关于依法快速办理轻微刑事案件的意见》第4条规定：七十周岁以上的老年人涉嫌犯罪的案件，应当依法快速办理。其二，从生理条件来看，中国人平均寿命为72周岁，作为宽宥对象的老年人的年龄理应略低于平均寿命年龄。其三，考察世界各国的刑法立法，一般都没有将老年人犯罪的宽宥年龄界定的有如“七十五周岁”这么高，如俄罗斯联邦刑法典第59条第2款规定：死刑不适用于妇女以及犯罪对象未满18周岁的人和法院下判决时已满65周岁的男性。综合考察我国的实际情况，笔者认为，将该年龄限制在“七十周岁”是比较合适的。

（4）改进、完善无期徒刑和有期徒刑制度。在严格限制、减少死刑乃至部分或全面逐步废止死刑后，为了满足社会公众的报应心理，减少社会震荡，无期徒刑和长期的自由刑理当成为相对最严厉、最具威慑力的刑罚方法。我国有期徒刑的最高刑期最长为15年，无期徒刑经过减刑或假释后，其实际执行的刑期大多不到15年。① 《刑法修正案（八）》第10条规定：……有期徒刑总和刑期不满35年的，最高不能超过20年，总和刑期在35年以上的，最高不能超过25年。笔者认为，此举适用限制和减少死刑适用的新需要，有利于改进和完善我国的无期徒刑和有期徒刑制度；另外，对于被判处无期徒刑的，

① 参见黄太玄：《解读〈刑法修正案（八）〉》，载《人民检察》2011年第7期。

《刑法修正案（八）》规定至少服刑的年限为13年，笔者认为，这将体现其与有期徒刑之间的不协调，应将其调整为15年。

（5）完善减刑、假释制度。限制和废止死刑的适用，势必造成长期自由刑的适用。国外立法例中的有期徒刑、无期徒刑经过减刑、假释后的实际执行刑期均高于我国。因此，我国也应该提高减刑、假释后实际执行的刑期，其具体措施为：将有期徒刑的实际执行刑期，从原来的1/2提高到3/4；无期徒刑最低实际执行刑期从10年提高至30年；对某些本来应适用死刑的罪行极其严重的犯罪，废止死刑后可规定不得减刑、不得假释。①

《刑法修正案（八）》第4条第2款规定：对被判处死刑缓期执行的累犯以及因故意杀人、强奸、抢劫、绑架、放火、爆炸、投放危险物质或者有组织的暴力性犯罪被判处死刑缓期执行的犯罪分子，人民法院依据犯罪情节等情况可以同时决定在依照前款规定（第4条第1款关于死缓减刑的规定——笔者注）减为无期徒刑或者20年有期徒刑后，不得再减刑的犯罪分子，实际执行18年以上，如果认真遵守监规，接受教育改造，确有悔改表现，人民法院认为其没有再犯罪的危险的，可以假释。如果有特殊情况，经最高人民法院核准，可以不受上述执行刑期的限制。

（6）完善现有的死缓制度。

第一，进一步明确适用死缓的实质条件。

《刑法》第48条第1款的后半段规定："对于应当判处死刑的犯罪分子，如果不是必须立即执行的，可以判处死刑同时宣告缓期两年执行"，这就是死刑缓期执行制度，简称为死缓制度。死缓不是独立的刑种，而是死刑的一种执行制度，死缓是我国刑罚在死刑应用上的独创，是在立法上贯彻少杀政策的体现，由于死缓制度的存在，对中国死刑的实际执行起到了重要的限制作用。根据现行刑法的规定，死刑缓期执行区别于死刑立即执行的实质条件是"不是必须立即执行"，但究竟哪些情况属于"不是必须立即执行"，则缺乏进一步的规定。正是由于法律规定不明确，导致了在理论上和司法实践中，对死缓适用的标准在理解和把握上出现了混乱。另外，现行的死缓制度的文本表达也不利于"少杀、慎杀"政策的贯彻。从《刑法》第48条的文字表达逻辑看，对于罪行极其严重的犯罪分子，应当首先考虑判处死刑立即执行，只有在存在"不是必须立即执行"的情形，才"可以"而不是"应当"判处死缓，"不是

① 参见赵秉志主编：《刑事法治发展研究报告（2004年卷）》，中国人民公安大学出版社2005年版，第19页。

必须立即执行”只是一个特例。①

针对现行死缓制度规定所存在的缺陷，为充分发挥死刑缓期执行制度对死刑执行的控制作用，以最大限度地减少死刑的实际执行率，有必要进行立法完善，以确立将死缓的适用看做通例，而将死刑立即执行视为特殊例外的制度。其具体做法是：在立法上列举司法实践常见的可以适用死缓的种种情形，主要有：其一，犯罪行为不是最严重地侵害国家或人民利益，人身危险性不是特别严重的；其二，犯罪分子有自首或者立功情节的；其三，被害人本身有过错的；其四，在共同犯罪中不是起最主要作用的；其五，基于维护社会秩序，对因土地、山林等边界或民事纠纷引起的犯罪，不适用死刑立即执行，有助于化解矛盾、促进和睦；其六，民愤不大，不杀不会引起社会震荡的；其七，出于国家政治、外交、统战、重大科研等特殊需要的。同时，列举对“不是必须立即执行”的例外情形，如其一，如果不立即执行死刑，则无法控制该重大犯罪对社会造成新的危害；其二，如果不立即执行死刑，则可能引起社会震荡。这两个条件具备其一，则应当判处死刑立即执行。②

第二，完善死缓执行死刑条件的限制。

根据刑法规定，罪犯在死缓期间，“故意犯罪，查证属实”应当撤销死缓，执行死刑。因此，只要有“故意犯罪”，不论其性质和情节的轻重，都应当执行死刑，即使犯罪人在故意犯罪的同时又具有自首、立功或者重大立功甚至是防卫过当等法定从轻、减轻情节也不例外。基于严格限制死刑适用的立法旨意，建议在刑法修订时，将死缓犯执行死刑条件修改为“故意犯罪，情节恶劣的”。

（7）构建死刑赦免制度。赦免通常是国家对犯罪人免除或减轻刑罚的一种制度。《公民权利与政治权利国际公约》第6条第4款规定：“任何被判处死刑的人应有权要求赦免或者减刑。对于一切判处死刑的案件均得给予大赦、特赦或减刑。”我国刑法规定了死刑减刑制度，即死缓制度，这是有中国特色的死刑执行制度，得到了国际社会的赞赏。但是，我国刑法没有规定死刑赦免制度，因此，我国刑法可以考虑增设赦免制度，可在死刑复核制度的基础上进一步贯彻我国“慎刑”政策，规定合议庭没能全票通过判处死刑的案件可以请求死刑赦免，以“留有余地”，即保留纠正案件错误的可能性。

2. 刑法分则关于死刑立法的完善。

---

① 参见赵秉志：《死刑改革探索》，法律出版社2006年版，第185页。

② 参见赵秉志：《死刑改革探索》，法律出版社2006年版，第191页。

（1）大幅度地削减死刑适用罪名。我国现行《刑法》第48条规定了死刑适用的原则范围，“死刑只适用于罪行极其严重的犯罪分子”。由于对极其严重的犯罪性质和情节的理解并没有一个统一的标准，导致在刑法分则中对具体犯罪死刑的规定上还是规定死刑的罪名过多。除了上文已经谈到的《刑法修正案（八）》取消了13个非暴力犯罪的死刑之外，我国现行刑法规定的死刑罪名还有55个，除刑法分则渎职罪一章没有规定死刑罪名外，其余九章或多或少均规定有死刑罪名。为了实现限制和削减死刑，最终逐步废除死刑的目标，刑法有必要严格遵循我国《刑法》总则第48条、《公民权利与政治权利国际公约》的要求，对死刑的适用范围予以必要的压缩。在具体死刑罪名的设置上，建议将刑法中的死刑罪名限制在危害国家安全、危害公共安全和侵犯公民人身权利犯罪这几类犯罪中危害极大的犯罪之中，对绝大多数经济犯罪、财产犯罪和部分其他刑事犯罪应当废除死刑。因为，经济犯罪和财产犯罪虽然严重地侵犯经济秩序，但毕竟没有使用暴力手段侵犯公民的人身权利和社会的根本利益，因此，经济犯罪与财产犯罪的死刑适用除少数危害特别严重的犯罪，如暴力走私武器、核材料、伪造的货币等行为及制造、销售伪劣商品致人死亡等严重行为可保留死刑外，原则上均应废止死刑。妨害社会管理秩序罪中的传授犯罪方法罪，盗掘古文化遗址、古墓葬罪，盗掘古人类化石、古脊椎动物化石罪，组织卖淫罪，强迫卖淫罪，其法定刑规定有死刑，则过于严苛。

（2）取消绝对死刑的立法条款。为加大对特定种类犯罪的打击力度，现行刑法对劫持航空器罪、绑架罪等犯罪规定了绝对法定刑。然而，绝对死刑的存在却不能适用刑罚个别化的要求，无法保障刑罚相当原则的实现，难以适应犯罪复杂化、刑事政策变化的需要，无法实现刑罚成本与效益的均衡。① 并且，绝对死刑排斥了自首、立功等情节的适用，使法官完全丧失自由裁量权，实际上扩大了死刑的适用。因此，有必要取消刑法典分则有关条款中绝对确定死刑的规定。

七、累犯制度的立法完善

累犯是指因犯罪而被判处一定的刑罚，在刑罚执行完毕或赦免以后，在法定期限内又犯一定之罪的犯罪人。累犯分一般累犯与特别累犯两种。一般累犯，是指被判处有期徒刑以上刑罚并在刑罚执行完毕或者赦免以后，在5年内

① 参见汪本立、谢彤：《我国新刑法绝对确定法定刑若干问题研究》，载《山东法学》1998年第5期。

再犯应当判处有期徒刑以上刑罚之罪的犯罪人；特别累犯，又称为危害国家安全罪的累犯，是指因犯危害国家安全罪受过刑罚处罚，在刑罚执行完毕或赦免以后，在任何时候再犯危害国家安全罪的犯罪人。

我国 1997 年刑法典对 1979 年刑法典所规定的累犯制度作了一些修改：将累犯前后罪的时间间隔由 3 年改为 5 年，适当地扩大了累犯的范围；把以前的反革命罪累犯改为危害国家安全罪累犯；在坚持原有的累犯从重处罚原则和累犯不得缓刑的规定的同时，也加强了对累犯人身危险性以及刑罚对累犯矫正改善作用的关注。毋庸置疑，这些都是我国现行累犯制度的科学、合理、进步之处，但是现行刑法的相关规定仍然有所欠缺，为了有效预防和惩治累犯，我们应该从立法上对累犯制度进行完善。

（一）关于单位累犯问题

根据《刑法修正案（八）》修订后的《刑法》第 65 条第 1 款规定："被判处有期徒刑以上刑罚的犯罪分子，刑罚执行完毕或者赦免以后，在 5 年以内再犯应当判处有期徒刑以上刑罚之罪的，是累犯，应当从重处罚，但是过失犯罪和不满十八周岁的人犯罪的除外。"根据这一规定，要成立累犯必须是被判处有期徒刑以上的刑罚，显然是将单位排除在累犯的成立范围之内。关于单位累犯的问题，理论界存在肯定说与否定说两种相互对立的观点。

持肯定说的学者认为：首先，法人能够成为累犯是因为法人能够成为犯罪主体，这是法人构成累犯的前提。既然法人能够成为犯罪主体，那么法人和自然人一样，在第一次犯罪之后，还是有可能再次犯罪，这样，法人也就有构成累犯的可能性。其次，法人是具有法律上人格的社会组织，构成法人累犯的主观条件除罪过形式外，还必须具有特定的人格因素，即法人在科处刑罚之后，不知悔改。即使法人初次犯罪和再次犯罪的直接负责的主管人员和其他直接责任人员不同，也不影响法人累犯的成立，即有前科的单位并不因为它的具体意思表达者和行为实施者的改变而不能构成累犯。再次，学者们还论述了一些在社会主义市场经济体制发展过程中确认法人能够成为累犯的必要性。①

持否定说的学者认为：首先根据《刑法》第 65 条的规定，构成累犯的罪质条件要求前后罪均为有期徒刑以上刑罚之罪，对于单位的刑罚通常采用"双罚制"。就单位本身而言，只能适用罚金刑，显然不符合累犯的罪质条件。另一方面单位犯罪中的特定自然人，以前未曾犯罪，或因更换，根据罪责自负

① 参见沙君俊、刘孟骐：《论法人累犯》，载《人民检察》1997 年第 4 期。

的原则，单位所犯前后罪的具体意志的表达者和实施者不同，尽管是同一单位在职务范围内以单位的名义实施的行为，其行为后果都应由同一单位承担，而特定自然人并不构成累犯。其次，依据累犯制度规定，由于犯罪人屡次故意犯罪，反映出犯罪人的主观恶性深，社会危害性大，这才是对其从重处罚的依据。单位犯罪是以单位名义实施的，它同自然人犯罪一样，也需要有主观上的罪过，但是二者有着明显的区别。单位罪过是一种集体的意识和意志的体现，而自然人的罪过则是个人意识和意志的表现。单位罪过离不开特定自然人的罪过，即经单位决策机构集体研究作出的决定或者是由负责人员作出的决定或授权。这种单位内部特定自然人的意识和意志的集合，实际上成为超个人意识、意志能力的一种集体意志。因此单位罪过相对于自然人罪过既有独立性，又有依附性，是独立性与依附性的辩证统一。①

从国外的立法例来看，也有不少国家规定了累犯制度。国外已经存在为法人犯罪设置独立的累犯制度的立法先例，例如法国刑法典总则第二章第一节第二目关于累犯制度的规定中，就以 4 个条文全面地设置了累犯制度：第 132-12 条规定："法人因法律规定当处自然人 70 万法郎罚金之重罪或轻罪已经最终确定判决，又因重罪应负刑事责任者，适用之罚金最高额为惩治该重罪的法律所定最高罚金额的 10 倍。在此场合，法人还应受第 131-39 条所指之刑罚，但该条最后一款之规定除外。"第 132-13 条规定："法人因法律规定当处自然人 70 万法郎罚金之重罪或轻罪已经最终确定判决，自前刑期满或完成时效起计算，10 年期限内，又因犯当处相同刑罚之轻罪应负刑事责任者，适用之罚金最高额为惩治该轻罪的法律所定最高罚金额的 10 倍。法人因法律规定当处自然人 70 万法郎罚金之重罪或轻罪已经最终确定判决，自前刑期满或者完成时效起计算，5 年期限内，又因法律规定当处自然人 10 万法郎以上罚金之轻罪应负刑事责任者，适用之罚金最高额为惩治该轻罪的法律所定最高罚金额的 10 倍。"第 132-14 条规定："法人因轻罪已经最终确定判决，自前刑期满或完成时效起计算，5 年期限内，又因相同之轻罪，或依累犯之规则，因相类似之轻罪应负刑事责任者，罚金最高额为惩治该轻罪之法律规定当处自然人之最高罚金额的 10 倍。"第 132-15 条规定："条例有规定之场合，法人因犯第五级违警罪已经最终确定判决，自前刑期满或完成时效起计算，5 年期限内，又因同一级违警罪应负刑事责任者，适用之罚金最高额为惩治该违警罪之条例定当处

① 参见侯国云、白岫云：《新刑法疑难问题解析与适用》，中国检察出版社 1998 年版，第 180 页。

自然人之最高罚金额的10倍。"①

我国1997年刑法虽然规定了单位犯罪，但并未规定单位累犯，但是大量单位再次犯罪的事实及累犯制度设立的目的均表明，应当规定单位累犯。具体而言，笔者认为，在我国刑法中规定单位累犯主要有以下几个方面的理由：

第一，打击和预防单位犯罪的需要。法律根植于现实生活。是否增设单位累犯，首先应看现实生活中是否存在单位初次犯罪和再次犯罪的事实。② 在社会主义市场经济不断发展的过程中，一些机关、团体、企业、事业单位进行了一些违法犯罪活动，给国家和人民造成了重大的经济损失，而且在很长一段时间内，单位犯罪还有愈演愈烈之势。因此，为了更有效地打击和控制单位犯罪的发生，尤其是单位累犯的发生，应该在法律中明确设立单位累犯制度，这样既可以打击那些再次严重危害市场经济秩序的单位犯罪，也可以震慑、警戒那些蠢蠢欲动的已经被刑事处罚过的单位，更好地实现一般预防与特殊预防的结合。

第二，由刑法罪责刑相适应原则所决定。累犯曾经受过刑罚处罚，又于刑罚执行完毕或赦免后一定时期内重新犯罪，说明之前所判的刑罚对其未起到阻止其再次犯罪的作用，因而累犯与初犯、偶犯相比，具有更大的主观恶性和人身危险性，正因为此，刑法规定对累犯应当从重处罚。我国刑法规定单位犯罪的条文有100多条，单位再次犯罪在现实中也大量存在，而单位犯罪的特点表明，其犯罪的社会危害性要远远大于自然人犯同种罪。因为单位不仅拥有较自然人更加雄厚的犯罪物质基础，而且单位经过程序化和整体化之后的犯罪意志较自然人更加顽固。③ 那么根据我国刑法罪责刑相适应的原则，对单位再次犯罪也应从重处罚，而刑法中如不规定单位累犯，则不能依据累犯从重处罚的原则对再次犯罪的单位予以从重处罚。也就是说，累犯制度的适用范围不仅仅限于自然人，还应该包括单位。

第三，国外的立法提供了参考。1994年3月1日生效的法国刑法典即为法人设置了全面的累犯制度。该法典第132-14条规定："法人因轻罪已经最终确定判决，自前刑期满或完成时效起计算，5年期限内，又因相同之轻罪，或依累犯之规则，因相类似之轻罪应负刑事责任者，罚金最高额为惩治该轻罪之

① 罗结珍译：《法国新刑法》，中国法制出版社2003年版，第29页。

② 参见苏彩霞：《累犯制度比较研究》，中国人民公安大学出版社2002年版，第204页。

③ 参见马荣春：《论单位累犯》，载《河北法学》1999年第1期。

法律规定当处自然人之最高罚金额的10倍。”法国刑法典设置的独立累犯制度，值得我国在修改与完善累犯制度时加以借鉴。

如同规定自然人累犯一样，规定单位累犯也应当从罪过形式、所受刑罚处罚的程度（刑度条件）、前后两罪的时间间隔以及是否从重处罚其直接负责的主管人员或其他直接责任人员等方面加以规定。然而，究竟应如何规定单位累犯？对此学者们意见各不相同。有学者认为，单位累犯的主观罪过条件可以是故意也可以是过失，其刑罚条件应同时以犯罪单位承担的刑罚和单位直接责任人员承担的刑罚为准，前后罪的时间间隔以7年为宜，因为单位累犯的社会危害性远远重于同种犯罪的自然人累犯。对于其直接责任人应以单位没有构成累犯的情况下直接责任人本应承担的刑罚为起点来予以从重处罚。① 也有学者认为，普通单位累犯的罪数条件、时间条件和主观条件，应当与自然人普通累犯相同，即单位前后犯了两次罪，并且后罪是发生在前罪之刑罚执行完毕或赦免后的5年内；单位所犯的前后罪都是故意。至于单位普通累犯前后罪的严重程度，也应以前后罪所判处的刑罚或所应判处的刑罚来确定。至于是以犯罪单位所受的刑罚为准，还是以单位直接责任人员所受的刑罚为准，抑或同时以二者所受的刑罚为准，应以犯罪单位所应判处的罚金数额为准，而对于单位累犯刑度条件的罚金数额的确定，应根据社会经济发展水平和单位犯罪的特点来确定。②

笔者认为，在确定单位普通累犯的成立条件时，应当和自然人普通累犯的构成条件相同，即其罪数条件是单位先后实施了两项犯罪，时间条件是后罪发生在前罪的刑罚执行完毕或免除后的5年之内，主观条件是单位所犯的前后两罪都出于故意。单位普通累犯的前后罪的严重程度，也应以前后罪判处的刑罚或所应判处的刑罚来确定，其标准既不能以犯罪单位所处的刑罚为准，也不能以单位直接责任人员所受的刑罚为准，而应以犯罪单位所应判处的罚金数额为准。这是因为犯罪的主体是单位，若把直接责任人员所受的刑罚作为刑度条件，则与自然人累犯没有什么差别。但以多大数额的罚金作为构成单位普通累犯的刑度条件，则应结合经济发展水平和单位犯罪的特点来确定。③

---

① 参见马荣春：《论单位累犯》，载《河北法学》1999年第1期。

② 参见苏彩霞：《累犯制度比较研究》，中国人民公安大学出版社2002年版，第216页。

③ 参见苏彩霞：《单位累犯法典化之分析及立法建议》，载《法律适用》2002年第9期。

我国刑法中的单位犯罪，大多是经济犯罪和牟利性犯罪，单位一旦犯罪，其涉案数额一般都比较大。刑法对自然人犯罪规定的罚金数额方式有三种：倍数罚金制、限额罚金制、无限额罚金制，其中限额罚金制又分为几种情形：1万元以上10万元以下、2万元以上20万元以下、5万元以上50万元以下。刑法典对单位犯罪所采用的罚金数额都没有规定。有学者认为，在确定构成单位累犯的罚金数额时，可以参照刑法为自然人犯罪规定的罚金数额。既然单位一旦犯罪，其涉案数额（违法所得数额、销售数额或者偷逃应缴税额）远远大于自然人犯罪，因而所判处的罚金额也高于自然人犯罪所判处的罚金额，仅以10万元作为单位构成累犯的刑度条件，过于偏低，导致不适当地扩大了单位累犯的范围，应该以自然人犯罪限额罚金制的最高限额50万元作为单位犯罪构成累犯的刑度条件，比较适合我国现阶段单位犯罪的特点和经济现状。① 对于此种观点，笔者表示赞同。

（二）关于未成年人累犯问题

未成年人由于其心智还未成熟，包括我国刑法在内的世界各国刑法对未成年人所涉及的刑事犯罪均规定了较为宽缓的制度。例如，我国《刑法》第17条第3款规定："已满十四周岁不满十八周岁的人犯罪，应当从轻或者减轻处罚。"《刑法》第49条规定："犯罪的时候不满十八周岁的人和审判的时候怀孕的妇女，不适用死刑。"此外，我国也出台了相关的司法解释对未成年人犯罪予以从宽处罚。行为人在未成年时由于其思想上、心理上的不成熟，辨别是非的能力和控制行为的能力有限，因此一旦受到社会上不良习气的影响，很容易陷入违法犯罪的泥潭，作出一些危害社会和人民的事情，但是也必须承认，虽然他们实施了犯罪行为，但是较之成年人犯罪其主观恶性还是相对较轻的。累犯，作为一种对犯罪人从重处罚的制度，与我国立法保护未成年人的刑事政策是不相适宜的，应当进一步完善。

一些国家在其刑法中明确规定未成年人不构成累犯的立法例或许值得借鉴。如《泰国刑法》第一章第八节对累犯作了专节规定，第94条特别规定："过失犯、轻罪犯及未满17岁之人其所犯之罪，无论系前罪和后罪，均不将之视为本节加重之罪。"《俄罗斯联邦刑法典》第18条规定："一个人在年满18岁之前实施犯罪的前科，以及其前科依照本法典第86条规定的程序被撤销

① 参见苏彩霞：《单位累犯法典化之分析及立法建议》，载《法律适用》2002年第9期。

时，在认定累犯时不得计算在内。”此外，《英国刑法》也规定，不满22周岁的人不构成累犯。比较以上国家的立法例可以看出，将未成年人排除于累犯制度范围之外的立法模式有两种：(1) 后罪实施时行为人未成年的，不构成累犯；(2) 前罪实施时行为人未成年的，不构成累犯。显然，后一种立法例由于体现了“未成年人犯罪前科自然消灭”的思想，对未成年人的保护范围更为广泛，因而更具借鉴意义。①

笔者认为，的确应当修改我国刑法中的累犯制度，原则上应当将未成年人排除出累犯的成立范围。首先，从未成年人犯罪的原因来看，未成年人正处于青春发育期，生理和心理发育尚未成熟，模仿性和好奇心都很强，辨别是非和控制自我的能力有限，易受外界不良诱惑，其行为具有单纯性、盲从性、易变性等特点，犯罪往往是由于一时冲动。除了与其自身素质相关外，家庭、学校、社会的影响也是未成年人犯罪的重要因素。《刑法》将未成年人实施的犯罪作为前罪，显然未考虑到未成年人的生理、心理特点。其次，从累犯从重处罚的依据来看，累犯的应受谴责性和人身危险性均大于初犯。我国对累犯规定了更为严厉的法律后果，主要就是针对那些应受谴责性、人身危险性大的再犯者。由于未成年人辨别是非和控制自我的能力有限，尚未形成固定的社会人格，一般而言，未成年罪犯的应受谴责性和人身危险性小于成年罪犯，未成年人实施犯罪后，再次实施犯罪行为（无论其是否成年），与前罪后罪均为成年人实施的相比，显然前者的应受谴责性和人身危险性较小。而《刑法》不加区别地将两者同等对待，有违对未成年人特殊保护的整体精神。最后，从未成年人的教育改造来看，未成年人可塑性强，矫正改善的可能性也大于成年罪犯。为加强对未成年人的保护，我国对犯罪的未成年人实行教育、感化、挽救的方针，坚持教育为主、惩罚为辅的原则。《刑法》根据未成年人的特点，在定罪、量刑、行刑上都作了一些特殊规定，以利于其改恶从善、重新做人。为使未成年罪犯顺利回归社会，需要一个宽松的社会环境、足够的悔改余地和继续发展的空间。但是，将未成年人实施的犯罪作为前罪，不仅给未成年人贴上了一个犯罪的标签，使其“一失足成千古恨”，而且一旦再犯构成累犯将承担更为严厉的法律后果，使其将来在民事、行政等领域中处于不利地位，使他们难以融入正常的社会生活，严重影响教育改造效果，不利于上述方针和原则的

① 参见韩铁：《我国累犯制度立法之完善》，载《法商研究》2006年第3期。

实现。①

关于如何在立法中予以规定，《刑法修正案（八）》第6条将《刑法》第65条修改为："被判处有期徒刑以上刑罚的犯罪分子，刑罚执行完毕或者赦免以后，在5年以内再犯应当判处有期徒刑以上刑罚的犯罪分子，是累犯，应当从重处罚，但是过失犯罪和不满18周岁的人犯罪的除外。"对此修改，笔者持同意态度。这也就意味着，要构成累犯，前后两罪都必须发生在成年之后，如果前罪发生在未成年时，无论后罪发生在什么时候，都不构成累犯。这样更有利于对犯罪的未成年人的保护与改造。但是另一方面，鉴于我国未成年人发育、成熟的年龄不断提前，一些曾因犯罪受过刑事处罚的未成年人在其心理、智力方面与成年人相比差异不大，其所实施或参与实施的一些如杀人、放火、强奸、抢劫等严重危害社会治安和广大人民群众生命财产安全的犯罪，危害十分严重。如果符合累犯构成的其他条件，却因为该犯罪人未成年而不认定为累犯，也势必会影响打击严重危害社会的刑事犯罪的力度。因此，笔者建议，刑法在规定未成年人不构成累犯的同时，也可以以但书的形式做补充。具体可规定为："未成年人不构成累犯。但曾因犯故意杀人、绑架、故意伤害致人重伤或者死亡、强奸、抢劫、贩卖毒品、放火、爆炸、投放危险物质罪被判处过有期徒刑以上刑罚，又犯本条所列之罪的除外。"

（三）累犯不得假释的规定应予废止

我国1979年刑法没有规定累犯不得假释，因而，累犯在刑罚执行过程中符合假释条件的，可以假释。而1997年《刑法》在第81条第2款规定："对累犯以及因杀人、爆炸、抢劫、强奸、绑架等暴力性犯罪被判处10年以上有期徒刑、无期徒刑的犯罪分子，不得假释。"1997年刑法之所以增加了累犯不得假释的规定，其立法理由是：累犯在前罪之刑执行完毕后5年内再犯罪，完全否定了前罪之刑的改造教育效果，说明累犯主观恶性和人身危险性比较大，故认为累犯刑罚执行中不可能"确有悔改表现，假释后不致再危害社会"，因而规定累犯不得假释。②《刑法修正案（八）》第16条将第81条修改为："对被判处有期徒刑的犯罪分子，实际执行13年以上，如果认真遵守监规，接受教育改造，确有悔改表现，没有再犯罪的危险的，可以假释。如果有特殊情

---

① 参见苏彩霞：《现行累犯制度的不足及其完善》，载《法学》2002年第4期；张蓉：《加强未成年人保护　完善我国累犯制度》，载《江苏警官学院学报》2005年第5期。

② 参见苏彩霞：《累犯制度比较研究》，中国人民公安大学出版社2002年版，第209页。

况，经最高人民法院核准，可以不受上述执行刑期的限制。”这一修改是恰当的。

第一，符合保障人权的要求。确立假释制度的目的是为督促犯罪分子在受到刑罚处罚后，能够在刑罚执行过程中自觉接受改造，悔过自新，回归社会。根据我国刑法的相关规定，假释是指被判处有期徒刑、无期徒刑的犯罪分子，在刑罚执行了一定期间之后，如果认真遵守监规、接受教育改造、确有悔改表现、不致再危害社会的，可以附条件地予以提前释放的一种刑罚制度。也就是说假释的适用根据是罪犯“确有悔改表现”，适用假释“不致再危害社会”。如何加以判断，还是应该根据罪犯在刑罚执行过程中的表现加以综合分析，以发现其人身危险性是否有所减小或消除。

累犯在刑罚执行过程中是否可以达到假释的条件呢？对于累犯，其在前罪刑罚执行完毕后5年内重新故意犯罪，虽表明其主观恶性和人身危险性较大，但这并不表明其在后罪刑罚执行了一定的时期后主观恶性和人身危险性仍然较大，更不表明其在后罪刑罚执行期间就一定不会“接受教育改造、确有悔改表现”，而不致再危害社会，以至于对其不适用假释。因此，不能因为累犯的主观恶性和人身危险性大于初犯、偶犯，就规定其不得适用假释。相反，对于那些在刑罚执行过程中确实有所反省、有所悔悟、积极改造的罪犯，我们不应该因为他们是累犯而拒绝对他们实行假释。并且，从另一个角度来说，给予累犯假释的资格，给累犯以希望和鼓励，更有利于罪犯的改造和回归社会。日本学者大谷实也曾经指出：“假释的现实问题是，由于假释的适用过于消极，导致其作为社会内处遇的起点的机能没有发挥作用。所以，这种消极适用的情况若继续下去，假释制度今后的道路便会越走越窄。现在，对有希望用保护观察来解决问题的人，以若干的不安为理由而不给其假释的机会的话，便会使其陷入易于再犯的境地，结果便会抬高了犯人出狱后的整体的再犯率。”①

第二，刑罚效益的要求。刑罚效益，是指刑罚的有效产出减去实际投入的有利结果，其实质就是要求以最小的刑罚成本换取最大的刑罚效果。因此，刑罚效益所注重的不仅仅是刑罚有没有作用，甚至也不仅仅注重刑罚有多大作用，更重要的是注重刑罚的效果扣除成本之后的余额。② 为了达到刑罚效益的最大化，就应该对刑罚的执行加以合理操作。累犯在监狱服刑过程中，通过行

---

① ［日］大谷实：《刑事政策学》，黎宏译，法律出版社2000年版，第275页。

② 参见马长生、邱兴隆主编：《刑法热点问题研究》，湖南人民出版社2003年版，第64页。

刑机构的教育改造，完全有可能重新建立正确的人生观、价值观，其人身危险性也完全有可能减轻甚至消除。如果否认累犯的可改造性，拒绝给予其假释，是不合理的。监狱作为行刑机构，为保障其正常运作，国家承担了沉重的财政负担。如果可以酌情放宽假释的适用条件，也有利于国家财政的减负。

第三，国外有益经验的借鉴。纵观各国立法实践，对假释对象的适用范围虽然不尽相同，但亦有两个共同点，即只适用于被判处一定刑罚、已执行部分刑罚并确有悔改表现的罪犯；许多国家都没有规定累犯不能假释。① 第二次世界大战后，世界各国立法上出现了扩大假释适用范围的趋势。相应地，以假释为出狱方式的比例也逐渐提高。如在美国，20 世纪 70 年代，假释犯达到全部监狱犯人的 70%。在日本，1970 年到 1977 年间，假释率最高达到了 61.8%。② 可以预见，随着人类文明的不断发展及行刑制度的日益完善，假释率的不断提高将是今后行刑的一大趋势。

总之，累犯不得假释，剥夺了累犯者通过在服刑场所遵守监规，接受教育改造，积极悔改，早日回归社会的机会，既有违于累犯制度设立的初衷，又不利于累犯的改造和重新做人。因此，我国刑法应规定累犯可以假释。国外的一些立法方式值得我们借鉴。例如：1996 年的俄罗斯刑法规定假释适用于任何犯罪，包括特别危险的累犯和实施特别严重犯罪的累犯。而意大利刑法第 176 条规定："如果属于第九十九条后几款规定的累犯情况，为获准假释，被判刑人应当至少服刑 4 年并且至少服满所判刑期的 3/4。"我国《刑法修正案(八)》第 15 条对《刑法》第 81 条进行了修改，取消了第 81 条原第 2 款"对累犯以及因杀人、爆炸、抢劫、强奸、绑架等暴力性犯罪被判处 10 年以上有期徒刑、无期徒刑的犯罪分子，不得假释。"的规定，这是恰当的。但是笔者认为，我国刑法应该在规定累犯可以假释的同时，严格限定累犯假释的条件。之所以对累犯适用假释的条件要从严掌握，是因为累犯较之于初次犯罪的行为人，其主观恶性和人身危险性毕竟更大，如果累犯假释的条件与初次犯罪的行为人的条件相同，就体现不出对累犯从严的精神。另外，也因为累犯的主观恶性和人身危险性较大，需要通过更长一段时间的教育改造，才能判断其是否"确有悔改表现"，是否"假释后不致再危害社会"。因此，笔者建议，将我国

① 参见徐跃飞：《对累犯及特定暴力犯罪不适用假释之质疑》，载《社会科学辑刊》2007 年第 4 期。

② 参见杨世云、窦希琨主编：《比较监狱学》，中国人民公安大学出版社 1991 年版，第 244 页。

《刑法》第 81 条第 2 款关于累犯不得假释的规定删除，同时增加第 3 款规定，即“对累犯，如在刑罚执行期间，符合本条第一款规定的条件，且实际执行原判刑期 3/4 以上（无期徒刑须执行 15 年以上），可以假释”。

（四）“刑罚执行完毕或赦免后”的表述的完善

根据我国《刑法》第 65 条的规定，成立普通累犯的期限条件是犯罪人在前罪“刑罚执行完毕或赦免后”5 年内再犯应当被判处有期徒刑以上刑罚之罪。这里是用“刑罚执行完毕或赦免”作为普通累犯期限条件的起算点。与此同时，我国刑罚包括主刑和附加刑两类。如果犯罪人之前罪仅被判处主刑（如有期徒刑），则“刑罚执行完毕”的理解自不会有异议；但是如果犯罪人的前罪被判处主刑并处附加刑时（如有期徒刑加罚金），这里的“刑罚执行完毕”，是指主刑执行完毕，还是指主刑、附加刑都执行完毕，人们的理解不一，也引发了理论界和司法实践中的争议。笔者认为，这正是我国《刑法》第 65 条条文中“刑罚执行完毕”的表述不严谨、不周密所致。

现行《刑法》第 65 条关于“刑罚执行完毕”的规定，用语失之严谨、周密。笔者认为，我国《刑法》第 65 条规定中的“刑罚执行完毕”，是仅指主刑的执行完毕，不包括附加刑的执行完毕，因此，建议将该条中的“刑罚执行完毕”改为“主刑执行完毕”，以便于司法实践中的具体运用。

（五）累犯制度统一化的建议

我国刑法除了规定一般累犯制度之外，还规定了特殊累犯制度，在一定程度上造成了累犯制度的混乱。笔者认为，应当充分维护刑法典所确定的累犯制度的权威性，不能形成累犯制度散乱和特殊累犯过于繁多的客观现实。维护刑法典所确定的累犯制度的权威性，体现在以下两个方面：其一，除刑法典之外的其他特别刑法以及司法解释性文件，均不得突破刑法典所设置的累犯制度而自行设置过于混乱的特殊累犯制度。对于现存的各种存在于单行刑法、附属刑法、司法解释之中的特殊累犯制度，要么取消，要么在适当的时候升格为法典化的特殊累犯制度。其二，将某些特殊累犯的形式明确化。换言之，不能仅在实质上成为特殊累犯而在法典上不与普通累犯相协调一致，从而形成法典整体逻辑上的漏洞。例如，就毒品累犯而言，虽然规定于刑法典分则之中，但是由于在形式上未被法典本身明确为属于累犯的范畴之内，因而形成较大的适用困难。根据现行刑法典的规定，“累犯不适用假释”和“累犯不适用缓刑”是两个基本的准则。而毒品累犯则因为未被刑法典规定在一般累犯制度的范畴之内，因而毒品累犯在司法实践中不受上述两个准则的约束，仍然可以适用缓刑和假释。这就造成刑法典自身条文之间的逻辑冲突。基于此，笔者认为，应当将《刑法》第356条修改为：“因走私、贩卖、运输、制造、非法持有毒品罪被判过刑，又犯本节之罪的，是累犯，应当从重处罚。”①

八、时效制度的立法完善

时效是指依照法律之规定，一定的事实状态因一定时间之经过而引起一定的法律后果的法律制度。时效包括取得时效与消灭时效，刑法上的时效是一种消灭时效，包括追诉时效和行刑时效。所谓追诉时效，是刑法规定的，追究犯罪人刑事责任的有效期限；在此期限内，司法机关有权追究犯罪人的刑事责任；超过了此期限，司法机关就不能再追究刑事责任。行刑时效，是指刑法规定的，对判处刑罚的人执行刑罚的有效期限；在此期限内，执行机关有权执行法院判处的刑罚；超过了此期限，执行机关就不能执行法院判处的刑罚。② 时效早在罗马帝国时代的《儒里亚法》中就有所规定，经过不断的发展和完善，现今世界各国刑法中几乎都有了时效的规定，大多数国家同时规定了追诉时效制度和行刑时效制度。我国1979年刑法典规定了时效制度，但仅仅对追诉时效作了规定。1997年刑法在此基础上作了修改，但仍然仅规定了追诉时效制度。从时效制度的本来含义出发，结合各国关于时效制度的立法例，可以发现，我国刑法中关于时效制度的规定仍然存在一些值得完善的地方。

（一）时效制度的理论基础

各国刑法均规定了时效制度，即行为人实施了犯罪行为之后，经过一定的时间或者事由，可以不受追诉，或者已判处的刑罚可以不再执行。可以说，这一制度，是对传统罪刑关系的一个重要挑战。犯罪后应当承担刑事责任，这是罪责刑相适应原则在刑事司法层面的一个当然要求，但时效制度的存在使得相当一部分实施了犯罪行为的人不用承担刑事责任，从一定程度上讲，这是对上述原则的挑战。对于时效制度存在的理由，值得思考，这也是评价现行立法中的时效制度需要明确的前提条件。对于时效制度存在的理由，刑法理论上主要有以下几种不同的观点：（1）怠于行使说。该说认为，既然国家怠于对犯罪人追诉或对犯罪人所判刑罚执行，那么刑罚权则应予消灭。（2）证据湮灭说。

① 于志刚：《论累犯制度的立法完善》，载《国家检察官学院学报》2003年第2期。

② 参见张明楷：《刑法学》，法律出版社2003年版，第493页。

该说认为，犯罪之证据因为时间的流逝而散失，因而难以达到正确处理案件的目的。（3）改善推测说。该说认为，犯罪后既经长久时间，可预想犯罪人的恶性业已改善，无再加处罚之必要。（4）社会遗忘说。此说认为，犯罪事实因经过长久时间而为社会所遗忘，社会秩序也随之恢复，此情之下，如再对犯罪人追诉处罚，反而会扰乱社会秩序。（5）刑罚同一说。此说认为，犯罪人犯罪后，经过长时间的逃避，时时提心掉胆，惧怕被发觉，这种无形痛苦，实际上与执行刑罚所遭受的痛苦无异。（6）法律与事实调和说。此说认为，法律之目的在于恢复因犯罪所扰乱社会秩序之事实，时效制度则意在谋取法律与事实的调和。① 此外，还有一些综合上述学说的综合说。

应当说，上述关于时效制度的存在理由的不同观点均具有一定的合理性，各国关于时效制度的立法无非是考虑了上述理由。在早期的刑事立法中，并无时效制度的规定，时效制度是刑法出现后很长一段时间才出现的。时效制度的出现，反映了国家与犯罪人之间的关系的转变。在时效制度出台之前，有罪必究是刑法的一个铁的原则，在国家与犯罪人之间，国家处于绝对的强者的地位，较少地考虑保护犯罪人的权利，对于犯罪人的犯罪行为，国家采取了有罪必究的原则。时效制度的出现，则反映了国家与犯罪人之间的紧张关系得到了适度的缓和，国家也开始在一定程度上考虑犯罪人的利益。犯罪后，或者刑罚判决后，经过一段时间，被犯罪行为所破坏的社会关系得到了一定程度的缓和，国家也就不再追究犯罪人的刑事责任了。从各国关于刑法时效的规定来看，并非任何犯罪，只要经过一定的时间就不再追诉，或者刑罚判决后就不再执行，而是根据罪责刑轻重的不同，规定了长短不一的时效期间。从这一意义上讲，各国关于追诉时效制度的规定，也体现了罪责刑相适应原则。时效期限与罪行轻重的关系，实际上也是作为刑事责任的追究者的国家与被追究者的犯罪人之间的关系的进一步细化，即对于罪行较重的犯罪行为，国家对于犯罪人的宽容程度则较低，相应的时效期限则较长；对于罪行较轻的犯罪行为，国家对于犯罪人的宽容程度则较高，相应的时效期限则较短。

（二）我国现行立法的检讨

就我国现行刑法关于时效制度的已有规定来看，仅仅规定了追诉时效，没有规定行刑时效，而且关于追诉时效的规定仍然存在着一些不合理之处，有必

① 参见高仰止：《刑法总则之理论与实用》，台湾五南图书出版公司 1986 年版，第 570 页。

要予以完善。

1. 关于追诉时效的起算。

我国《刑法》第89条第1款规定，“追诉期限从犯罪之日起计算；犯罪行为有连续或者继续状态的，从犯罪行为终了之日起计算”。这是关于追诉时效起算的规定。但如何理解这一规定，尤其是“犯罪之日”，存在不同的观点。有的认为是指犯罪行为实施之日；有的认为是指犯罪行为发生之日；有的认为是指犯罪成立之日；有的认为是指犯罪行为完成之日；有的认为是指犯罪行为停止之日。

笔者认为，从文理解释的角度看，只要是犯罪成立之日，就应当认为是“犯罪之日”。不少学者也认为犯罪成立之日作为追诉期限的起算点，具有合理性。如有论者指出，“以犯罪成立时间为追诉时效的起算时间点较为合理，并具有如下优势：其一，反映出包括求刑权在内的刑罚权的准确产生时间和行使的最早可能性时间，是犯罪成立之日；其二，对于追诉时效起算时间之表述，是针对于作为犯罪之多数情况的既遂犯罪，而其他未完成形态之罪，则作为一种例外情况被特别规定；其三，对于求刑权人与受刑人而言，犯罪成立之日作为双方权益平衡的时间标准能为双方所接受；其四，与刑法设置追诉时效的基础标准相一致，即均以罪为标准而不以行为为标准”。① 除了该款后半段所规定的“犯罪行为有连续或者继续状态的，从犯罪行为终了之日起计算”之后，将追诉期限的起算时间界定为“犯罪之日”仍然难以处理实践中的隔时犯。

犯罪包括行为和结果两个方面。具体而言，针对犯罪类型，可以作如下划分：（1）对于大多数犯罪而言，犯罪行为一经实施，犯罪结果就出现，犯罪行为也告结束。例如，甲枪击乙，造成乙当场死亡，在这种情形下，追诉时效的期限的计算，无论是从犯罪行为实施之日起计算，还是从犯罪结果发生之日起计算，均不存在差异。（2）部分犯罪的犯罪结果是寓于犯罪行为之中的，犯罪行为显现出连续或者继续状态。例如，非法持有型犯罪，行为人一经非法持有枪支，便成立非法持有枪支罪。但是，行为人持有行为可能持续数十年，如果仅以犯罪成立之时作为追诉时效的起算时间点，则对于持有时间更长的非法持有型犯罪反倒不能追究，这显然是不适宜的。因此，《刑法》第89条第1款后半段所规定的“犯罪行为有连续或者继续状态的，从犯罪行为终了之日起计算”是具有一定的合理性的。（3）犯罪行为与犯罪结果不同步的犯罪行

① 赵秉志主编：《刑罚总论问题探索》，法律出版社2003年版，第571页。

为。此种情形的犯罪主要是指，行为人实施犯罪行为之后，犯罪行为所造成的结果并非立即显现出来，而是需要经过一段时间才会导致犯罪结果的出现，或者犯罪行为实施后导致了基本结果的出现，但加重结果是在犯罪行为实施完毕后很长一段时间才出现的。这种情形下，犯罪行为本身并没有持续或继续状态，如果从犯罪行为成立之日起计算，有可能出现追诉时效结束后，犯罪行为所导致的犯罪结果才出现的现象。特别是在当今的一些计算机犯罪中，行为人设置计算机病毒侵入他人的计算机，待若干年之后才会出现犯罪行为所造成的结果，如果以犯罪成立之日，或者犯罪行为完成之日起计算追诉时效，很可能已经超过了刑法中的追诉时效。并且，对于这类犯罪，如何确定犯罪行为实施之日（犯罪成立之日）也并非易事。“如果采用行为主义，借助技术手段也无法确定犯罪实行行为时间的，就无法追究行为人的刑事责任。但采用结果主义就会避免这些问题，因为犯罪结果发生的时间与地点是相对容易确定的。同时，只有结果发生了，被害人才会发现具体的问题，侦查机关才可能介入侦查，这样前后之间的时间不会相差太久，保留犯罪证据的电磁记录数字信号等还未经过太多的操作，更易于查找和掌握犯罪的线索和证据，从而可以有效地确定追诉对象和追诉期限。”①

上述第（3）种情形，是刑法中的隔时犯。对于这种类型的犯罪，直接适用我国《刑法》第 89 条所规定的追诉时效期限的计算方法，得出的结论未必合理。实际上，刑法规定追诉时效期限的目的在于，犯罪行为及其所造成的结果已经停止，不会再继续向前发展，如果犯罪行为及其所造成的结果仍然处于进行过程中，则属于犯罪进行中，当然不存在追诉时效计算的问题，犯罪的行为正在进行，当然需要追究刑事责任。基于此，笔者认为，对于我国刑法中的追诉时效的起算规定，应当作如下修改：“追诉时效自犯罪成立后开始计算；犯罪行为有连续或者继续状态的，从犯罪行为终了之日起计算；犯罪结果之产生晚于犯罪行为的，以最终的犯罪结果发生之日起算。”

2. 关于“法定最高刑”。

《刑法》第 87 条规定：“犯罪经过下列期限不再追诉：（一）法定最高刑为不满 5 年有期徒刑的，经过 5 年；（二）法定最高刑为 5 年以上不满 10 年有期徒刑的，经过 10 年；（三）法定最高刑为 10 年以上有期徒刑的，经过 15 年；（四）法定最高刑为无期徒刑、死刑的，经过 20 年。如果 20 年以后认为

① 刘守芬、叶慧娟：《网络犯罪追诉时效问题探析》，载《法学杂志》2005 年第 4 期。

必须追诉的，须报请最高人民检察院核准。”如何理解“法定最高刑”，存在不同的观点，有的学者认为，“法定最高刑”是指刑法分则相应条文的最高刑，而不是同条中某款某项的最高刑。理由如下：某款某项的法定刑是适应某种犯罪的不同情节而规定的，只有经过实际审理才能确定其适用，如果以此作为追诉时效期限的衡量根据，就会使案件的追诉时效问题长期处于不稳定的状态，对于侦查机关和司法机关的工作不利。① 有学者认为，“法定最高刑”是指刑法分则相应条款规定的最高刑。持这种观点的论者认为，首先，将“法定最高刑”理解为犯罪相应条款或相应的量刑幅度的最高刑符合我国刑法关于追诉时效期限的立法精神。其次，也能使我国追诉时效制度收到积极的效果。再次，按照法定最高刑是犯罪相应条款或相应量刑幅度的最高刑的观点处理案件，并不会使案件的追诉时效问题处于不稳定的状态，不存在对司法工作不利的问题。② 这种观点也得到了最高人民法院相应司法解释的支持。1985年8月21日发布的《关于人民法院审判严重刑事犯罪案件中具体应用法律的若干问题的答复（三)》中对此作了明确的解释。该解释规定，“刑法第七十六条按照罪与刑相适应的原则，将追诉期限分别规定为长短不同的四档，因此，根据所犯罪行的轻重，应当分别适用刑法规定的不同条款或相应的量刑幅度，按其法定最高刑来计算追诉期限。如果所犯罪行的刑罚，分别规定有几条或几款时，即按其罪行应当适用的条或款的法定最高刑计算；如果同一条文中，有几个量刑幅度时，即按其罪行应当适用的量刑幅度的法定最高刑计算；如果只有单一的量刑幅度时，即按此条的法定最高刑计算”。

据上所述，如何理解“法定最高刑”，存在不同的观点。即使按照最高人民法院的相关司法解释来处理，也未必是合理的，其不合理之处在于未能体现罪行的轻重与追诉期限长短之间的对应关系，即没有体现罪刑相适应原则。例如，某甲犯A罪，根据刑法的规定，应当在“3年以上7年以下有期徒刑”这一幅度之内决定适用的刑罚。综合案件的情况，对甲应当判处7年有期徒刑，但根据上述解释，对甲的追诉期限应当以法定最高刑7年计算，追诉期限应为10年。但是某乙犯B罪，根据刑法的规定，应当在“3年以上10年以下有期徒刑”这一幅度内决定适用的刑罚，综合案件的情况，对乙应当判处3年有期徒刑，但按上述解释，法定最高刑为10年，对乙的追诉期限应当是15年。这样一来，明显违反了罪刑相适应原则，即对轻罪的追诉期限长于重罪的追诉

① 参见梁世伟编著：《刑法学教程》，南京大学出版社1987年版，第372页。

② 参见马克昌主编：《刑罚通论》，武汉大学出版社1999年版，第672～674页。

期限。造成这一矛盾的根源在于，我国刑法中对具体犯罪所规定的法定刑的幅度档次与《刑法》第 87 条所规定的追诉期限的幅度并不一致，在此基础上，以刑法中的法定刑幅度中的最高刑作为追诉时效的判断标准，就容易出现重罪的追诉期限短于轻罪的追诉期限。基于此，笔者认为，应当以犯罪行为实际可能被判处的刑罚为基准，而非“法定最高刑”，来确定犯罪的追诉期限。

3. 关于不受追诉时效限制。

我国刑法规定了几种不受追诉时效限制的情况。《刑法》第 88 条规定：“在人民检察院、公安机关、国家安全机关立案侦查或者在人民法院受理案件以后，逃避侦查或者审判的，不受追诉期限的限制。被害人在追诉期限内提出控告，人民法院、人民检察院、公安机关应当立案而不予立案的，不受追诉期限的限制。”时效制度的设立虽然是对于犯罪人权利在一定程度上的保护，但其前提是由于犯罪行为所造成的危害性已经在一定程度上趋于平和。如果公安司法机关已经对案件进行立案侦查后，行为人仍然继续逃跑的，这种行为本身就是对刑法的一种蔑视，如果仍然经过一定期限不予追诉，显然无异于鼓励犯罪行为人逃避。因此，刑法的这一规定是具有一定的合理性的。但是该规定仍然存在如下值得完善的地方：

（1）关于“立案侦查”的理解。一种意见认为，“立案侦查”是指立案并侦查，如果只是立案但还没有开始侦查的，就不存在时效延长的问题。① 另一种意见认为，《刑法》第 88 条第 1 款中的“立案侦查”应理解为立案。其理由是：第一，案件从司法机关立案后，行为人就可能逃避侦查或审判，并不是要待侦查后，才能逃避侦查或审判；第二，由于立案后就开始侦查，故“立案侦查”有时就是立案决定侦查的意思，或者说是立案的意思。② 从文理解释的角度看，“立案侦查”既包括立案，也包括侦查。当然，司法机关进行侦查的前提是案件已经立案。这样一来，“立案”一词显属多余。但从实质合理的角度看，立法的意图在于惩罚行为人犯罪后逃避司法机关追究的行为，应当说，只要案件已经立案后，行为人仍然逃避侦查的，就证明行为人主观恶性很大，应当无限期追诉。但是，这种理解毕竟不是刑法规定的。基于此，笔者认为，应当修改刑法的规定，将“立案侦查”改为“立案”。

（2）关于立案侦查的机关。《刑法》第 88 条将立案侦查的机关限定为人民检察院、公安机关、国家安全机关，而实际上，根据刑事诉讼的相关法律规

---

① 参见陈兴良：《刑法疏议》，中国人民公安大学出版社 1997 年版，第 194 页。

② 参见张明楷：《刑法学》，法律出版社 2007 年版，第 485 页。

定，具有立案侦查权的机关还包括监狱、军队保卫部门等。如果这些机关立案侦查后，行为人逃避侦查的，显然也应当不受追诉时效期限的限制。此外，享有立案侦查权的机关并非是一成不变的，例如，近些年来新增加的走私犯罪侦查部门。基于此，笔者认为，应当将该款所规定的立案侦查机关采取列举式规定与概括式规定相结合的模式作出规定。即将“人民检察院、公安机关、国家安全机关立案侦查”修改为“人民检察院、公安机关、国家安全机关等立案”。

（3）该规定中“以后”表述的不合理性。根据该规定，在人民检察院、公安机关、国家安全机关立案侦查或者在人民法院受理案件以后，逃避侦查或者审判的，不受追诉期限的限制。不少行为人在实施犯罪行为后，司法机关还未立案侦查就开始逃避，显然，这种行为比起在司法机关立案侦查后逃避的行为，危害性上并无差异。但如果严格按照现行刑法的规定，在司法机关立案侦查前就已经逃避侦查、审判的，反倒不受《刑法》第88条关于不受追诉时效期限限制的约束。当然，从解释论的角度看，行为人犯罪后，在立案侦查前就已经外逃，并且在立案侦查后仍未归案的，也可以认为在立案侦查后逃避侦查，但这样的解释结论未免显得有些牵强。基于此，笔者认为，应当将该款修改为：“立案侦查的案件，行为人在逃的，不受追诉时效的限制。”

4. 追诉时效无限延长的适用条件。

《刑法》第87条第4项规定：“法定最高刑为无期徒刑、死刑的，经过20年。如果20年以后认为必须追诉的，须报请最高人民检察院批准。”根据这一规定，如果犯罪行为经过20年以后，只要最高人民检察院认为应当追诉的，就可以追诉。但何种情形属于“应当追诉”的，没有较为统一的标准。笔者认为，从罪刑法定原则的明确性要求出发，对于经过20年以后必须追诉的情形应当作较为明确的规定。

5. 关于追诉期限延长的限度。

《刑法》第88条规定了追诉期限延长的规定，根据这一规定，追诉期限是无限延长的。此外，《刑法》第87条第4项规定的经过20年，最高人民检察院认为必须追诉的，也应追诉，而没有对具体的经过期限作限定。这一规定也意味着，最高人民检察院可以决定对这类犯罪进行无限期的追诉。因此，可以认为，我国刑法中的追诉时效期限延长的规定是无期限的延长。这一规定并不妥当。“因为永久性追诉，不仅剥夺了犯罪人依法享有的追诉时效期限内的权利，使其终生处在被追诉的可能之中，而且还将犯罪人永久推到了社会的对立面，它只能是立法者在迫不得已时所做的一种选择，所以必须谦抑使用。"①有学者甚至认为，无限期追诉违反了刑法追诉时效制度的宗旨，应当取消追诉时效无限延长的规定。还有学者认为，这与规定追诉时效的目的正好相背离，而且必将导致司法机关将大量的人力、物力投入到对陈年旧案的侦破和审理上。将大量精力投入到陈旧案件上，势必又要影响对现行犯罪的侦破速度和质量，从而使不少现行案件再变为陈旧案件，这样就会形成恶性循环。从整体上看，并未提高对犯罪的打击力度，反而增加了司法机关的工作难度，显然是得不偿失。②

笔者认为，对于追诉时效的延长，有必要针对不同的情形予以不同程度的延长，予以区别对待，这也是刑罚个别化原则在追诉时效制度中的体现。有关国家的立法例在这一点上为我们提供了有益的借鉴，例如阿尔巴尼亚刑法典第53条规定："实施犯罪，在对他采取强制处分后逃避侦查和审判的，将本法典第五十二条规定的追究刑事责任的时效期间延长一倍，但是不能超过25年。"

（三）现行立法应增加的内容

除了上述关于时效制度的不合理的内容之外，笔者认为，我国刑法还应当增加规定如下关于时效制度的内容。

1. 单位犯罪的追诉时效。

我国刑法关于追诉时效制度的规定，是以刑期（徒刑）的长短作为依据的。应当说，我国刑法中追诉时效是不包括单位犯罪的追诉时效的。因为根据刑法的规定，对犯罪的单位只能判处罚金。

正是由于现行刑法对于单位犯罪的追诉时效的规定不明确，对于单位犯罪如何进行追诉，存在不同的观点：

第一种观点认为，现行《刑法》第87条第1项规定："法定最高刑为不满5年有期徒刑的，经过5年"，罚金刑属于"不满5年有期徒刑"，因此，对犯罪单位的追诉时效应当限于5年。

第二种观点认为，单位犯罪中对犯罪单位的追诉时效，应当按照有关单位犯罪法条中对其犯罪直接负责的主管人员和其他责任人员所规定的自由刑或生

---

① 房清侠：《我国刑法时效制度之立法检视》，载《河北法学》2005年第7期。

② 参见侯国云、白岫云：《新刑法有关追诉时效的几个问题》，载《国家检察官学院学报》1998年第2期。

命刑来确定。①

第三种观点认为，现行刑法的追诉时效是以主刑为基础的，由于罚金属于附加刑，因此可以说刑法没有明确规定关于单位犯罪中对犯罪单位的追诉时效；考虑到罚金刑是一种财产刑，而参考《刑法》第53条“人民法院在任何时候发现被执行人有可以执行的财产，应当随时追缴”的有关刑事政策精神，对单位犯罪中的犯罪单位的追诉时效不应受到时效的限制。如有学者指出，第87条规定的追诉时效是以自由刑（有期徒刑、无期徒刑）、生命刑（死刑）为前提的，罚金刑不在其列，所以，对单位犯罪没有追诉时效规定，换言之，对实施单位犯罪的单位可以无限期追诉。②

笔者认为，现行刑法中并无单位犯罪追诉时效的规定。仅从现行刑法的规定来理解，应当说，第三种观点是最具合理性的。第一种、第二种观点显然过于牵强。《刑法》第87条所规定的“法定最高刑不满5年有期徒刑的，经过5年”，其中，罚金刑当然属于“不满5年有期徒刑”，基于此，认为刑法中的所有单位犯罪中对单位的追诉时效均是5年。笔者认为，这样解释，未免过于牵强。从《刑法》第87条的规定来看，应当是针对主刑的轻重所规定的追诉时效期限，而不是针对附加刑的。再者，对于所有的单位犯罪，不加区分地认为对犯罪单位的追诉时效期限均为5年似乎不大合理，也违反了追诉期限应当结合犯罪的轻重程度予以区别对待的原则。此外，将单位犯罪中的单位的追诉期限与直接责任人员的追诉期限予以相同对待是不合理的。正如本书作者之一的李希慧教授所指出的，从严格科学的角度来讲，这是不可取的。这是因为：第一，在法人犯罪的情况下，虽然法人与直接责任人员之间有着紧密的联系，但是，二者毕竟是两种性质不同的犯罪主体，将法人犯罪中直接责任人员的追诉时效期限适用于法人无疑混淆了犯罪主体的性质。第二，在法人犯罪的情况下，法人的刑事责任的大小并不总是与直接责任人员的刑事责任的大小相一致的。有的情况下，法人犯罪的直接责任人员应负的刑事责任大，而法人应负的刑事责任小；有的情况下，则反之。如果笼统地将法人犯罪中的直接责任人员应适用的追诉时效适用于法人，那就势必造成追诉期限的长短与刑事责任的大小脱节的现象。第三，我国《刑法》第76条（指1979年刑法。1997年刑法也是这样规定的。——笔者注）是以法定最高刑的不同期限的自由刑和生命

① 参见谢望原：《论对犯罪单位的追诉时效》，载《法学杂志》2000年第4期。

② 参见马东君：《关于单位犯罪追诉时效的探讨》，载“第二届贵州法学论坛”文集。

刑为根据来确定追诉时效期限的，而法人犯罪的法定刑都是罚金，因此，将《刑法》第76条关于追诉时效期限的规定适用于犯罪法人，未免牵强附会。总之，在法人犯罪的情况下，“从严格的角度讲，犯罪法人的追诉时效期限不能适用直接责任人员的追诉时效期限，其追诉时效期限问题应该通过立法途径求得真正的解决”。①

基于以上认识，笔者认为，我国现行刑法中无单位犯罪的追诉时效的规定，对于单位犯罪中的单位的追诉期限，有必要进行新的立法。笔者认为，应当根据犯罪单位所判的罚金刑的轻重，对单位确定不同的追诉期限。当然，由于我国刑法对于罚金刑没有区分程度，有必要在立法中对罚金刑区分不同的数量程度。正如有学者所指出的，“法人犯罪的法定刑即罚金刑目前多数无具体数额标准，成为确立法人犯罪追诉时效的最大障碍。如果根据这一抽象刑罚适用标准来确定法人犯罪的追诉时效，就只能为所有的犯罪法人确定一个统一的追诉时效，根本无法体现出追诉时效与犯罪之社会危害性相一致的立法意图。因此，创制独立的适用于法人的追诉时效，必须首先将法人犯罪的法定刑具体化”。②

对于法人犯罪的追诉时效期限，有的学者认为，应当长于自然人犯同类罪的追诉时效，尤其应当长于犯罪的法人成员的追诉时效。理由是：从整体上看，法人犯罪与自然人犯罪相比具有更大的社会危害性；同时，法人成员之追诉时效，已经由于法定刑罚的从轻设置而导致追诉时效相应缩短，已经短于法人犯罪之应有追诉时效。再者，对于法人所适用的罚金刑不会造成因追诉时效过长而造成法人不会悔改的负面影响，也有利于打消法人犯罪之牟利思想和剥夺其再次犯罪的能力。③ 笔者认为，对于法人犯罪的追诉时效，应当较之应受处罚的直接责任人员的期限更短为宜。首先，在当今社会，法人的存续期间一般比自然人短；其次，从时效制度的本来目的来看，追诉时效制度的设定本身就是基于犯罪行为的影响已经消除，相比而言，单位犯罪中，在人们的评价中，似乎更注重单位中自然人的社会危险性；再次，我国刑法对于单位犯罪原则上采取双罚制，即不仅仅处罚单位，还处罚自然人。在对自然人已经进行追诉的情形下，对单位的追诉或许可以不再过于严格。

2. 追诉时效的中止。

---

① 李希慧：《论刑法时效的立法完善》，载《法学家》1995年第5期。

② 赵秉志主编：《刑罚总论问题探索》，法律出版社2003年版，第591页。

③ 赵秉志主编：《刑罚总论问题探索》，法律出版社2003年版，第591页。

刑法中规定追诉时效是具有一定的理由的。但问题是，基于特定的事由，即使经过了一定的追诉期间，如果不对犯罪行为人进行追诉，反倒会违反追诉时效制度设定的理由。“个别犯罪人基于严重的反社会倾向而使追诉时效制度的初衷难以实现，并有可能使追诉时效制度成为其规避法律的避风港。因此，为严密法网，重惩犯罪，在立法上设置具有严格限制条件的追诉时效超期适用制度是合理的，也是必要的。”① 基于此，大多数国家均规定了追诉时效的停止制度，包括追诉时效的中止、中断。

所谓追诉时效的中止制度，是指在追诉时效期限尚未开始时，由于法定事由或者事实原因的出现而导致追诉时效不能开始；或者在开始计算后尚未结束前，由于法定的事由或者事实上的原因出现，导致追诉时效期限停止计算，当上述法律上的事由或者事实上的原因消除后，追诉时效期限继续计算的制度。追诉时效的中止制度为许多国家的刑事立法所采纳，至于导致追诉时效中止的法定事由或者事实原因，各国规定略有不同，通常是将导致求刑权不能开始或者不能继续进行的法定事由或者事实原因作为追诉时效中止的根据。而我国现行刑法仅仅规定了追诉时效的中断，即在追诉时效期限内，基于特定的事由，使已经经过的时效期限不再计算的一种制度。但对于追诉时效的中止制度，则没有作任何规定。从追诉时效制度的本来意义出发，结合各国的立法例，笔者认为，在将来对刑法中的时效制度进行修改时，有必要增加追诉时效中止制度。

3. 告诉才处理的犯罪的追诉时效。

现行刑法对于追诉时效的规定并没有区分公诉案件与告诉才处理的案件，原则上，对于告诉才处理的案件，也应当适用刑法关于追诉时效的规定。实际上，对于告诉才处理的案件，与一般的公诉案件相比，具有一定的特殊性。在公诉案件中，立案材料的来源可以是多方面的，既可以是犯罪行为人的自首，也可以是被害人的举报，还可以是公安司法机关的发现，因此，公诉案件在很多情况下是可以被发现的。而在自诉案件中，被害人在有的情形下，根本不知道自己的权益遭受了侵害，而事后如果知道自己的权益受到了侵害，可能已经过了刑法中的追诉时效，如果以犯罪行为人的犯罪成立之日起作为追诉时效的起算标准，显然对被害人而言是非常不利的。正如有学者所指出的，“在告诉才处理的犯罪中，对于危害行为实施者来说，在经过足够长的时间后未再犯新罪，在某种程度上可以推定其主观恶性和人身危险性都已有所改善，不至于再

① 赵秉志主编：《刑罚总论问题探索》，法律出版社 2003 年版，第 601 页。

危害社会，已无再对其进行追诉和惩罚的必要。而对于被害人来说，如果其明知而不告诉，则证明其对危害事实持容忍态度。但如果因其不知而无法告诉而导致告诉时效期限的逐步完成，则对被害人来说是不公正的，被害人无意放弃求刑权，而国家司法机关却因无法自动介入而不得不放弃量刑权”。① 基于此，笔者认为，对于告诉才处理的犯罪的追诉期限，应当以被害人知道或应当知道其受到犯罪行为的侵害时起算。其他国家也有相关的立法例，《意大利刑法》第 124 条规定：“告诉权除法律另有规定外，应于知悉犯罪行为后 3 个月内行使之。”当然，考虑到对于犯罪行为人的权利的保护，应当规定一个较为合理的最长期限，以免出现由于被害人较晚知道自己遭受犯罪行为侵害而使追诉期限过长，不利于保护犯罪人的权利的现象。

4. 行刑时效。

世界上许多国家均规定了行刑时效制度。《日本刑法典》第 32 条规定，刑罚的宣告确定之后，在如下期间没有受到执行时，就完成刑罚的时效：（A）关于死刑，经过 30 年；（B）关于无期的惩役或者禁锢，经过 20 年；（C）关于 10 年以上有期的惩役或者禁锢，经过 15 年；（D）关于 3 年以上不满 10 年的惩役或者禁锢，经过 10 年；（E）关于不满 3 年的惩役或者禁锢，经过 5 年；（F）关于罚金，经过 3 年；（G）关于拘留、科料及没收，经过 1 年。我国刑法总则仅规定了追诉时效而没有规定行刑时效，这从刑罚体系上讲是不完善的；从司法实践角度看，也难保不会出现行刑时效的问题。② 在 1997 年刑法及 1997 年刑法修改的过程中，均考虑过增加行刑时效的规定，但均被否定了。1979 年刑法否定行刑时效的主要理由在于，“在我国司法实践中还没有遇到过这种情况。修订中大家认为规定这一条没有实际意义，相反的，还可能对被判刑后的犯罪分子的逃跑起鼓励作用，害多利少，因此删除了这一条”。③ 1997 年刑法颁布以后，仍有许多学者反对行刑时效制度刑事立法化。关于不设立行刑时效的理由主要是：第一，司法实践中没有遇到被判刑而未予执行的情况，规定行刑时效没有现实意义；第二，规定行刑时效害多利少，可能对被判刑的犯罪分子起到鼓励逃跑的作用；第三，规定行刑时效制度不利于打击罪犯；第四，规定行刑时效会引起罪刑不均衡，难以体现法律最高理念——公

① 赵秉志主编：《刑罚总论问题探索》，法律出版社 2003 年版，第 598 页。

② 参见马启华：《建立我国行刑时效制度之思考》，载《当代法学》2002 年第 11 期。

③ 高铭暄主编：《刑法学原理》（第三卷），中国人民大学出版社 1994 年版，第 124 页。

平、公正；第五，不能因为世界多数国家规定行刑时效制度，我国便非得规定。①

笔者认为，在将来的刑法修改中，我国应当增设行刑时效制度。设定行刑时效，符合时效制度设立的宗旨。时效制度，包括行刑时效在内，均是基于对犯罪人权利的考虑。随着人类社会文明程度的提高，对于刑罚预防作用和预防效果的理性考量，促使着刑罚制度向着更文明、进步、科学和民主的方向发展；刑罚的制度设计，从单纯的保护社会，保护被害人的合法权益，逐步向兼顾犯罪人合法权益的方向发展。②“因脱逃超过一定期限就不再执行已经判处的刑罚，也许在某种程度上可能对被判处刑罚的犯罪分子的脱逃起鼓励作用，但是，减少和杜绝犯罪人的脱逃，主要应当通过加强监狱防卫等工作，而且尚有脱逃罪这一立法反击措施。因此，不能因为犯罪人脱逃就对其保留永远执行刑罚的权力。”③ 此外，实践中也确实出现过判刑后没有被执行的情况。反对刑法中规定行刑时效的一个重要理由在于，我国司法实践中没有出现已经判处刑罚而没有实际执行的情况。但是，实践中没有出现的情况并不代表将来不出现，立法应当做到未雨绸缪。④

① 参见马启华：《建立我国行刑时效制度之思考》，载《当代法学》2002 年第 11 期。

② 马启华：《建立我国行刑时效制度之思考》，载《当代法学》2002 年第 11 期。

③ 马克昌主编：《刑罚通论》，武汉大学出版社 1999 年版，第 688 页。

④ 参见魏娟玲：《我国应建立行刑时效制度》，载《检察实践》2001 年第 6 期。

下篇：刑法分则之修改

一、洗钱罪的立法完善

根据我国刑法的规定，洗钱罪是指单位或个人明知是毒品犯罪、黑社会性质的组织犯罪、恐怖活动犯罪、走私犯罪、贪污贿赂犯罪、破坏金融管理秩序犯罪、金融诈骗犯罪的所得及其产生的收益，为掩饰、隐瞒其来源和性质，提供资金账户、协助将财产转换为现金或金融票据，通过转账或者其他结算方式协助资金转移，协助将资金汇往境外及以其他方式掩饰、隐瞒犯罪的违法所得及其收益性质和来源的行为。20世纪80年代以来，洗钱犯罪在全球范围内开始蔓延，成为国际社会和世界各国所面临的一大公害。随着洗钱犯罪的日益猖獗，国际社会要求严厉打击洗钱犯罪的呼声越来越高。面对洗钱犯罪日益猖獗的现实，我国《刑法》对洗钱罪进行了相应的立法规定，并随着社会的发展，对现行《刑法》关于洗钱罪的规定进行了两次修正。我国关于洗钱罪的刑事立法正在逐步完善，在现阶段对于打击洗钱犯罪活动起到了重要的作用。我国1997年《刑法》第191条首次明确规定了洗钱罪："明知是毒品犯罪、黑社会性质的组织犯罪、走私犯罪的违法所得及其产生的收益，为掩饰、隐瞒其来源和性质，有下列行为之一的，没收实施以上犯罪的违法所得及其产生的收益，处5年以下有期徒刑或者拘役，并处或者单处洗钱数额5%以上20%以下罚金；情节严重的，处5年以上10年以下有期徒刑，并处洗钱数额5%以上20%以下罚金：（一）提供资金账户的；（二）协助将财产转换为现金或者金融票据的；（三）通过转账或者其他结算方式协助资金转移的；（四）协助将资金汇往境外的；（五）以其他方法掩饰、隐瞒犯罪的违法所得及其收益的性质和来源的。单位犯前款罪的，对单位判处罚金，并对其直接负责的主管人员和其他直接责任人员，处5年以下有期徒刑或者拘役。"2001年12月29日我国《刑法修正案（三）》对上述规定作了修改，该修正案第7条将《刑法》第191条修改为："明知是毒品犯罪、黑社会性质的组织犯罪、恐怖活动犯罪、走私犯罪的违法所得及其产生的收益，为掩饰、隐瞒其来源和性质，有下列行为之一的，没收实施以上犯罪的违法所得及其产生的收益，处5年以下有期徒刑或者拘役，并处或者单处洗钱数额5%以上20%以下罚金；情节严重的，处5年以上10年以下有期徒刑，并处洗钱数额5%以上20%以下罚金：（一）提供资金账户的；（二）协助将财产转换为现金或者金融票据的；（三）通过转账或者其他结算方式协助资金转移的；（四）协助将资金汇往境外的；（五）以其他方法掩饰、隐瞒犯罪的违法所得及其收益的来源和性质的。单位犯前款罪的，对单位判处罚金，并对其直接负责的主管人员和其他直接责任人员，处5年以下有期徒刑或者拘役；情节严重的，处5年以上10年以下有期徒刑。”我国根据国际形势的变化，通过《刑法修正案（三）》将恐怖活动犯罪增加为洗钱罪的上游犯罪，这一修正反映了反恐合作的国际化，也在一定程度上打击和遏制了恐怖主义犯罪。近几年来贪污贿赂犯罪、金融诈骗犯罪、破坏金融管理秩序犯罪频发，许多犯罪分子将其犯罪所得及收益向境外转移，或者通过其他方式将其犯罪所得及收益合法化，导致司法机关无法或不易追究其刑事责任。为此，2006年6月29日，第十届全国人民代表大会常务委员会第二十二次会议通过了《刑法修正案（六）》，该修正案于当日公布实施。该修正案第16条将《刑法》第191条第1款修改为：“明知是毒品犯罪、黑社会性质的组织犯罪、恐怖活动犯罪、走私犯罪、贪污贿赂犯罪、破坏金融管理秩序犯罪、金融诈骗犯罪的所得及其产生的收益，为掩饰、隐瞒其来源和性质，有下列行为之一的，没收实施以上犯罪的所得及其产生的收益，处5年以下有期徒刑或者拘役，并处或者单处洗钱数额5%以上20%以下罚金；情节严重的，处5年以上10年以下有期徒刑，并处洗钱数额5%以上20%以下罚金：（一）提供资金账户的；（二）协助将财产转换为现金、金融票据、有价证券的；（三）通过转账或者其他结算方式协助资金转移的；（四）协助将资金汇往境外的；（五）以其他方法掩饰、隐瞒犯罪所得及其收益的来源和性质的。”《刑法修正案（六）》将洗钱罪的上游犯罪扩大至七种，这一修正有利于加大对洗钱犯罪的打击力度，有利于维护国家金融管理秩序的稳定和安全，符合新形势下打击洗钱犯罪的需要。

虽然我国有关洗钱罪的刑事立法已经取得了重大的进步，有效地遏制了洗钱犯罪活动的发生，但不可否认的是，其仍存在一些不足之处，我们应当根据新的犯罪形势以及我国的国情，在借鉴国际公约以及发达国家先进立法经验的基础上，进一步完善我国反洗钱罪的刑事立法。在此，笔者将针对洗钱罪规定的不足之处提出一些完善的建议。

（一）扩大洗钱罪的上游犯罪的范围

我国《刑法》关于洗钱罪上游犯罪范围的规定经过两次修正，已经扩大至目前的七类犯罪：毒品犯罪、黑社会性质的组织犯罪、恐怖活动犯罪、走私犯罪、贪污贿赂犯罪、破坏金融管理秩序犯罪、金融诈骗犯罪。尽管我国刑法规定的洗钱罪上游犯罪的范围已经较之以前有所扩大，但是现阶段，仍有一些犯罪不同程度地伴随有洗钱行为，如赌博罪、证券市场中的内幕交易犯罪、组织卖淫犯罪等。由于目前我国刑法并未将这些犯罪规定为洗钱罪的上游犯罪，因此，我们对于这类洗钱行为不能进行定罪处罚。为了打击这类犯罪，我们有必要扩大洗钱罪的上游犯罪的范围。此外，我国有关洗钱罪上游犯罪范围的规定相对于国际公约而言，范围较窄。从国际上来看，《联合国打击跨国有组织犯罪公约》将洗钱罪的上游犯罪规定为所有犯罪的非法收益，尤其是有组织犯罪集团行为的犯罪、妨害司法的犯罪、腐败行为的犯罪以及受到最高刑至少4年的剥夺自由或更严厉处罚的犯罪行为。《联合国反腐败公约》则规定了洗钱罪上游犯罪的最大范围与最小范围：最大范围是“范围最为广泛的上游犯罪”，只要国内法规定的能够产生犯罪收益的犯罪都是其上游犯罪，因为公约只指出了“明知财产为犯罪所得”，但所涉及的钱款为何种犯罪所得并没有限定。最小范围是该公约所列的各类犯罪，包括第15条贿赂本国公职人员罪，第16条贿赂外国公职人员或者国际公共组织官员罪，第17条公职人员贪污、挪用或者以其他类似方式侵犯财产罪，第18条影响交易罪，第19条滥用职权罪，第20条资产非法增加罪，第21条私营部门内的贿赂罪，第22条私营部门内的侵吞财产罪，第24条窝赃罪，第25条妨害司法罪。① 针对如何对我国刑法中的上游犯罪进行完善的问题，我国学者有不同的观点。有的学者认为，应当跟上国际立法的趋势，也将我国的洗钱上游犯罪规定为“所有犯罪”以便与相关公约的内容保持一致。也有学者认为还是应当采取审慎的态度，现在就盲目地扩大到所有犯罪这个最大范围，与我国立法的实际情况还不适应，应在合理范围内加以扩大。

笔者认为，扩大洗钱罪的上游犯罪的范围是十分必要的，但是不赞同前者的观点，不能直接将洗钱罪的上游犯罪规定为“所有犯罪”。笔者认为，扩大洗钱罪的上游犯罪的范围应当循序渐进地进行，借鉴国际上先进的立法经验，

---

① 参见刘秀：《刍议洗钱罪的立法完善》，载《吉林公安高等专科学校学报》2008年第5期。

结合我国现有的国情，应当将洗钱罪的上游犯罪扩大为危害严重、法定最低刑在 3 年以上的犯罪。

（二）将洗钱罪的犯罪主体扩大至上游犯罪的主体

从我国刑法关于洗钱罪的规定可以看出，洗钱罪的主体为实施了洗钱行为的自然人和单位，这一规定显然将洗钱罪上游犯罪的主体排除在洗钱罪主体之外。关于洗钱罪的犯罪主体应否包括其上游犯罪的主体，学界存在着两种学说：肯定说和否定说。肯定说认为，先实施上游犯罪尔后直接进行洗钱的犯罪分子是洗钱罪的主体。否定说认为，洗钱罪的主体应排除上游犯罪者，只有上游犯罪者以外的人才能成为洗钱罪的主体。许多学者都认为对原生罪的本犯所实施的窝藏处置赃物的行为，应当属于不可罚的事后行为，因为上游犯罪的犯罪分子为了保有其既得利益，必然通过一定的方法掩饰、隐瞒自己的犯罪所得及其产生的收益的性质和来源，这种行为是其实施上游犯罪后果的逻辑的必然延伸。① 因此，对原生罪的本犯在犯罪之后所实施的处置赃物的行为，不具有独立的否定评价意义，在上游犯罪之后实施的处置赃物的行为具有阻却责任的性质，不能独立成罪。所以一般认为洗钱罪的主体是上游犯罪行为人以外的人，其进行洗钱的行为不再以洗钱罪论处。② 而有的学者则认为："根据《刑法》第 191 条第 1 款规定，在五种洗钱行为中，前四种行为的主体是为赃款持有人洗钱的人，后一种行为的犯罪主体也可以是赃款持有者本人。"③ 赃款持有者本人也就是上游犯罪的行为人。

从国际上看，一些国防公约大多规定了上游犯罪本犯可以成为洗钱罪的主体。2003 年 10 月第 58 届联合国大会审议通过的《联合国反腐败公约》中，明确规定了实施上游犯罪的犯罪人依然可以是洗钱犯罪的主体。1999 年的美洲间防治毒品滥用委员会《关于与非法毒品贩运和其他严重犯罪有关的洗钱罪的示范法则》等都将上游犯罪的本犯纳入了洗钱罪的主体范围。另外，美国刑法规定的"以非法所得进行金融交易罪"，英国刑法规定的"隐瞒或转移

---

① 参见张军主编：《破坏金融管理秩序罪》，中国人民公安大学出版社 2003 年版，第 481 页。

② 参见鲜铁可主编：《洗钱罪的定罪和量刑》，人民法院出版社 2002 年版，第 280 页。

③ 高铭暄、马克昌主编：《刑法学》(上编)，北京大学出版社、高等教育出版社 2007 年版，第 466 页。

犯罪收益罪”，日本刑法规定的“隐瞒贩毒非法收益罪”，其犯罪主体均包括上游犯罪分子本人。将洗钱罪的犯罪主体扩大为上游犯罪的主体，有利于打击洗钱犯罪，遏制洗钱犯罪的源头。

笔者认为，将洗钱罪的犯罪主体扩大至上游犯罪的主体也是有充分的理论上的依据的。首先，上游犯罪主体实施的洗钱行为不属于“事后不可罚的行为”。其实施的上游犯罪行为和洗钱行为实际上是基于不同的故意和不同的犯罪目的分别实施的，且两行为侵害的法益不同。按照我国刑法犯罪构成的理论，其先后实施的两个行为均可独立地构成犯罪，应当成立数罪并应按照数罪并罚的原则对其进行处罚。有的学者认为前后两行为有包容关系，应当属于吸收犯。但笔者认为，前后行为人实施前后两行为的故意内容不同，两者不存在包容关系，不能成立吸收犯，而应当认定为构成数罪。其次，将洗钱罪的犯罪主体扩大至上游的犯罪主体，可以有力地打击实施上游犯罪的行为人，使其受到更为严厉的刑罚处罚，更好地体现刑法的威慑作用，达到刑法预防犯罪的目的；还可以通过这一规定，减少洗钱罪犯罪对象的源头，从一定程度上遏制洗钱犯罪活动的发生，有利于国家金融管理秩序的稳定和司法程序的正常进行。最后，反洗钱行为已经为国际社会所公认，我国也加入了一些相关的国际公约如《联合国反腐败公约》等。而从国际立法实践来看，许多国际公约和一些西方发达国家的刑法中都将上游犯罪的主体规定为洗钱罪的犯罪主体。无论是从打击洗钱犯罪出发抑或是从和国际接轨出发，我国刑法均有必要将洗钱罪的犯罪主体扩大至其上游犯罪的主体。

（三）扩大洗钱罪客观方面洗钱行为的表现形式

根据我国《刑法》第 191 条的规定，洗钱行为的表现形式有五种：（1）提供资金账户的；（2）协助将财产转换为现金或者金融票据的；（3）通过转账或者其他结算方式协助资金转移的；（4）协助将资金汇往境外的；（5）以其他方法掩饰、隐瞒犯罪所得及其收益的来源和性质的。《刑法修正案（六）》又将协助将财产转换成有价证券规定为洗钱罪的表现形式之一，尽管如此，和国际上的立法规定相比，我国刑法有关洗钱罪行为的表现形式范围仍然较窄，显得不够全面。《联合国禁毒公约》第 3 条第 1 款规定洗钱罪包括 7 种行为方式，即“转换、转让、隐瞒、掩饰、获取、持有与使用”毒赃的行为，同时规定了“参与、合伙、共谋、未遂、帮助、教唆、便利、参谋”等共犯与未遂形态。《联合国打击跨国有组织犯罪公约》、《联合国反腐败公约》以及《欧洲反洗钱公约》、《美洲反洗钱示范法》的有关规定也大致相同。

从我国刑法规定的5种行为的表现形式来看，其洗钱行为的实施基本上都应当借助于银行等金融机构。在现代社会，随着金融制度的改革和完善，使得犯罪分子可乘之机减少，他们选择绕开金融机构，通过其他的方式进行洗钱。例如，一些犯罪分子选择成立合法公司、开办各类企业、发展娱乐饮食业的方式，将黑钱在合法经营中洗净等。对于实施这类方式洗钱的行为由于我国刑法没有规定，面对这类洗钱行为我国刑法显得束手无策。我国刑法关于洗钱罪行为方式的规定已经不能适应有效打击洗钱犯罪的形势需要，应当加以扩张。

笔者认为，应当扩大洗钱罪行为的表现形式。我国可以借鉴《联合国禁毒公约》的规定，将洗钱行为的表现形式也扩大为：(1) 明知财产为犯罪所得，为隐瞒或者掩饰该财产的非法来源，而转换或者转让该财产；(2) 明知财产为上游犯罪所得，而隐瞒或者掩饰该财产的真实性质及来源的；(3) 在得到财产时，明知其为犯罪所得而仍获取、持有或者使用；(4) 参与、合伙或者共谋实施、实施未遂以及帮助、教唆、便利和参谋实施任何洗钱犯罪的。需要注意的是，对于洗钱罪行为表现形式的完善应当从我国的国情出发，应当从有利于打击现阶段下形形色色的洗钱犯罪活动出发，逐步对其进行完善。

(四) 扩大洗钱罪主观方面的内容

国际公约和各国刑事立法有关洗钱罪主观方面的规定有着相同之处，例如，大多数国际公约和外国立法都将故意规定为洗钱罪的主观要件，但是在间接故意、过失能否构成洗钱罪的主观要件这一焦点问题上存在着诸多差异。我国《刑法》第191条规定："明知是毒品犯罪、黑社会性质的组织犯罪、恐怖活动犯罪、走私犯罪、贪污贿赂犯罪、破坏金融管理秩序犯罪、金融诈骗犯罪的所得及其产生的收益，为掩饰、隐瞒其来源和性质，有下列行为之一的……"根据该条规定，我们可以看出，要构成洗钱罪，行为人既要明知是毒品犯罪、黑社会性质的组织犯罪、恐怖活动犯罪、走私犯罪、贪污贿赂犯罪、破坏金融管理秩序犯罪、金融诈骗犯罪的所得及其产生的收益，又要主观上具有掩饰、隐瞒上游犯罪的违法所得及其收益的性质和来源的目的。由此可见，我国刑法将洗钱罪的主观要件规定为直接故意。但是，在实践中，行为人要明知财产来源是特定的七类犯罪所得是非常困难的，而且，行为人有时受巨大利益的驱使往往也不愿意去了解对方的财产来源。另外，如果要追诉行为人的洗钱行为，侦查机关必须提供充分证据证明行为人明确知道财产来自七类上游犯罪的违法所得及其收益，且主观上具有掩饰、隐瞒上游犯罪的违法所得及其收益的性质和来源的目的，这在司法实践中操作起来非常困难。

近年来也有些学者提出将间接故意的洗钱也规定为犯罪加以处罚。根据刑法的基本理论，间接故意是指行为人明知自己的行为可能发生危害社会的结果而放任危害结果的发生。对间接故意而言，特定的危害结果可能发生也可能不发生，后果的发生与否都不违背其意志，都包含在其本意中，因而要根据主客观相统一的原则，仅有行为而无危害结果时，尚不能认定行为人构成此种犯罪（包括其未遂形态），只有发生了特定的危害后果才能认定构成特定的犯罪。即特定危害后果的发生与否，决定了间接故意犯罪的成立与否。① 只要洗钱行为人明知可能是七类上游犯罪所得及收益，仍实施洗钱行为，放任危害结果的发生并且发生了危害后果就应当构成洗钱罪。反对间接故意的观点则认为作为行为犯的洗钱罪没有间接故意存在的余地，其理由是行为是积极行为，不可能是放任的态度。如有的学者认为："凡是行为人自由意志选择的行为，行为人对之都是积极的、肯定的态度，否则行为本身是无法得到实施的，放任实质上是一种消极无为的态度，任何行为本身都不可能在这种态度下发生。"② 上述论点建立的基础是"行为仅是一种积极的行为"，而实际上行为既有积极的行为，也有消极的行为。此观点用来说明洗钱罪的主观方面不存在间接故意是片面的、不充分的。例如：银行等金融机构的工作人员明明知道洗钱行为人所要进行交易的巨额资金有可能是上游犯罪的所得及收益，但是这一交易能给自己和本单位带来巨大的收益，受利益驱使，不履行交易报告的义务，放任不法资金流入正规的金融领域。这就是以消极的行为和放任的心态来进行洗钱的情况。这种行为的社会危害性是显而易见的，必将对国家的金融管理秩序造成严重危害。因此，笔者认为，不应将洗钱犯罪的主观方面仅限定于直接故意，而应当将间接故意也包括进来。

（五）完善我国刑法有关洗钱罪的法定刑配置

我国《刑法》第191条关于洗钱罪的法定刑的规定是：对于个人犯洗钱罪的，没收违法所得及其产生的收益，处5年以下有期徒刑或者拘役，并处或者单处洗钱数额5%以上20%以下罚金；情节严重的，处5年以上10年以下有期徒刑，并处洗钱数额5%以上20%以下罚金；单位犯洗钱罪的，对单位判处罚金，并对其直接负责的主管人员和其他责任人员，处5年以下有期徒刑或者拘役。笔者认为，尽管我国刑法对于洗钱罪的法定刑设置了财产刑（没收

① 高铭暄、马克昌主编：《刑法学》，中国法制出版社1999年版，第210页。

② 史卫忠：《行为犯研究》，中国方正出版社2002年版，第134页。

违法所得及收益及罚金）和自由刑（有期徒刑和拘役)，但是相对于收益巨大的洗钱犯罪来说，我国刑法对于洗钱罪的处罚相对较轻，不利于威慑实施洗钱罪的犯罪人。对于我国现行刑法关于洗钱罪法定刑的规定，笔者建议，应当作以下修正：

首先，适度扩大罚金刑的数量。相对于洗钱犯罪的高额利润而言，我国刑法对于洗钱罪规定的罚金刑处罚的数额比例太低，尽管刑法规定在没收违法所得及产生的收益的基础之上再判处罚金，但是在实践中很难对犯罪人实施洗钱犯罪所获得的全部收益进行举证。因此，出于打击犯罪的需要，应当提高所处罚金的比例。有的学者提出应将罚金的比例扩大为1倍以上5倍以下。笔者不赞同这种观点。因为实践中洗钱数额的数量都很大，如果将比例扩大为1倍以上，罚金的数额也相应地增大。虽然这样的规定足以威慑犯罪人，但笔者认为过重的罚金比例执行起来非常困难甚至无法得到执行，所以不具有任何实践意义。因此，为了便于判决后罚金刑的执行以及威慑犯罪分子，笔者建议，应当将罚金的比例作适当的扩大而不是盲目扩大。可以扩大为洗钱数额的20%以上50%以下。

其次，加大对单位犯洗钱罪的处罚力度。一般来讲，单位洗钱的数额要远远高于自然人洗钱的数额，其对国家金融管理秩序的侵害远远大于自然人。另外，单位的组织性较强、有足够的经济实力，其规避法律、逃避刑法追诉的可能性远超过自然人。因此，单位犯洗钱罪的危害性程度相对于自然人犯洗钱罪而言较重，无论是对单位判处罚金还是对其直接负责的主管人员及其他责任人员判处刑罚都应当加重惩处力度。

再次，增设“情节特别严重”这一量刑档次。我国刑法关于洗钱罪的量刑情节中只规定了情节严重这一量刑档次，而没有规定情节特别严重这一量刑档次。没有区分不同的情形规定不同的刑罚。纵观我国刑法关于其他犯罪的法定刑规定，一般均是在规定了情节严重这一量刑档次后，紧接着规定情节特别严重的量刑档次。因此，对于这一立法疏漏，我们也应当予以完善。笔者认为应将其相对应的法定刑规定为：情节特别严重的，判处10年以上有期徒刑或无期徒刑，并处洗钱数额20%以上50%以下罚金。这样的规定可以对那些犯罪情节特别严重或是洗钱数额特别巨大的犯罪人适用相对严重的法定刑，实现罪刑相适应。

二、金融诈骗犯罪的立法完善

我国1979年刑法并未规定金融诈骗罪，而是将其纳入普通的诈骗罪中。

1995年全国人大常委会在《关于惩治破坏金融秩序的决定》中首先对金融诈骗罪这一类型犯罪予以系统规定，1997年修订刑法时，立法机关以该决定为基础，在分则第三章“破坏社会主义市场经济秩序罪”中，以“金融诈骗罪”专门一节共九个条文对金融诈骗罪进行了规定。在现行刑法中，金融诈骗罪属于二级罪名，也有学者将它称做“节罪名”。根据具体犯罪手段和诈骗对象的不同，刑法在金融诈骗罪这个节罪名下，共设有8个具体罪名，即集资诈骗罪、贷款诈骗罪、票据诈骗罪、金融凭证诈骗罪、信用证诈骗罪、信用卡诈骗罪、有价证券诈骗罪和保险诈骗罪8个具体罪名。为了便利司法适用时的具体操作，使刑事规则体系尽量严密、细化，刑法对金融诈骗罪的罪状表述大多采用将行为方式细化的列举型叙明罪状；在法定刑的设置上，1997年刑法修订时，突破了1979年刑法诈骗罪无死刑的做法，对集资诈骗罪、票据诈骗罪、金融凭证诈骗罪和信用证诈骗罪设立了死刑。现行刑法对金融诈骗罪的立法，对于依法惩治破坏金融秩序的犯罪活动，维护金融秩序，具有十分重要的意义，但同时存在一些缺陷，有待于立法加以完善。

（一）金融诈骗罪立法缺陷分析

1. 金融诈骗罪独立设节既不科学也无必要。

现行刑法将包括集资诈骗罪、贷款诈骗罪、票据诈骗罪、金融凭证诈骗罪等8种金融诈骗犯罪从普通诈骗罪独立出来而单独设罪，并单独设立金融诈骗罪一节将这8种诈骗罪归入其中。由于金融诈骗罪中所包括的8种具体犯罪行为的手段都具有“虚构事实，隐瞒真相”即诈骗的共同特征。由此可见，“金融诈骗罪”这一节的划分标准不是犯罪的同类客体，而是犯罪手段。我国刑法理论和刑事立法一直坚持将犯罪的同类客体作为刑法分则犯罪分类的基本依据，理论上一般认为，第五节“金融诈骗罪”与第四节“破坏金融管理秩序罪”的“次层次”同类客体同为金融管理秩序。因此，在刑法第三章第四节已经设立了破坏金融管理秩序罪，立法者还将金融诈骗罪另外设节而不纳入破坏金融管理秩序罪，这是对传统刑法理论的突破，在体例上与整体刑法是不协调的。①并且，金融诈骗罪一节的设置在刑法理论与刑事司法实践的适应性方面、在刑事立法价值取向与刑法历史发展趋势的趋同性方面、在刑事立法形式

① 参见刘宪权：《我国金融犯罪刑法分类质疑》，载《法学评论》2007年第4期。

与刑法基本原则的一致性方面都存在商榷的余地。①

2. 没有规定单位可以作为贷款诈骗罪、信用卡诈骗罪、有价证券诈骗罪的犯罪主体。

从刑法分则第三章第五节规定的金融诈骗罪的规定看，8 种金融诈骗罪中，集资诈骗罪、票据诈骗罪、金融凭证诈骗罪、信用证诈骗罪、保险诈骗罪 5 种犯罪的主体既可以是单位，也可以是自然人，但贷款诈骗罪、信用卡诈骗罪、有价证券诈骗罪三种犯罪，刑法只规定了自然人犯罪主体，而未规定单位可以作为它们的主体。刑法没有将单位规定为贷款诈骗罪、有价证券诈骗罪、信用卡诈骗罪三个罪的犯罪主体，应该是刑事立法的一个缺陷，应予以修正，其理由如下：

首先，这一规定不利于打击金融诈骗犯罪。

司法实践中，单位进行的贷款诈骗不仅客观存在，而且常有发生。在贷款诈骗罪单位主体缺失的立法状况下，面对层出不穷的单位贷款诈骗行为，最高人民法院《全国法院审理金融犯罪案件工作座谈会纪要》规定："在司法实践中，对于单位十分明显地以非法占有为目的，利用签订、履行借款合同诈骗银行或其他金融机构贷款，符合刑法第二百二十四条规定的合同诈骗罪构成要件的，应当以合同诈骗罪定罪处罚。"因此，司法实践中对此类诈骗行为均按合同诈骗罪论处。这种处理方式对于打击单位贷款诈骗行为，做到罪责刑相一致有一定的益处，但从长远看，对单位贷款诈骗行为认定为合同诈骗罪只是权宜之计，这一处理方式存在许多缺陷。

根据《刑法》第 200 条的规定，单位不构成信用卡诈骗罪。这明显与信用卡自身特有的管理及流通制度相冲突，金融实践中，根据信用卡的发卡对象的不同将信用卡分为个人卡、公司卡（含单位卡、商务卡、采购卡）。中国人民银行颁布的《信用卡业务管理办法》第 61 条明确规定："任何单位和个人有下列情形之一的，根据《中华人民共和国刑法》及相关法规进行处理：（一）骗领、冒用信用卡的；（二）伪造、变造银行卡的；（三）恶意透支的；（四）利用银行卡及其机具欺诈银行资金的。"这也就意味着单位不仅可以冒用其他单位信用卡，伪造其他单位信用卡进行使用，而且可以对本单位合法持有的信用卡进行恶意透支。

现行刑法将单位排除在有价证券诈骗罪的主体之外，然而，从实践角度来

① 参见冯殿美、郭毅：《金融诈骗罪研究》，载赵秉志主编：《新千年刑法热点问题研究与适用》，中国检察出版社 2001 年版，第 1026 页。

看，公司为了本单位利益，避免破产，集体研究决定在订立主合同时使用伪造、变造的国家有价证券进行权利质押，获得资金融通或债务延缓的案件也时常出现。①

其次，没有体现刑法之间的协调性。

同节规定的集资诈骗罪、票据诈骗罪、金融凭证诈骗罪、信用证诈骗罪、保险诈骗罪等均可由单位构成，贷款诈骗罪、有价证券诈骗罪、信用卡诈骗罪与其他五种犯罪相比，行为人的主观目的、行为侵犯的客体基本相同，并且司法实践中单位实施该三种犯罪的情况也常有发生。因此，现行刑法将单位实施贷款诈骗、有价证券诈骗、信用卡诈骗行为排除在单位犯罪之外，既缺乏理论和现实的依据，也缺乏相互间的协调性。

3. 罪状过于细化，只着眼于已然的常发形态，忽视了犯罪手段多变性，使处罚范围大为受限，易使罪犯规避法律的制裁。

在现行刑法中，金融诈骗罪的罪状表述大多采用将行为方式细化的立法模式，将常见的犯罪表现形式以“（一）……（二）……”的方式排列，这种细化式叙明罪状虽然具有能加深人们对新设罪名的理解，提升司法人员准确定罪的优点，但也存在着罪状过于细化，只着眼于已然的常发形态，忽视了犯罪手段多变性的缺陷，从而使处罚范围大为受限，并可能导致一些不法分子逃避刑法的制裁。如《刑法》第194、196、198条只将票据诈骗罪、信用卡诈骗罪、保险诈骗罪的行为方式固定为4～5种，结果导致诸如骗取信用卡、签发与预留印鉴相符但与预留银行密码不符的支票等行为的处罚很难找到法律依据，只得定为普通诈骗罪；《刑法》第193、195条使用了“以其他方法进行诈骗”的兜底性条款，来弥补立法上可能出现的漏洞，但却又使两法条中的前几项的行为方式列举完全成了多余，根本没有存在的必要。② 而且由于缺乏抽象概括性的规定，对“以其他方法进行诈骗”的内涵和外延未作任何限制，从而有可能成为小“口袋罪”。

4. 以“非法占有为目的”为主观要件，构成要件程度高，难以证明，不利于对金融秩序的保护。

在金融诈骗罪一节中，共涉及8个罪名，虽然刑法对这8种罪的主观要件的规定并不一致，只在集资诈骗罪和贷款诈骗罪的法条中规定了“以非法占

① 参见李邦友、高艳东：《金融诈骗罪研究》，人民法院出版社2003年版，第383页。

② 参见李邦友、高艳东：《金融诈骗罪研究》，人民法院出版社2003年版，第19～20页。

有为目的"，而票据诈骗等其他6个罪名，未作此明示（信用卡诈骗罪中对恶意透支的情形规定了"以非法占有为目的"），因此，引起了理论界的困惑与争论。然而，无论是从语义规则、立法技术，还是从立法者对金融诈骗罪的体系安排、客体设置上来看，金融诈骗罪的犯罪构成的主观要件都是包含"非法占有目的"的。最高人民法院在2001年的《全国法院审理金融犯罪案件座谈会纪要》中也明确指出，金融诈骗犯罪都是以"非法占有为目的"的犯罪。但是，现行刑法将"以非法占有为目的"作为主观要件的一个要素，导致构成要件要求高，难以证明，并且也不利于对金融秩序的保护。因为"在金融活动中，从非法占有的诈欺到虚假陈述的诈欺扩张到虚假陈述的诈欺，不仅是金融活动的诚信原则的要求，而且也是惩治金融犯罪的诉讼活动的客观需要。因为非法占有的金融诈欺对犯罪构成要件要求程度高，证据上的证明要求严格，不利于惩治那些极为隐蔽的金融欺诈行为。因而，传统的非法占有的金融诈欺难以体现出对金融秩序的严密保护"。①

5. 大多采取结果犯的立法形式，忽视行为犯的立法模式。

在客观要件的设置上，除了信用证诈骗罪外，我国刑法对其他金融诈骗罪的立法基本采用的是结果犯立法模式，将"数额较大"作为犯罪成立的构成要件。这一立法模式的弊端有二：

其一，不利于预防和打击金融诈骗犯罪。现行的金融诈骗罪规定，把犯罪既遂点放在了金融交易的结果上，同时也对金融诈骗罪规定了严厉的法定刑，使侦查机关将注意力相应地集中到金融交易的结果上而不是金融交易的过程中，注重对犯罪行为的事后制裁而不注重对犯罪行为的及时制止，一旦犯罪既遂，被判处刑罚将相当严厉。然而，任何金融诈骗犯罪都有一个逐步实行、罪责逐步加重的过程，发现得越早，越有利于挽回损失、挽救罪犯。②

其二，导致诉讼证明困难。有学者认为，"通常对于实害犯的追诉，一定要等到有犯罪实害的出现（如财产的损失），才可开始进行刑事追诉。然而，由于经济犯罪的抽象性与复杂性，若固守犯罪实害的出现方进行刑事追诉的原则，则行为人极易湮灭证据，而使刑事诉讼工作徒劳无功。因此，在经济犯罪之中只要有特定行为的出现，如为诈欺投资而刊登不法或虚伪的广告时，或附以虚伪的出口证明而提出退税的申请时，即加以'犯罪化'，而得之即刻进行

---

① 参见陈兴良：《金融诈欺的法理分析》，载《中外法学》1996年第3期。

② 参见刘远：《金融诈骗罪研究》，中国检察出版社2002年版，第170页。

刑事追诉，如此，方可确保刑事追诉的成果”。① 受我国现有传统诈骗罪结果犯的立法模式束缚，检察官在办案期内无法查明法定客观要件或主观要件时，根据罪刑法定原则和疑案从无原则，只能撤诉或撤案，其结果当然因证明不能而放纵一部分犯罪。而如果采取行为犯的立法模式，则不仅减轻了检察官的证明压力，也不会放纵犯罪。

6. 刑罚配置过于严厉。

1997 年刑法修订时，8 个金融诈骗罪，法定最高刑为死刑的有 4 个罪名：集资诈骗罪、票据诈骗罪、金融凭证诈骗罪和信用证诈骗罪；法定最高刑为无期徒刑的有 3 个罪名：贷款诈骗罪、信用卡诈骗罪和有价证券诈骗罪，法定最高刑为 15 年有期徒刑的 1 个罪名，即保险诈骗罪。总的来看，1997 年刑法对本节犯罪的死刑配置率达 50%，最高法定刑的最低的保险诈骗罪也达到 15 年有期徒刑。我国刑法对金融诈骗罪的重刑特别是死刑的配置，体现了立法者对金融之于市场经济的重要性的深刻认识和对金融诈骗犯罪猖獗的忧虑。然而，无论从世界刑事立法趋势的角度，还是从刑罚的必然性、效益性和价值判断一致性原则来考察，都应该废除金融诈骗罪中的死刑配置。《刑法修正案（八）》废除了票据诈骗罪、金融凭证诈骗罪和信用证诈骗罪三个犯罪的死刑。笔者认为，集资诈骗罪作为非剥夺生命的犯罪，也应该废除死刑。这有待在以后的刑法修正中进一步完善。

（二）金融诈骗罪立法完善的宏观思考

1. 取消分则第三章第五节“金融诈骗罪”的独立设置，将相关罪名归入“破坏金融管理秩序罪”一节之中。

基于金融诈骗罪独立设节缺乏理论依据和实际意义，与现行刑法体例不协调，在立法上和司法上均无十分必要的考虑，因此，建议在刑法修改时，取消分则第三章第五节“金融诈骗罪”的独立设置，将相关罪名归入“破坏金融管理秩序罪”一节之中。并且，将金融诈骗罪归入破坏金融管理秩序罪中，在突出刑法对金融管理秩序的保护的同时，不会弱化而只能强化公私财产所有权的保护。因为，将金融诈骗罪归入破坏金融管理秩序罪就有利于取消该类罪“以非法占有为目的”这一主观要件，变“结果犯”为“行为犯”的立法模式，从而更有利于打击这类犯罪。

2. 取消“以非法占有为目的”这一主观要件，同时将相关罪名中的“诈

① 参见林山田：《经济犯罪与经济刑法》，台北三民书局 1981 年版，第 104 页。

骗”修改为“欺诈”。

按《现代汉语词典》的解释，“诈骗”就是“讹诈骗取”。“讹诈”即欺诈，指的是虚构事实或隐瞒真相，意图使他人产生错误认识的行为，强调的是行为的方式和性质。“骗取”意指对财物的非法占有，强调的是行为的结果和目的。因此，“诈骗”一词兼有上述两种含义，不但要有虚构事实或隐瞒真相，意图使他人产生错误认识的行为，而且要有非法占有他人财物的目的。这就要求刑法在使用“诈骗”一词时，应当是同时注重行为目的和行为结果的场合，这样才符合语义规则。正因为如此，传统上诈骗犯罪都是目的犯，要求主观上具有非法占有的目的。因此，对于金融诈骗罪，立法者既冠之“诈骗”之名，就应该认为要求以“非法占有目的”作为其成立要件。然而，我国刑法以“非法占有为目的”为主观要件，构成要件程度高，难以证明，不利于对金融秩序的保护。在现实生活中，有许多以非法占有为特征的金融欺诈行为具有严重的社会危害性，因为这种行为严重地冲击金融信用，破坏了金融秩序的稳定，其危害远比对财产所有权的侵害大。因此，为了删除“以非法占有为目的”这一主观要件，使本节的金融欺诈罪包括骗取财物型诈骗和虚假陈述型欺诈两种情形，有必要在立法上将本节的罪名由“金融诈骗罪”改为“金融欺诈罪”，同时，相关具体罪名中的“诈骗”也修改为“欺诈”。因为，根据《现代汉语词典》的解释，“欺诈”是“用狡猾奸诈的手段骗人”。《民法通则》第68条规定：“一方当事人故意告知对方虚假情况，或者故意隐瞒真实情况，诱使对方当事人作出错误意思表示的，可以认定为欺诈行为。”因此，“欺诈”与“诈骗”虽然是同义词，但它们在词义所概括反映的侧面和重点方面以及词义的附加色彩方面都有细微差别。“欺诈”强调行为的性质和方式，而不注重结果，“诈骗”虽表明了同样的行为性质，但强调的是行为的结果和行为的目的。也就是说，“欺诈”的外延要宽泛，只要有虚构事实或者隐瞒真实意图使他人产生错误认识的行为就够了；而“诈骗”的外延要窄得多，它不仅仅强调行为造成他人的错误认识，还要强调行为人主观上的非法占有目的。从这个角度来讲，金融欺诈可以分为非法占有的金融欺诈和虚假陈述的金融欺诈。

3. 用抽象概括型叙明罪状替代现行的细化列举型罪状。

“法律只能订立一些规则，不能完备无遗，不能规定一切细节，把所有的问题都包括进去。”① “法律规定得愈明确，其条文就容易切实地实行。但是

① ［英］哈特：《法律的概念》，张文显等译，中国大百科全书出版社1996年版，第128页。

规定得过于详细，也会使法带有经验的色彩，这样，法律在实际执行过程中就不免要被修改，而这就违背法律的性质。”① 罪刑法定原则的“明确性”原则，并不反对立法者利用概括性条款、不确定概念规定刑法规范。因此，针对金融诈骗罪的罪状表述大多采用将行为方式细化的列举型叙明罪状所存在的缺陷，在刑法修正时，有必要用抽象概括型叙明罪状替代现行的列举型罪状。

4. 在客观要件的设计上，用行为犯取代现行的结果犯立法模式。

金融诈骗罪立法采用“结果犯”的立法模式，不利于诉讼证明，不利于挽回经济损失，也不利于刑法对金融秩序的保护。因此，应当借鉴国外成功的立法经验，废除现行的“结果犯”立法模式，采用“行为犯”立法模式。笔者认为，对每一种金融诈骗罪可按结果加重犯设置两个以上幅度的法定型：一个为基本的法定刑幅度，只要有单纯的欺诈行为即可适用；一个为加重法定刑幅度，适用于已发生实害结果的金融欺诈犯罪。②

5. 废除集资诈骗罪的死刑配置。

（三）具体罪名的立法完善

1. 集资诈骗罪的立法完善。

（1）罪名修改为“集资欺诈罪”。

（2）取消“以非法占有为目的”这一主观要件，变“结果犯”为“行为犯”的立法模式。

（3）取消本罪的死刑配置。

（4）罪状可表述为：“使用欺诈的方法非法集资，骗取集资款的，处……”

2. 贷款诈骗罪的立法完善。

（1）增设单位作为本罪的犯罪主体。单位骗贷是本罪在司法实践中的常发形态，从西方一些国家的刑法立法来看，也基本上都承认本罪的单位犯罪，我国立法未规定单位可作为本罪的犯罪主体，由此导致理论和司法实践的困惑，建议补充本罪的单位犯罪主体。

（2）取消“以非法占有为目的”这一主观要件，将本罪的罪名修改为“贷款欺诈罪”，同时取消《刑法修正案（六）》第10条增设的骗取贷款罪。

---

① ［德］黑格尔：《法哲学原理》，范扬、张企泰译，商务印书馆1961年版，第316～317页。

② 参见马长生主编：《经济犯罪热点问题研究》，湖南师范大学出版社2005年版，第167页。

（3）将现行的“结果犯”修改为“行为犯”的立法模式。

（4）将现行的细化列举型罪状修改为抽象概括型叙明罪状，其具体表述可概括为：违反国家有关信贷法律、法规，采用虚构事实或者隐瞒真实等欺诈手段，骗取银行或者其他金融机构贷款的，处……

3. 票据诈骗罪的立法完善。

（1）将具体罪名修改为“票据欺诈罪”。

（2）将现行的“结果犯”修改为“行为犯”的立法模式。

（3）将现行细化列举型罪状修改为抽象概括型叙明罪状，其具体表述可概括为：违反票据法的有关规定，签发价值基础不真实的票据、明知是瑕疵票据而使用或者冒用他人票据等欺诈行为的，处……

4. 金融凭证诈骗罪的立法完善。

（1）将本罪的罪名修改为“金融凭证欺诈罪”。

（2）将非银行的结算凭证包容进本罪保护范围。根据《刑法》第194条第2款的规定，本罪行为手段只限于“银行结算凭证”。但是，在结算业务中，除商业银行外，信用社、票据交换信托机构等也承担结算任务，尤其在我国加入WTO后，可能会逐渐有更多的市场中介机构参与到结算活动中来。那么，对于使用伪造、变造的非银行金融机构结算凭证的行为如何定性呢？有学者认为，《刑法》第194条第2款所称的“银行结算凭证”不仅仅专指银行办理结算所使用的凭证，非银行金融机构的结算凭证被伪造、变造而被人使用的，也构成本罪。刑法将本罪限定于“银行”的结算凭证，有悖于金融学原理，但将非银行结算凭证解释为也是本罪行为手段之一，却又与刑法规定矛盾太大，这种扩张解释违背了罪刑法定原则。从立法完善的角度讲，应将非银行的结算凭证包容进本罪保护范围。①

（3）进一步扩充本罪行为方式，将使用作废的金融凭证、冒用他人的金融凭证的行为纳入本罪的行为范围。现行刑法在罪状表述中只规定了伪造、变造银行的金融凭证的行为，而对司法实践中常发生的冒用他人的银行结算凭证、使用作废的银行结算凭证却未作出规定。对这两种行为，司法实践通常以普通诈骗罪加以定罪。然而，冒用他人的银行结算凭证、使用作废的银行结算凭证与伪造、变造银行的金融凭证的行为，除了行为方式的不同外，三种行为都侵犯了公私财产所有权、破坏了金融管理秩序，具有相同的社会危害性，而

---

① 参见高艳东：《认定金融凭证诈骗罪的难点探讨》，载《吉林公安高等专科学校学报》2006年第6期。

刑法却将冒用他人金融凭证、使用作废的金融凭证行为排除在本罪的行为方式之外，不利于保持刑法分则的协调性和完整性。因此，在刑法修正时，应该将上述行为纳入本罪的行为方式范围。

（4）具体罪状的设计：违反有关国家金融管理的法律法规，使用伪造、变造、作废的委托收款凭证、汇款凭证、存单等银行和其他金融机构的金融凭证，或者冒用他人的金融凭证，骗取他人财物的，处……

5. 信用卡诈骗罪立法完善。

（1）将罪名修改为银行卡欺诈罪。现行刑法规定，本罪的犯罪对象仅仅局限于信用卡。然而，按照1999年中国人民银行颁布的《银行卡业务管理办法》的规定，银行卡分为信用卡和借记卡两类，信用卡包括贷记卡和准贷记卡两种，按照这一规定，信用卡和借记卡是两种不同类型的银行卡，不具有种属关系。目前，借记卡被广泛用于存取现金、转账结算、消费支付等经济生活领域。借记卡和信用卡一样，都具有一定的资金功能，成为犯罪分子的犯罪目标，伪造借记卡并用伪造的借记卡诈骗的犯罪活动不断发生，社会危害十分严重。在这种情况下，现行刑法对银行借记卡的保护和对相关犯罪的打击便与社会需要不相适应。为了完善刑法体系，应对《刑法》第196条的信用卡诈骗罪进行修改，用银行卡的概念取代信用卡的概念，同时用银行卡欺诈罪取代现行的信用卡诈骗罪。

（2）将单位纳入银行卡欺诈罪的犯罪主体。《刑法》第196条只规定了个人能成为信用卡诈骗罪的主体。为更好地发挥刑法在预防和打击银行卡诈骗犯罪中的作用，从实际出发应该在刑法中增加单位进行银行卡诈骗犯罪的规定。

（3）用抽象概括型叙明罪状替代现行细化列举型罪状。立法不能穷尽所有的犯罪情形，随着社会生活的日新月异，信用卡诈骗的方式也将不断地翻新。然而，我国刑法却明确规定信用卡诈骗罪的四种行为方式，在罪刑法定的原则约束下，对其他的信用卡诈骗行为皆不能以信用卡诈骗罪定罪。司法实践中，而只能以诈骗罪定罪，这显然无法全面、准确地评价这些行为的性质。因此，在信用卡诈骗罪的立法中，用抽象概括型叙明罪状替代现行细化列举型罪状。具体罪状可设计为：违反有关银行卡管理规定，采用伪造的、作废的银行卡，或者冒用他人的银行卡等欺诈方法，骗取公私财物的，处……

（4）将“恶意透支行为”从“信用卡诈骗罪”中分离出来，设立单独的罪名。“恶意透支”更多地表现为对信用卡的滥用——滥用信用卡发行者给予持卡人的信用，侵害了信用卡发行者与持卡人之间的信赖关系，从根本上破坏了信用卡制度，妨害了利用信用卡进行正常的交易活动，其侵犯的客体实质是一种金融管理秩序。而"使用伪造的信用卡和作废的信用卡"、"冒用他人信用卡"的行为在本质上是为了诈骗他人的财产，侵犯的主要是财产所有权关系。两者在行为主体、行为方式、犯罪的对象等方面有着明显差异。因此十分有必要将"恶意透支"行为从信用卡诈骗罪中分离出来，在刑法分则第三章第四节"破坏金融管理秩序罪"中增设一个单独的罪名——恶意透支罪，以期解决我国刑法理论与实践目前在该问题定性上的矛盾。

6. 有价证券诈骗罪的立法完善。

(1) 将罪名修改为有价证券欺诈罪。

(2) 增设单位犯罪主体。根据刑法的规定，单位可以成为票据诈骗罪、信用证诈骗罪的主体，但不能成为有价证券诈骗罪的主体。然而，国家有价证券在性质上与票据、信用证相类似，唯一的差别就是单位需要经常使用票据和信用证，而较少使用国库券等国家有价证券，但这不应成为排除单位成为有价证券诈骗罪的立法理由。因此，在刑法修订时，有必要增设单位作为本罪的主体。①

(3) 扩充本罪的犯罪对象范围。根据发行主体的不同，债券可分为政府债券、金融债券和公司债券三大类。其中，政府债券又可分为国债和地方政府债券，由中央政府发行的债券也称公债或国库券，由各级地方政府机构如市、县、镇等发行的债券就称为地方政府债券；由银行或其他金融机构发行的债券，称为金融债券；公司债券是由非金融性质的企业发行的债券。根据现行刑法的规定，本罪的犯罪对象仅仅局限于国库券和国家发行的其他有价证券，而未能将地方政府债券、金融债券、公司债券纳入本罪的保护范围。为了体现刑法的平等保护原则，避免立法上的漏洞，应该将本罪的犯罪对象修改为政府债券、金融债券和公司债券。

7. 保险诈骗罪的立法完善。

(1) 将罪名修改为保险欺诈罪。

(2) 取消本罪犯罪主体的身份限制，将本罪主体由特殊主体修正为一般主体。现行刑法将保险诈骗罪的主体限定为特殊主体，包括以下三种人：投保人、被保险人、受益人。《保险法》对这三种人有着明确的界定：投保人是指与保险人订立保险合同、负有支付保险费义务的人；被保险人是指其财产或人身受保险合同保障、享有保险金请求权的人；受益人是指人身保险合同中由被

---

① 参见李邦友、高艳东：《金融诈骗罪研究》，人民法院出版社 2003 年版，第 383 页。

保险人或投保人指定的享有保险金请求权的人。因此，冒充投保人、被保险人、受益人骗取保险金的行为，保险代理人或保险经纪人进行保险诈骗的行为，因其不符合主体要求，而无法定为保险诈骗罪。纵观国外许多立法例对保险诈骗罪的主体都没有作特殊限制，属于一般主体。如美国、法国等。对某类犯罪的主体作特殊限制，其原因不外乎两种：一是该种犯罪只能由特殊人员实施。二是行为主体的特殊身份影响行为的社会危害程度。反观保险诈骗罪，参与签订保险合同的双方当事人及其利益代表者均有可能实施犯罪行为；并且保险诈骗行为由一般人实施与法定的三种人实施，在主观方面、客观方面和客体上没有任何社会危害程度上的差别。因此，具体的保险诈骗由谁实施并不重要，关键应看诈骗行为是否利用了保险合同关系。规定保险诈骗罪的主体为一般主体，不仅能严密法网，而且更能发挥罪名的警示作用和刑法的一般预防功能。①

(3) 用抽象概括型叙明罪状替代现行细化列举型罪状。现行刑法将本罪的客观行为限定于以下五种情形：其一，投保人虚构保险标的；其二，投保人、被保险人或者受益人对已发生的保险事故编造虚假的原因或者夸大损失的程度；其三，投保人、被保险人或者受益人编造未曾发生的保险事故；其四，投保人、被保险人故意造成财产损失的保险事故；其五，投保人、受益人故意造成被保险人死亡、伤残或者疾病。刑法对于保险诈骗罪的立法不能涵盖所有实然的保险诈骗行为，如“隐瞒无证驾车”、“被保险人在合同生效或复效之日起 180 天内患重大疾病”等保险除外责任重大情况的行为。鉴于保险诈骗行为的手段十分复杂，《刑法》第 198 条所列举的犯罪手段已不能包容许多常见的、严重的保险诈骗行为。因此，应根据保险行为的特点及保险合同关系在保险诈骗行为中的必要作用，用抽象概括型叙明罪状替代现行细化列举型罪状。其罪状可设计为：违反保险法的规定，采用虚构保险标的、保险事故及事故原因、夸大损失程度或者故意制造保险事故等方法，利用保险合同关系骗取保险金或保险费的，处……

三、侵犯知识产权罪的立法完善

知识产权是基于创造性智力成果和工商业标记依法产生的权利的统称。知识产权，通常包括四个方面的内容，即商标权及与商标权有关的权利、专利权

① 参见张亚杰、刘新艳：《保险诈骗罪之立法评价——对刑法第 198 条的思考》，载《政治与法律》2004 年第 5 期。

及与专利有关的权利、著作权（版权）及与著作权有关的权利、具有商业价值的信息保密权。这四个方面的权利简称为商标权、专利权、著作权和商业秘密。我国现行刑法分则第三章“破坏社会主义市场经济秩序罪”的第七节对“侵犯知识产权犯罪”作了专节规定，较全面、系统地规定了知识产权四大领域里的犯罪，共涉及8个条文，包含7种具体罪名，即假冒注册商标罪（第213条）、销售假冒注册商标的商品罪（第214条）、非法制造和销售非法制造的注册商标标识罪（第215条）、假冒专利罪（第216条）、侵犯著作罪（第217条）、销售侵权复制品罪（第218条）、侵犯商业秘密罪（第219条）。此外，由于侵犯知识产权的犯罪行为可能与其他犯罪行为存在竞合关系，依照刑法规定，有些犯罪行为也可能依照销售伪劣产品罪、非法经营罪等罪名定罪量刑。现行刑法在打击侵犯知识产权犯罪，促进我国社会主义市场经济有序发展方面发挥了应有的积极作用。

为了适应加入世界贸易组织和经济全球化、信息技术产业化的需要，我国积极加入了《成立世界知识产权组织公约》、《保护工业产权巴黎公约》、《商标国际注册马德里协议》、《保护文学和艺术作品伯尔尼公约》、《世界著作权公约》、《与贸易有关的知识产权协议》(简称TRIPS协议）几个主要的知识产权国际公约。此外，为适应我国加入世界贸易组织及《与贸易有关的知识产权协议》的要求，恪守最低保护标准原则，提供有效的法制保障，我国相继于2000年通过了《关于修改〈中华人民共和国专利法〉的决定》，2001年通过了《关于修改〈中华人民共和国著作权法〉的决定》、《关于修改〈中华人民共和国商标法〉的决定》，增加了许多具有一定国际性的保护知识产权的新内容，形成了比较严密的法律保护体系。我国对一系列国际公约的签订，对知识产权专门立法的修改完善，扩大了一些知识产权的侵权行为内容，这就使我国现行刑法的关于侵犯知识产权罪的立法不可避免存在着不少缺陷，亟需通过修订刑法，以完善知识产权犯罪的立法。

（一）现行刑法关于侵犯知识产权罪的立法缺陷分析

根据有关知识产权的系列国际公约及TRIPS协定的要求，以及知识产权专门立法内容，现行刑法分则第三章第七节“侵犯知识产权罪”的立法规定尚存在一定的缺陷，其主要体现在以下几个方面：

1. 刑法对知识产权保护的范围不够全面。

我国刑法中虽然对四大领域的知识产权犯罪都有涉及，然而与我国现行的知识产权立法以及国际相关公约的要求相比，我国刑法只规定了七个侵犯知识产权罪，罪名设置上过于简单、保护范围不够全面，一些社会危害性达到犯罪程度，按照国际公约要求应给予刑事处罚的侵犯知识产权的行为未纳入刑事犯罪范畴。

（1）在商标犯罪方面，未能将服务商标和未在我国注册的驰名商标纳入刑法保护范围，未能将反向假冒注册商标行为犯罪化，现行的假冒注册商标罪的行为范围过窄。注册商标有注册商品商标和注册服务商标之分，从 TRIPS 协议与各国商标法的有关规定来看，两种注册商标都是法律包括刑事法律所保护的对象，如 TRIPS 协议第 16 条规定：注册商标的所有人拥有独占权，有权禁止第三方在交易过程中未得到权利人许可在相同或相似的商品或服务上使用与其注册商标相同或相似的标志；若在相同或相似的商品或服务上使用了相同、相似的标志，则应推定存在混同的可能，对于具有商业规模的故意假冒商标的行为，应予刑事制裁。我国《商标法》第 4 条规定，"本法有关商品商标的规定，适用于服务商标"，因此，《商标法》第 52 条规定的侵犯注册商标专用权行为自然包括侵犯服务商标的行为，也就是说未经商标注册人的许可，在同一种或者类似的商品或服务上使用与注册商标相同或近似的商标，属于商标侵权行为。① 而我国刑法关于侵犯商标犯罪的三个罪名的规定，保护范围仅限于商品商标，而对 TRIPS 协议明确规定的注册服务商标却没有给予应有的保护，形成了立法上的漏洞。

对于驰名商标的特殊保护，在法律上主要是将驰名商标的淡化行为认定为侵权，并给予相应的法律制裁。国际公约和各国法律均对于驰名商标淡化行为加以禁止，如欧共体《协调成员商标立法第 1 号指令》第 5 条规定：对于在欧共体某成员国高度驰名的商标，即使商品与服务不相类似，如他人无正当理由窃用该商标的显著特征或知名度，给他人造成损失的，也应受制止。《保护工业产权巴黎公约》1967 年文本中也有此类似规定。在英国，对于假冒驰名但未经注册的商标的行为，情节严重，都应追究刑事责任。根据我国现行法律规定，驰名商标淡化行为虽然应当构成商标侵权行为，但却不符合现行《刑法》第 213 条关于假冒注册商标罪的客观行为特征；对于假冒驰名但未注册商标的行为，情节严重的，依照我国法律规定，既不构成假冒注册商标罪，也不能以商标侵权行为论处。

根据我国商标法的规定，反向假冒注册商标行为，是指未经商标注册人同意，更换其注册商标并将该更换商标的商品又投入市场的行为。该行为不仅破

① 参见吴汉东主编：《知识产权法》，法律出版社 2004 年版，第 249 页。

坏了商标专用权的行使，妨害了商标权利人通过商标从事商品竞争，追求经济利益的合法权益，而且造成商品流通秩序混乱，是一种严重的侵权行为。从国外立法上看，葡萄牙、西班牙、加拿大、法国、美国、英国均将反向假冒商标行为规定为犯罪，以追究行为人的刑事责任。比如，澳大利亚1995年商标法第148条明文规定：未经许可撤换他人商品上的注册商标或出售这种经撤换商标后的商品，均构成刑事犯罪。而我国现行法律未能将该种侵权行为归入刑事犯罪，不利于保护商标权利人的权益，也不利于维护商标管理制度。①

根据TRIPS协议第16条第1款规定，商标权人有权制止其他人未经许可而在贸易活动中使用与其注册商标相同或近似的标记去标示相同或类似的商品或服务，以免造成混淆的可能。这一点，我国商标法以及大多数国家商标法也都作了规定。我国《商标法》第38条第1项规定，“未经注册商标所有人的许可，在同一种商品或者类似商品上使用与其注册商标相同或者近似的商标的”属于侵犯注册商标专用权的行为。根据上述规定，假冒注册商标有四种表现形式：①未经注册商标所有人许可，在同一种商品上使用与其注册商标相同的商标的行为；②未经注册商标所有人许可，在同一种商品上使用与其注册商标近似的商标的行为；③未经注册商标所有人许可，在类似商品上使用与其注册商标相同的商标的行为；④未经注册商标所有人许可，在类似商品上使用与其注册商标近似的商标的行为。但是，根据《刑法》第213条的规定，假冒注册商标罪的行为方式只有一种，即上述假冒注册商标的第一种表现形式，其他三种假冒注册商标的行为不作为犯罪处理。因此，无论从TRIPS协议，还是从我国商标法的规定角度来看，都存在着刑法保护范围过窄的缺陷。

（2）在专利犯罪方面，未能将冒充专利行为、非法实施他人专利的行为以及销售专利侵权品行为犯罪化。由于刑法条文明确规定是假冒“他人”专利，因此，从罪刑法定的角度而言，被假冒的专利应当是他人有效存在的权利。而冒充专利的行为是以非专利产品冒充专利产品，被冒充的对象是事实上不存在的专利。因此，冒充专利的行为未能纳入刑法的保护范围；另外，我国《刑法》第216条规定的假冒专利罪中的“假冒”并不包括“非法实施他人专利”的行为，而只局限于冒充他人的专利号、专利证书、专利文件等。上述对假冒专利罪的理解，在2004年两高《关于办理知识产权刑事案件具体应用法律若干问题的解释》中也得到肯定。然而，在实际生活中，大量存在的是

① 参见王作富、赵永红：《“入世”后我国商标犯罪的立法完善》，载《现代法学》2001年第4期。

未经权利人许可，为生产经营目的而制造、使用、销售其专利产品，或使用其方法等非法实施他人专利的侵权行为，至于假冒他人专利标记的侵权行为只是很小的一部分，非法实施他人专利对专利权人造成的危害更大，因而对这类行为作犯罪处理，更能体现对专利权保护的重视。日本、德国和法国等国家就对这种专利侵权行为给予刑事处罚。而我国目前刑法仅规定一个在实际生活中很少发生的假冒他人专利罪而把常见多发的非法实施他人专利的行为排斥于刑法调整范围之外，显然保护范围过窄。

在我国现行的知识产权犯罪体系中，对于商标犯罪和著作权犯罪，都相应地将销售侵权商品或复制品的行为予以犯罪化，而唯独对于故意销售专利侵权品的行为，我国刑法未予规定。①

（3）在著作权犯罪中，未能将非法出租侵权复制品行为及严重侵犯著作权人身权的行为纳入刑法规制范围。大多数国家的著作权法均将非法出租侵权复制品的行为纳入刑法规制范围。因为，实施非法出租侵权复制品行为，在行为性质上及危害程度上与销售侵权复制品行为具有同一性，不仅都有可能获取巨额经济利益，而且都必然会对著作权人的合法权益造成损害。但是，我国刑法仅仅将销售侵权复制品行为给予犯罪化，而对与销售侵权复制品行为的危害性及其程度相同的非法出租侵权复制品的行为却未能入罪。

从人权保护的角度看，法律保护著作权的真正动机还在于保护著作权人通过著作权获得的人身利益，因而在一些国家的刑事法律中，严重侵犯著作权人身权的行为也构成犯罪。例如，《德国著作权法》第 107 条规定：“涉及作者自己出于某种原因没有签名，但是是他创作的美术作品原作，尽管作者没有在作品上签名，未经其许可，将作者姓名标示在作品上的人，处 3 年以内自由刑的刑罚。”意大利的相关法律也有保护人身权的刑事法律内容，如意大利著作权法规定：实施该法第 171 条的规定，涉及他人不愿公开的作品，或者侵夺作品的身份，或者篡改作品致使损害作者声誉的，处以 1 年以下监禁或者 5000 里拉的罚金。这些人身权利的保护也应出现在我国知识产权的刑事法律保护之中。

2. 相关著作权犯罪要求“以营利为目的”，主观要件要求过严，这既与 TRIPS 协议要求不符合，也不利于对知识产权的保护。

TRIPS 协议要求全体成员应当对知识产权的保护提供刑事程序的救济措

① 参见陈柱钊、王未：《侵犯专利犯罪的立法质疑》，载《河北科技大学学报（社会科学版）》2007 年第 4 期。

施，以及对知识产权犯罪的刑罚惩处，至少对有意以商业规模假冒商标或对版权盗版的行为予以刑事惩处。另外，TRIPS 协议还要求，各成员还可以规定将刑事程序及刑事惩罚运用于其他侵犯知识产权的情况，特别是故意以商业规模侵权的情况。从以上规定来看，TRIPS 协议关于侵犯知识产权犯罪构成主观要件的规定很简单，只要有侵犯知识产权的行为即构成犯罪，即主观方面为故意，客观方面达到商业侵权规模。我国刑法规定的著作权犯罪，不仅仅要求其主观上是故意，而且还要求"以营利为目的"。在罪状中附加目的要件，立法者的动机是为了缩小刑法打击面，从历史的角度看，其有可取之处。然而，却使一些犯罪行为得不到应有的惩罚，削弱对知识产权的保护力度。特别是在批量复制技术、网络传播技术日益发达的今天，即使是许多不以营利为目的的行为也可能给版权人造成巨大的、甚至无法挽回的损害，如将自己购买的正版软件，以增进交流的目的无偿分发给朋友使用或上传到自己的互联网主页上供随意下载的行为等。另外，从程序的角度观察，也因为规定作为主观因素的"营利目的"，徒增公诉机关的证明难度。

3. 部分罪状设计不够严谨，相互协调性不够。

比如在主观要件方面，《刑法》第 219 条第 2 款规定，"明知或者应知前款所列行为，获取、使用或者披露他人的商业秘密的，以侵犯商业秘密论"，这里的"应知"应是疏忽大意的过失心理。这表明根据我国刑法的规定，过失侵犯商业秘密行为也要追究刑事责任，但如此理解，显然有违立法本意，并且也不符合世界各国有关知识产权犯罪的立法通例。

在客观构成要件的设计上也存在相互缺乏协调的缺陷，刑法典对侵犯知识产权犯罪规定了七种具体犯罪，刑法规定的描述性要件却有五种情况，即侵犯商业秘密罪要求"造成重大损失"；销售假冒注册商标的商品罪要求"销售金额数额较大"；销售侵权复制品罪要求"违法所得数额较大"；侵犯著作权罪要求"违法所得数额较大或者有其他严重情节"；假冒注册商标罪，非法制造、销售非法制造的注册商标标识罪和假冒专利罪，要求"情节严重"。同是销售侵权商品的行为，销售假冒注册商标的商品罪和销售侵权复制品罪却分别规定了"销售金额"和"违法所得"两种定罪标准；销售假冒注册商标的商品罪要求"销售金额数额较大"，而销售非法制造的注册商标标识罪则要求"情节严重"。

4. 一些罪名设置过于笼统、简单，内容与罪名不相吻合。

我国刑法对侵犯知识产权罪的罪名设置则显得过于笼统、简单，从而使得罪名与内容不相吻合。如《刑法》第 217 条规定的侵犯著作权罪包括四种具体的行为，而依我国著作权法对著作权与邻接权含义的规定，这四种行为有的属于著作权的范畴，有的属于邻接权的范畴。具体而言，出版他人享有专有出版权的图书、未经录音录像制作者许可复制发行其制作的录音录像的行为，不是严格意义上的侵犯著作权行为，而是侵犯邻接权的行为。再比如，我国刑法关于侵犯商业秘密罪客观方面的行为表现形式的规定，与世界各国刑法或者《反不正当竞争法》的规定大致相同，但世界各国均将侵犯商业秘密罪作为类罪加以规定，在其之下根据手段不同设置不同具体罪名。我国刑法将侵犯商业秘密罪作为一个单一罪名，不能科学地揭示不同行为主体、不同行为方式在侵害同一商业秘密时的性质和社会危害程度上的差异，既有违罪名设置的基本原则，也不符合罪刑相当原则的要求。①

5. 刑罚配置过于严厉，刑种过于单一。

我国刑法对侵犯知识产权的规定是以自由刑为主，同时规定了罚金刑，但是却存在着三个明显的不合理之处：其一是自由刑刑期较长。根据我国刑法规定，犯侵犯知识产权罪，情节特别严重或者违法所得数额巨大，处 3 年以上 7 年以下有期徒刑。其二是偏重于自由刑，罚金刑地位较低，并且都是无限额罚金制。其三是缺乏资格刑的配置。纵观世界各国关于侵犯知识产权罪的立法，其法定刑的设置体现了轻缓化特点，虽然仍采取短期自由刑与罚金刑并重的模式，但更为偏重罚金刑的运用，同时辅之以资格刑的适用。

（二）侵犯知识产权罪立法完善的原则

1. 强化知识产权保护的原则。

知识产权是当今世界最被看重的商品，是具有巨大经济价值的无形资产。知识产权在国际竞争中的作用越来越明显，已与货物贸易、服务贸易并列为世界贸易的三大支柱，成为推动一国科技进步、经济发展和文化繁荣的有力杠杆。② 由于知识产权具有的特殊价值，知识产权犯罪在全球范围内日趋严重，犯罪活动的对象、范围、手段和犯罪组织模式不断发展、变异，严重侵犯了知识产权的权利人的合法利益，阻碍了合法企业和产业的创新和发展。

2. 适应知识产权特点和具有可操作性原则。

侵犯知识产权犯罪行为主要表现为剽窃、假冒、篡改、擅自使用等，由于

① 参见赵秉志、田宏杰：《侵犯知识产权犯罪比较研究》，法律出版社 2004 年版，第 73 页。

② 参见姜伟主编：《知识产权刑事保护研究》，法律出版社 2004 年版，前言部分。

知识财产的特殊属性，侵犯知识产权犯罪与其他侵犯有形财产案件相比，其犯罪的隐蔽性更强，并且随着科技进步，其犯罪手段和方式不断变化更新，呈现出科技化、智能化、网络化的趋势。这对公安机关打击知识产权犯罪，特别是对打击新型侵犯知识产权犯罪的工作提出了新的挑战，“取证难”也成为了公安机关在打击侵犯知识产权犯罪中面临的一个重大问题。因此，侵犯知识产权罪的刑事立法在保持一定的稳定性、抽象性以及条文之间一致性、平衡性的基础上，还必须正视知识产权和侵犯知识产权犯罪的自身特点，保证执法活动的取证效率和执法效率。①

3. 履行国际公约原则。

对知识产权的保护越来越呈现出国际化的趋势。国际社会基于跨国界的知识产权保护的需要，先后签订了一系列知识产权保护国际公约，形成了一整套知识产权国际保护体制，加强知识产权的刑事保护已经成为各国的国际承诺和义务。中国目前已参加了有关知识产权保护的许多国际公约、条约，如《巴黎公约》、TRIPS 协议等，因此，在制定保护知识产权的刑事立法时，应当遵循履行国际公约的原则，承担有关公约、条约规定的保护知识产权的义务。

4. 体现刑法谦抑性原则。

当今世界各国越来越重视知识产权的刑法保护，有关侵犯知识产权的罪名不断增多，保护对象日益拓展，法网日趋严密。然而，刑罚毕竟是一把双刃剑，用之不当，则国家和个人两受其害。刑事立法必须体现谦抑性，谦抑性在立法上的具体要求有两个方面：一是当适用其他法律足以遏制某种违法行为，足以保护合法权益时，就不应将该行为犯罪化；二是当用轻缓的刑罚就足以遏制这种犯罪行为时，就不应该设置较重的刑罚方法或较长的刑期。因此，对知识产权的刑事立法也必须体现谦抑性，将知识产权的刑法保护作为知识产权法益保护的最后一道防线，刑法不应当也不可能成为保护知识产权的普遍或者唯一手段。知识产权的法律保护，应通过一个由不同部门法组合起来的法律体系来实现。

（三）侵犯知识产权犯罪立法完善的具体建议

1. 有关商标犯罪的立法完善。

（1）修改《刑法》第 213 条的罪状部分，扩大假冒注册商标罪的行为范

① 参见王志广：《中国知识产权刑事保护研究》，中国人民公安大学出版社 2007 年版，第 278 页。

围，并将服务商标纳入保护范围。为了与 TRIPS 协议第 16 条第 1 款的规定及我国《商标法》第 38 条第 1 项的规定相协调，应该对现行《刑法》第 213 条进行修改，扩大现行刑法假冒注册商标罪的行为范围，将商标法明确规定而刑法未予以规定的另外三种商标侵权行为，一并规定为假冒注册商标罪的客观行为方式，并将服务商标纳入保护对象，以扩充本罪的犯罪对象范围。其具体罪状可表述为："未经注册商标所有人的许可，在相同或类似商品、服务上使用与其注册商标相同或者近似的商标，情节严重的，处……"

(2) 增加驰名商标的刑法保护条款。根据我国现行法律规定，淡化驰名商标、情节严重的行为以及假冒未经注册驰名商标，情节严重的行为，都不构成刑事犯罪。为进一步推动我国名牌战略的实施，加大驰名商标的保护力度，我国确有必要借鉴其他国家的相关立法，对淡化驰名商标、假冒未经注册的驰名商标，情节严重的行为予以刑事制裁。具体立法可表述为：未经驰名商标所有人的许可，行为人在相同或类似商品、服务上使用驰名商标，情节严重的，处……

(3) 增加反向假冒商标犯罪的规定。建议增加一条规定：未经注册商标人许可，撤换他人商品上的注册商标或者明知是撤换的注册商标的商品而出售，情节严重的，处……

(4) 完善法定刑。在商标犯罪法定刑配置上，保持现行刑法的假冒注册商标罪最高法定刑为 7 年有期徒刑的规定，同时可适当降低销售假冒注册商标的商品罪和非法制造、销售非法制造的注册商标标识罪的最高法定刑；在罚金刑的设置上，由现行无限额罚金制修改为倍比罚金制；增加资格刑的配置。鉴于我国刑法中资格刑种类，只有剥夺政治权利一种，对于商标犯罪针对性不强，因而应当充实完善资格刑制度，增设"禁止从事特定职业"、"吊销营业执照"等资格刑。

2. 关于侵犯专利权犯罪的立法完善。

(1) 将假冒专利罪修改为虚假专利标记罪，将假冒他人专利、冒充他人专利等虚假专利标记的行为都予以犯罪化。其具体罪状可设计为：未经专利权人同意，假冒他人专利标记的，或者以非专利产品冒充专利产品、以非专利方法冒充专利方法，情节严重的，处……

(2) 增设非法实施专利罪。为增强公民的专利权意识，有效抑制专利侵权行为，充分保护专利权人的合法权益，发挥专利制度在推动科技进步中的巨大作用，有必要设立侵犯专利权罪，将非法使用他人专利的行为纳入刑法的调整范围。其具体罪状可表述为：未经专利权人许可，为生产经营目的制造、使用、销售其专利产品或者使用其专利方法，情节严重的，处……

（3）增设销售专利侵权品罪。为周延对专利权的刑法保护，完善知识产权的刑法保护体系，应该增设销售专利侵权品罪。具体罪状可表述为：明知是专利侵权产品而销售，情节严重的，处……

（4）完善法定刑。将假冒专利罪的罚金刑由现行无限额罚金制修改为倍比罚金制，并增设资格刑。

3. 关于著作权犯罪的立法完善。

（1）增设侵犯著作者人格罪。为体现对著作者著作权的全面保护，对于侵犯作者发表权、署名权、修改权、保护作品完整权，情节严重的行为，应明确规定为犯罪，追究刑事责任。

（2）增设非法出租、出借侵权复制品罪。鉴于我国侵犯著作权罪的现状和对著作权的刑事保护现状，在借鉴国外有关立法经验的基础上，建议增设非法出租、出借侵权复制品罪。

（3）取消侵犯著作权罪和销售侵权复制品罪“以营利为目的”的要件。在著作权犯罪的罪状中附加目的要件，既与TRIPS协议的要求相冲突，也给公安机关取证工作增加难度。因此，在刑法修订时，有必要取消著作权犯罪中“以营利为目的”的限制性规定，而将“营利目的”作为著作权犯罪中的从重处罚情节。

（4）以“非法经营额”取代现行刑法中的“违法所得数额”。根据现行刑法规定，侵犯著作权罪的定罪标准是“违法所得数额较大或者有其他严重情节”，销售侵权复制品罪的定罪标准是“违法所得数额巨大”。实践证明，将“违法所得额”作为侵犯著作权罪和销售侵权复制品罪的定罪标准存在着诸多弊端：第一，“违法所得数额”不能准确体现侵犯著作权行为的本质和危害社会的程度。第二，“违法所得数额”的含义比较模糊，不利于司法操作。第三，“违法所得数额”作为侵犯著作权的定罪标准，使得同种性质的侵犯知识产权犯罪的定罪标准不协调。同属于侵犯知识产权的犯罪，而且同属于以销售方式侵犯知识产权的行为，销售侵权复制品罪以“违法所得数额巨大”作为定罪情节，而销售假冒注册商标罪却以“销售金额数额较大”为定罪情节。而以“非法经营额”取代“违法所得额”则可以克服上述的缺陷。其理由有二：其一，经营的含义比销售的含义要宽，其范围涵盖了侵犯著作权的几种行为方式，以非法经营额作为定罪标准，可以避免侵权行为人仅仅实施了复制行为而没有实施发行行为或者仅仅实施了制造美术作品而没有实施出售行为而难以计算销售金额的弊端。其二，我国刑法中虽未把非法经营数额作为侵犯知识产权犯罪的定罪标准，但是一些司法解释文件对非法经营数额的含义、计算方法等都有完备的规定。经过多年的司法实践，司法实务界对认定非法经营额也积累了比较丰富的经验。因此，国家立法机关有必要总结司法实践的经验，及时将非法经营额作为著作权犯罪的定罪标准。①

(5) 完善法定刑的配置。将罚金刑由现行无限额罚金制修改为倍比罚金制，并增设资格刑。

4. 关于侵犯商业秘密罪的立法完善。

(1) 进一步细化侵犯商业秘密罪罪名。刑法将侵犯商业秘密罪作为一个单一罪名，不能科学地揭示不同行为主体、不同行为方式在侵害同一商业秘密时的性质和社会危害程度上的差异，既有违罪名设置的基本原则，也不符合罪责刑相适应原则的要求。因而，应该取消侵犯商业秘密罪这一单一罪名，进而细分个罪，具体可设置以下罪名：

其一，非法获取商业秘密罪。具体罪状可表述为：以盗窃、利诱、胁迫或者其他不正当手段获取商业秘密，情节严重的，处……

其二，恶意泄露或使用商业秘密罪。具体罪状可表述为：明知所获得的信息是他人的商业秘密，不经权利人同意而泄露或使用该商业秘密，情节严重的，处……

其三，恶意转得商业秘密罪。具体罪状可表述为：明知商业秘密是通过前两项不正当手段所获取，转让人无权转让商业秘密而仍然接受该商业秘密，情节严重的，处……

其四，经济间谍罪。具体罪状可表述为：为境外的机构、组织、个人，以窃取、骗取、收买、刺探或者其他方法非法获取他人的商业秘密，或者非法提供他人的商业秘密，情节严重的，处……

(2) 将过失侵犯商业秘密行为予以非犯罪化。

(3) 对不同的个罪区别设置刑期不等的有期徒刑，将罚金刑由现行无限额罚金制修改为倍比罚金制，并增设资格刑。

从行为的社会危害性角度考察，上述个罪的社会危害性应有区别，具体来说，经济间谍罪的危害性最大，非法获取商业秘密罪次之，恶意泄露商业秘密、恶意转得商业秘密两罪的社会危害性相等。因此，可将经济间谍罪的最高法定刑设置为10年有期徒刑，将非法获取商业秘密罪保持为现行的7年有期

---

① 参见赵秉志主编：《侵犯著作罪犯罪研究》，中国人民大学出版社2008年版，第225～228页。

徒刑，将恶意泄露商业秘密罪和恶意转得商业秘密罪的最高法定刑设置为5年有期徒刑。

四、绑架罪的立法完善

绑架罪是实践中常发多见的犯罪，是严重危及人身安全的暴力犯罪。绑架犯罪，尤其是以勒索财物为目的的绑架犯罪在实践中具有一定的典型性。我国《刑法》第239条规定了绑架罪，《刑法修正案（七）》又对此作了修改，《刑法》第239条规定："以勒索财物为目的绑架他人的，或者绑架他人作为人质的，处10年以上有期徒刑或者无期徒刑，并处罚金或者没收财产；情节较轻的，处5年以上10年以下有期徒刑，并处罚金。犯前款罪，致使被绑架人死亡或者杀害被绑架人的，处死刑，并处没收财产。以勒索财物为目的偷盗婴幼儿的，依照前两款的规定处罚。"但就司法实践中对于具体绑架案件适用刑法的规定来看，对绑架罪的立法存在诸多的非议，尤其是关于绑架罪的法定刑。刑法理论上也有不少学者针对《刑法》第239条的规定提出了完善意见，如关于相对负刑事责任年龄人是否应当对绑架罪承担刑事责任，绑架罪的法定刑过高，等等。实际上，关于绑架罪的立法完善建议的不同观点，尤其是关于绑架罪的法定刑过重应予完善的建议的不同观点，在很大程度上是缘于对绑架罪的行为性质的不同理解所造成的。因此，在论及绑架罪的立法完善之前，有必要对绑架罪本身的性质作一番解读。

（一）绑架罪的行为性质

刑法理论与实践中对于绑架罪的立法完善提出了不少建议，这些建议的观点也各不一致。实际上，关于绑架罪的立法完善的不同建议之间的差异的根源，在很大程度上是源于对我国《刑法》第239条所规定的绑架罪的规定的理解不同所造成的。例如，对于实践中出现的行为人在控制人质后又主动释放人质的，是否成立犯罪既遂，也即是否能够认定成立犯罪中止，存在不同的观点。但如果此种情形下能够认定为成立犯罪中止，根据《刑法》第24条第2款的规定，对于中止犯，没有造成损害的，应当免除处罚。如果认为此种情形下行为人的行为成立犯罪既遂，则即使存在主动释放人质的行为，也不能认定为是犯罪中止，而是犯罪既遂。即使根据新近修改的绑架罪的刑罚，也得处以至少"5年以上有期徒刑，并处罚金"。显然，这样的刑罚过重，不少学者正基于此认为应当降低绑架罪的刑罚。这些不同的观点，实际上是对绑架罪的行为性质、保护客体的不同理解。关于绑架罪的行为性质、保护客体，存在单一说与复合说之争。

1. 单一行为说。

该说认为，只要行为人实施了绑架他人的行为，控制人质后绑架罪即告完成，成立犯罪既遂。在控制人质后，即使主动释放人质，没有提出勒索财物的要求或者其他要求的，也不能认为是犯罪中止，而只能认为是犯罪既遂，是作为犯罪既遂之后的悔罪行为。① 持这种观点的人认为，绑架罪的保护客体是被害人的人身自由。

2. 复合行为说。

该说认为，绑架罪的行为方式为复合行为，即除了绑架（控制人质）行为之外，还必须有提出不法要求的行为。② 具体而言，绑架罪的客观行为是由绑架行为（或偷盗婴幼儿行为）与勒索财物或提出不法要求行为（当行为人是绑架他人作为人质时）两方面组成的。③ 持复合行为说的学者通常认为，绑架罪的保护客体为复杂客体，即不仅仅侵犯了被绑架者的人身权利，还侵犯了第三人的自主决定权。根据该说，行为人实施了控制人质的行为之后，还不能认定为是犯罪既遂。必须有事后的勒索财物的行为。当然，复合行为说的内部也存在不同的观点，“勒索行为完成说”则以绑架罪客观行为内容“复合行为说”为立论依据，强调除绑架他人外，还要实施勒索财物或提出不法要求行为才成立犯罪既遂。④“勒索结果发生说”则以绑架罪为刑法理论中的结果犯为基本理论依据，认为从绑架罪的结构看，绑架行为与勒索行为是不可分离的，缺一不能成立本罪。如果只考虑到绑架而不考虑勒索财物与否作为既遂的界限，实质上是将一个统一的绑架勒索行为肢解开来，从主观方面来看，犯罪人的最终目的是勒索财物，绑架人质只是手段，没有达到其目的便不能认为达到了既遂状态，因而在绑架人质之后，没有实施勒索行为或者实施了勒索行为而没有实际勒索到财物的，均不能认为是既遂。⑤

复合行为说的观点是建立在对单一行为说的批判的基础上的。持复合行为说的学者认为，如果持单一行为说，以下两个问题将无法得到解决：一是犯罪

① 参见周光权：《刑法各论讲义》，清华大学出版社 2003 年版，第 35 页。

② 参见高铭暄、马克昌主编：《刑法学》，北京大学出版社 2000 年版，第 484 页。

③ 参见肖中华：《关于绑架罪的几点思考》，载《法学家》2000 年第 2 期。

④ 参见肖中华：《侵犯公民人身权利罪》，中国人民公安大学出版社 1998 年版，第 226 页。

⑤ 参见杨旺年：《试论绑架勒索罪》，载《法律学习与研究》1992 年第 3 期。

中止问题。按“单一行为”说，行为人一经实行绑架他人或偷盗婴幼儿行为，既遂即成立，行为人即使自动放弃勒索财物或提出不法要求的行为，也没有成立犯罪中止之余地，这不仅不合情理，也与刑法鼓励犯罪分子自动放弃本可以继续实施的犯罪的精神相悖。二是共同犯罪问题。司法实践中，有的行为人在其他犯罪分子实施了绑架行为后，中途参与实施勒索他人财物的行为，对于此情况，如果按照一经实施绑架行为就成立犯罪既遂的主张，显然不能按绑架罪的共同犯罪处理，因为行为人的行为属事先无通谋的事后行为。对于事前无通谋的事后行为，构成其他犯罪的，按其他犯罪定罪处罚，不构成犯罪的，以非罪处理，但对于这类情况不按绑架罪的共同犯罪处理，于理于法都是说不通的。①

单一行为说与复合行为说在处理具体案件中存在差异，最为直接的是犯罪停止形态的认定及刑罚的运用。这也导致了刑法关于绑架罪的法定刑的规定是否需要完善、如何完善的不同的观点。笔者认为，绑架罪的客观行为为单一行为，其保护的客体为被绑架人的人身自由。具体理由如下：

第一，单一行为说并不会导致对行为人主动释放被绑架人的行为不能从宽处罚。持复合行为说的一个重要理由在于，如果持单一行为说，行为人控制被绑架人后主动释放被绑架人的，也不能认定为犯罪中止，从而从宽处罚。笔者认为，即使持单一行为说，认定为犯罪既遂，也并非不能对行为人进行从宽处罚。从刑事政策的角度，立法与实践中完全可能对已经成立犯罪既遂的行为予以从宽处罚。我国也有这样的立法与司法实践。例如，我国《刑法》第 241 条第 6 款规定，行为人实施了收买被拐卖的妇女、儿童后，应成立收买被拐卖的妇女、儿童罪的犯罪既遂，但如果行为人在收买后，不阻碍被拐卖的妇女、儿童返回原居住地的，可以不追究刑事责任。② 又如，根据《刑法》第 351 条第 3 款的规定，非法种植毒品原植物的，只要达到一定数量即可成立犯罪既遂，但又规定，如果在收获前自动铲除的，可以免除处罚。③ 这种规定也是不违背我国刑法总则的规定的，因为根据我国刑法，定罪免刑也是刑事责任的承

① 参见肖中华：《关于绑架罪的几点思考》，载《法学家》2000 年第 2 期。

② 参见《刑法》第 241 条第 6 款规定：“收买被拐卖的妇女、儿童，按照被买妇女的意愿，不阻碍其返回原居住地的，对被买儿童没有虐待行为，不阻碍对其进行解救的，可以不追究刑事责任。”

③ 《刑法》第 351 条（非法种植毒品原植物罪）第 2、3 款规定：“非法种植罂粟 3000 株以上或者其他毒品原植物数量大的，处 5 年以上有期徒刑，并处罚金或者没收财产。非法种植罂粟或者其他毒品原植物，在收获前自动铲除的，可以免除处罚。”

担方式之一。再如，最高人民法院、最高人民检察院、公安部1984年《关于当前办理强奸案件中具体应用法律的若干问题的解答》规定，第一次性行为违背妇女的意志，但事后并未告发，后来女方多次自愿与该男子发生性行为的，一般不宜以强奸罪论处。这一规定说明，如果没有后续的自愿性行为，应当以强奸罪论处，反倒是后续的自愿性行为否定了前强奸行为的犯罪性。

第二，持单一行为说同样可以解决复合行为说所提出的共同犯罪问题。前述已经指出，持复合行为说的学者认为，单一行为说无法解释行为人控制被害人后，加入进来实施犯罪行为的人能否认定为是共同犯罪的问题。实际上，即使行为人控制被害人，达到犯罪既遂后，加入进来的人也并非不能认定为成立共同犯罪。由于非法控制人质行为的存在，绑架罪是典型的继续犯，从绑架人质开始到人质被赎回、被解救或者被释放之前，其犯罪行为一直处于继续之中。所以，在人质被绑架以后、释放以前，其他人故意参与有关的犯罪活动，如以勒索财物为目的看守被绑架人、给人质送水送饭、参与勒索等，均可成为绑架犯罪的共犯。①

第三，《刑法》第239条中的“以勒索财物为目的绑架他人的，或者绑架他人作为人质的”属于主观的构成要件要素，并不需要有客观的行为或结果与之对应。持单一行为说与复合行为说的争论的一个重要原因在于如何理解《刑法》第239条中所规定的目的。复合行为说的论者认为，《刑法》第239条中已经规定了“以勒索财物为目的”或“绑架他人作为人质的目的”，那么在客观上必然要求行为人实施了相应的勒索财物或要求其他不法利益的行为。笔者对此持否定意见。“由于勒索财物只是绑架勒索犯罪的犯罪目的，故现实的勒索财物行为并不是成立本罪的必要条件，即不是本罪的构成要件行为。绑架他人才是本罪必不可少的行为。”②《刑法》第239条中所规定的目的属于目的犯中的目的，只要行为人在实施绑架他人的行为时具有该目的即可，并不要求客观上有与目的相对应的行为，至于行为人的目的实现与否，也不影响行为的性质及犯罪既遂的认定。我国刑法中存在大量的这种类型的目的犯，例如，《刑法》第240条中的拐卖妇女、儿童罪中所要求的“以出卖为目的”，第303条赌博罪中所规定的“以营利为目的”，第363条制作、复制、出版、

① 参见李文峰：《怎样区分绑架勒索犯罪的既遂与未遂》，载《广西政法管理干部学院学报》2001年第2期。

② 赵秉志主编：《侵犯人身权权利犯罪疑难问题司法对策》，吉林人民出版社2001年版，第223页。

贩卖、传播淫秽物品牟利罪中的"以牟利为目的"等。刑法理论与实践中一般均无异议地认为，在这些目的犯中，行为人是否实现上述目的，或者实施上述目的行为，不影响行为性质及犯罪既遂的认定。

第四，实践中的绑架行为不仅侵犯了被害人的人身自由，大多数情况下还侵犯了财产权或者其他权利，但这并不意味着绑架罪的客体是双重客体，其行为是复合行为。刑法条文的法益保护范围与现实行为所侵犯的法益不可等同，不能以行为现实侵犯的法益为根据解释刑法条文的法益保护范围。① 以盗窃罪为例，通常情形下的盗窃罪仅仅是侵犯了财产所有权，但是在特定的情形下还侵犯了财产所有权以外的权利，如盗窃正在使用中的通信电线，在侵犯财产所有权的同时，还侵犯了公共通信安全。

第五，国外的刑法立法与刑法理论基本上也是持单一行为说的立场，认为只要控制了人质，犯罪即告既遂。从国外的刑法关于绑架罪的规定来看，大多也使用了"……目的"之类的规定，但刑法理论上均认为，只要行为人实施了控制人质的行为，犯罪行为既告既遂。例如，《日本刑法》第 225 条之二第 1 款规定："利用被诱人的近亲或其他人对被诱人安危的忧虑，以使之交付财物为目的而略诱或和诱他人的，处无期或者 3 年以上惩役。"从这一规定也可以看出，勒索财物只是主观要件，客观上只要有略诱与和诱行为，即成立绑架罪。② 日本刑法学界普遍认为，"绑架、诱拐犯罪的实质在于，使被绑架、诱拐者脱离原来的生活环境，非法转移到自己的实力支配之下，因此，其保护法益是人的自由"。③ 德国刑法理论上的通说也是如此。

国外的刑法理论对于绑架罪的行为性质持单一说，实际上与其立法的规定也是一致的。以德国刑法典的规定为例，《德国刑法》第 24 条（1）关于中止犯的规定："行为人自愿地使行为不再继续进行，或者主动阻止行为的完成的，不因犯罪未遂而处罚。如果该行为没有中止犯的努力也不能完成的，只要行为人主动努力阻止该行为的完成，即应不予刑罚。"《德国刑法》第 239 条 a（掳人勒索）中第（4）项规定："行为人又将被害人带回其生活环境的，法院可依第 49 条第 1 款减轻处罚。被害人回到其生活环境并非因行为人所致，只

---

① 参见张明楷：《刑法分则的解释原理》，中国人民大学出版社 2004 年版，第 148 ~ 149 页。

② 参见张明楷：《论绑架勒索罪》，载《法商研究》1996 年第 1 期。

③ ［日］大谷实：《刑法各论》，黎宏译，法律出版社 2003 年版，第 70 页。

要行为人真诚努力追求此结果，即可视为已具备第 1 句之条件。”① 如果对绑架罪的性质持复合行为说，那么行为人在控制人质后主动释放人质的，当然属于犯罪中止，应当免予处罚。这样，刑法关于绑架罪减免处罚的规定也将成为多余的。合理的解释应当是，刑法立法者也是认为绑架罪的行为为单一行为，只要实施了控制人质的行为，绑架罪即告既遂。为了避免对犯罪行为人科以过重的刑罚，《刑法》第 239 条 a 第（4）项才作出如此特别的规定。

（二）绑架罪的刑罚轻重之比较分析及立法完善

在明确了绑架罪的行为性质之后，本部分对我国刑法中关于绑架罪的刑罚轻重问题进行论证，在此基础上提出相关的立法完善意见。

在刑法理论与实践中，大多数人认为绑架罪的刑罚过重，有违罪刑相适应原则。我国刑法分则所有罪名中，严重刑事犯罪量刑起点均是 3 年，如故意杀人罪、抢劫罪等。即使是 2009 年 2 月 28 日通过的《刑法修正案（七）》将绑架罪的起刑点降低了，即“情节较轻的，处 5 年以上 10 年以下有期徒刑，并处罚金”。但这一法定刑仍然较重，有必要适度降低。具体理由如下：

（1）从绑架罪与其他相类似的严重暴力犯罪的刑罚规定来看，绑架罪的法定刑过重。绑架罪作为一种严重的暴力犯罪，实践中，一般认为与其他的严重暴力犯罪如故意杀人罪、故意伤害罪、强奸罪等具有相当程度的社会危害性。刑法条文中也有多处规定将绑架罪与这些犯罪相提并论。《刑法》第 20 条第 3 款规定：“对正在进行行凶、杀人、抢劫、强奸、绑架以及其他严重危及人身安全的暴力犯罪，采取防卫行为，造成不法侵害人伤亡的，不属于防卫过当，不负刑事责任。”第 81 条第 2 款规定：“对累犯以及因杀人、爆炸、抢劫、强奸、绑架等暴力性犯罪被判处 10 年以上有期徒刑、无期徒刑的犯罪分子，不得假释。”从这些规定来看，绑架罪与这些犯罪的危害性是相当的。但绑架罪的起刑点是 5 年以上有期徒刑并处罚金，并且，只要造成被绑架人死亡的，就应处死刑，并处没收财产。但其他的暴力犯罪，起刑点是 3 年有期徒刑，最为严重的故意杀人罪也不例外。这些相类似的犯罪中，也通常没有规定绝对适用死刑的条件，或者说，只要出现被害人死亡的结果，就一律判处死刑。正如有学者所指出的，在一般情况下，绑架罪的社会危害性基本与抢劫罪、故意伤害致人重伤罪的社会危害性相当。立法者虽可因绑架罪的发案率上升而以一般预防的需要加重为由加重该种罪的配刑，但加重后的该种罪的配刑

① 《德国刑法》第 49 条所规定的是特别之法定减刑理由，即酌定减刑。

不能等同于对故意杀人罪的配刑，更不能重于对故意杀人罪的配刑。①

（2）从绑架罪与相类似的犯罪如抢劫罪、非法拘禁罪、敲诈勒索罪相比较而言，绑架罪的刑罚也是过重的。绑架罪与抢劫罪、非法拘禁罪、敲诈勒索罪在行为方式、侵害的客体方面具有极大的相似性。刑法理论与实践中对于这些犯罪相互之间的区分也存在诸多的争议。应当说，这些犯罪的法定刑也应当大致相当，但是，我国刑法中对于绑架罪所规定的刑罚明显重于这些相类似的犯罪。

以绑架罪与抢劫罪的法定刑的比较进行说明，绑架罪的危害性与抢劫罪的危害性大致相当。1979 年刑法中并没有规定绑架罪，对于绑架行为，一般是按抢劫罪处理的。最高人民检察院 1990 年 4 月 27 日在《关于以人质勒索他人财物案件如何定罪问题的批复》中规定："以人质勒索他人财物犯罪案件，依照刑法第一百五十条的规定以抢劫罪批捕起诉。"但从刑法对二者所规定的刑罚来看，二者之间具有极大的差异。绑架罪的起刑点为"5 年以上有期徒刑并处罚金"，而抢劫罪的起刑点为"3 年以上有期徒刑，并处罚金"。此外，绑架罪的加重情形为死刑这一确定的刑罚，并处没收财产，而抢劫罪的加重刑罚为"10 年以上有期徒刑、无期徒刑或者死刑，并处罚金或者没收财产"。在绑架过程中致人死亡的，必须处以死刑，并没收财产；而在抢劫过程中致人死亡的，则存在较为宽泛的法定刑幅度，即"10 年以上有期徒刑、无期徒刑或者死刑，并处罚金或者没收财产"。显然，刑法对绑架罪所规定的刑罚较重。

（3）从国外刑法关于绑架罪的规定来看，一般也没有设定如此重的刑罚。《德国刑法》第 239 条、《日本刑法》第 224 条规定的是 3 年自由刑；《韩国刑法》第 336 条规定按抢劫罪处罚（3 年自由刑）。《瑞士刑法》第 185 条规定处 1 年重惩役，《俄罗斯刑法典》第 126 条规定的是 4 年剥夺自由刑。《加拿大刑法典》第 279 条仅规定最高可处无期徒刑，根据第 717 条规定没有最低刑罚的限制。此外，如果考虑到这些国家对绑架罪都规定了特殊减轻处罚，其法定最低刑实际上还要低一些。尽管也有诸如意大利等少数国家绑架罪的起刑点高于我国，但值得一提的是，它们都是将"勒索财物"明确规定为客观要素，并非如我国一样作为主观要素，同时其也有诸多法定的减轻处罚情节。②

当然，刑法理论上也有部分学者认为，虽然绑架罪的刑罚过重，但是，在

① 参见邱兴隆：《刑罚理性评论》，中国政法大学出版社 1999 年版，第 353～354 页。

② 参见张永红、孙涛：《绑架罪法定刑的立法完善》，载《广州市公安管理干部学院学报》2007 年第 4 期。

现行立法下应当努力解释刑法，严格限制绑架罪的成立条件。例如，阮齐林教授指出，“立法对绑架罪规定了极为严厉的法定刑尤其是法定最低刑。受其制约，对绑架罪的构成要件应当尽量作限制性的解释，使绑架罪的认定与严厉的法定刑相称”。① 但笔者认为，即使严格限制绑架罪的成立条件，也应当是在罪刑法定原则的框架之内进行解释，不能超出刑法已有的规定进行。

（三）绑架罪之情节适用

笔者认为，我国刑法中应当进一步完善关于绑架罪的加重、减轻情节的规定，以期更好地实现罪刑相适应，具体而言，应当注意从如下几个方面出发：

1. 规定情节较轻的绑架类型。

实践中所发生的绑架犯罪千差万别，行为所体现的社会危害性也存在极大的差异。对于所有的绑架罪，不加区分地一律规定如此重的刑罚是不合理的。从域外的立法例来看，一般也都区分了不同类型的、危害程度有别的绑架罪的类型，以期在实践中做到区别对待。笔者认为，我国刑法关于绑架罪的规定也有必要进一步完善，增设一些较轻情节的类型，确定较低的法定刑幅度，以期进一步实现罪刑相适应。虽然我国《刑法修正案（七）》规定了“情节较轻的，处5年以上10年以下有期徒刑，并处罚金”。但这一规定没有明确情节较轻的具体类型，有必要在将来的立法中进一步完善，以便更具有可操作性。具体而言，对于基于被害人的过错的绑架行为、绑架人质后没有对人质造成任何伤害、绑架后未索取任何财物或非法利益的等，作为情节较轻的类型规定较轻的刑罚。这有利于鼓励犯罪人及时地放弃犯罪行为，也有利于保护被绑架人的安全。正如有学者所指出的，在绑架过程中，因为行为人要使被绑架人处于控制之下，就会采取暴力或者其他方法，不可避免地会对被绑架人的身体造成损害，但是如果行为人对被绑架人的身体未造成轻伤以上后果的，则可以作为其从轻或者减轻处罚的理由，这也是为了鼓励行为人放弃使用暴力，从而使被绑架人的人身权利得到间接的保护。②

2. 规定特定的减免处罚规定。

基于绑架罪的特点，尤其是罪犯控制人质后，有可能对被害人造成伤害等

① 阮齐林：《绑架罪的法定刑对绑架罪认定的制约》，载《法学研究》2002 年第 5 期。

② 参见盛冲：《绑架罪若干问题研究》，中国政法大学 2007 届硕士学位论文，第 40 页。

结果，各国刑法一般都对绑架罪规定了特别减轻、免除处罚的制度。例如，《瑞士联邦刑法典》第185条规定："行为人中止其强制行为，并将被害人予以释放的，可减轻处罚。"《日本刑法》第228条规定："在提起公诉前，将被略取或者被诱拐的人解放至安全场所的，减轻刑罚。"《日本刑法》第228条之二关于基于释放人质而减轻处罚的规定，日本刑法学界多数学者认为其立法理由是："以勒索为目的的诱拐罪、要求赎金罪等为极度危险的犯罪，杀害人质的情形不在少数，为给予犯人反省的机会以及防止不幸结果的发生的政策性考虑而规定减轻处罚；另外，自发地释放人质的行为可显示行为人的心情，可为责任的减轻要素。这与着手实行犯罪后，自发地中止犯罪的实行、防止结果发生的中止犯情形有共通的思想。"① "基于释放人质而减轻处罚的规定除了为了保护被绑架人生命安全的政策性考虑外，也考虑了释放者的行为中违法性及责任的减轻所具有的法律意义。"②

根据我国刑法规定，在绑架罪中，只要控制了人质，就应当认为成立犯罪既遂，即使控制人质后主动释放人质的，也不能成立犯罪中止，原则上至少应处5年以上有期徒刑并处罚金。这样，显然不利于鼓励犯罪人主动放弃犯罪行为，也不利于对被害人权利的保护。基于此，笔者认为，可以考虑将之规定为减免处罚的类型之一，这有利于防止更为严重的危害结果的出现。刑法理论上有学者认为此种犯罪既遂后的中止情形，法律规定予以减轻或免除处罚的属于类似"特殊中止犯"的情况。所谓"特殊中止犯"，是德国的刑事立法上，为了节制抽象危险犯可罚性情形而创设的立法，该立法规定使某些无法适用中止犯规定的抽象危险犯，可以因行为人事后的忠诚悔悟，极力防止危险或损害发生的，可以适用特殊中止犯的规定，减轻或免除处罚。实际上，如前所述，我国刑法中也有相关的规定。根据《刑法》第241条第6款的规定，行为人实施了收买被拐卖的妇女、儿童后，应成立收买被拐卖的妇女、儿童罪的犯罪既遂，但如果行为人在收买后，不阻碍被拐卖的妇女、儿童返回原居住地的，可以不追究刑事责任。又如，根据《刑法》第351条的规定，非法种植毒品原植物的，只要达到一定数量即可成立非法种植毒品原植物罪之犯罪既遂，但又规定，如果在收获前自动铲除的，可以免除处罚。这种规定也是不违背我国刑法总则的规定的，因为根据我国刑法规定，定罪免刑也是刑事责任的承担方式

① ［日］大塚仁、河上何雄、佐藤文哉：《大案例集刑法》第8卷，东京青林书院1995年版，第644页。

② ［日］大谷实：《刑法各论》，黎宏译，法律出版社2003年版，第103页。

之一。

3. 对于加重类型的绑架罪，应当规定更多的情形及更宽的法定刑幅度。

我国现行刑法仅仅规定了“致使被绑架人死亡或者杀害被绑架人的”这一加重情节，并且，仅仅规定了“死刑，并处没收财产”这一绝对确定的法定刑。就这一规定来说，存在一定的不足：

首先，对于致使被绑架人死亡或杀害被绑架人的，规定绝对确定的法定刑，不甚合理。不可否认，我国刑法分则中，也有相当多的规定是处以绝对确定的法定刑——死刑，但是，这些处以死刑的规定基本上是以综合性的情节来表述的，例如“情节特别严重”、“后果特别巨大”的情形下，才会处以死刑。而刑法仅仅对这一单一的情况——“造成被害人死亡”处以死刑，不甚合理，使得对于致使被绑架人死亡或者杀害被绑架人的行为，如果没有刑法中的特别减轻处罚事由，只能适用死刑，不能反映出案件中存在从轻处罚的情节。对于绑架过程中过失造成被害人死亡的情形而言，不甚合理。《刑法》第 233 条关于过失致人死亡罪的规定是：过失致人死亡的，处 3 年以上 7 年以下有期徒刑；情节较轻的，处 3 年以下有期徒刑。即使是对于绑架过程中故意杀害被绑架人的，一律处以死刑也不甚合理。《刑法》第 232 条所规定的故意杀人罪的刑罚为“死刑、无期徒刑或者 10 年以上有期徒刑；情节较轻的，处 3 年以上 10 年以下有期徒刑”。

其次，对于绑架过程中“致使被绑架人死亡”与“杀害被绑架人”这两种情节不予以区分，规定同一刑罚也不合理。根据刑法的这一规定，“杀害被绑架人”应当是故意造成被绑架人死亡，“致使被绑架人死亡”应当是过失造成被绑架人死亡。根据刑法的规定，故意杀人罪与过失致人死亡罪的刑罚是存在极大的区别的，而《刑法》第 239 条第 2 款不加区分地适用同一绝对确定的刑罚，显然是不太妥当的。当然，不容否认，我国刑法分则中规定了大量的“致人死亡”情节，并规定了相对应的刑罚。其中，“致人死亡”的罪过形式既包括故意，也包括过失。例如，《刑法》第 263 条规定了“抢劫致人重伤、死亡”这一加重情节，并规定了相对应的刑罚：“处 10 年以上有期徒刑、无期徒刑或者死刑，并处罚金或者没收财产”。虽然这些规定中，也没有区分不同罪过形式的“致人死亡”，而是规定了相同的刑罚，但这种刑罚是具有一定幅度的刑罚，司法实践中可以结合危害性的不同予以区别对待。

再次，对于绑架罪中的加重情节，仅仅局限于“致使被绑架人死亡”与“杀害被绑架人”也是值得商榷的，应当适当地扩大范围。对于某些特别恶劣的情节，却存在轻纵的漏洞。如使用特别残忍手段重伤他人的，在故意伤害罪中最高可以处死刑，而在绑架罪中，却最多只能处以无期徒刑；又如在绑架过程中，为达成绑架目的而故意杀死被绑架者亲属的，或致使相关第三人死亡的，由于不符合绑架罪的加重要件，故不能适用死刑，其法定最高刑只是无期徒刑，这也明显违背了罪刑相适应的原则。①

基于上述认识，笔者认为，对于绑架罪的加重情节，应当扩大加重情节的类型，并规定较为宽泛的刑罚，以期更好地实现罪刑相适应。

（四）关于绑架罪的犯罪主体

根据我国刑法的规定，只有年满 16 周岁的人才能对绑架罪承担刑事责任，相对负刑事责任年龄人对于绑架罪不承担刑事责任。当然，对于相对负刑事责任年龄人（即已满 14 周岁不满 16 周岁的人）在绑架过程中杀害被绑架人的，由于相对负刑事责任年龄人的绑架行为是不受刑法评价的，只能评价其杀害被绑架人这一行为，故应当承担故意杀人罪的刑事责任。但对于已满 14 周岁不满 16 周岁的人实施的绑架行为，根据我国现行刑法的规定，不构成犯罪。笔者认为，这种立法规定存在不合理之处，有必要进行完善。如有学者指出，“绑架罪虽然是一种残忍野蛮、社会危害性极大的犯罪，但修订后的刑法典第 17 条第 2 款并未将其纳入已满 14 周岁不满 16 周岁的人应负刑事责任的范围。已满 14 周岁不满 16 周岁的人实施抢劫、贩毒行为的，应负刑事责任。相比之下，这一年龄段的人实施绑架行为的并不负刑事责任，这不能不说是立法上的一个缺陷”。② 笔者认为，结合相对负刑事责任年龄人承担刑事责任范围的立法理由来看，有必要将其纳入绑架罪的主体。具体而言，相对负刑事责任人应对绑架罪承担刑事责任的理由主要如下：

1. 绑架罪的社会危害性并不亚于《刑法》第 17 条第 2 款所规定的其他犯罪。

《刑法》第 17 条第 2 款规定：“已满 14 周岁不满 16 周岁的人，犯故意杀人、故意伤害致人重伤或者死亡、强奸、抢劫、贩卖毒品、放火、爆炸、投毒罪的，应当负刑事责任。”应当说，根据《刑法》第 17 条第 2 款所确定的这八个罪名的社会危害性是比较大的。从刑法对这些犯罪的刑罚规定来看，法定

① 参见马飞：《绑架罪若干问题研究》，苏州大学 2006 届硕士学位论文，第 44 页。
② 肖中华：《关于绑架罪的几点思考》，载《法学家》2000 年第 2 期。

最低刑均为3年以上有期徒刑，法定最高刑均为死刑。① 而绑架罪的法定最低刑为“5年以上有期徒刑并处罚金”，法定最高刑为“死刑并处没收财产”。因此，绑架罪的社会危害性并不亚于《刑法》第17条第2款所规定的八种犯罪行为。而《刑法》第17条第2款中关于相对负刑事责任年龄人承担刑事责任范围的一个重要理由就是行为的社会危害性。因此，从这一点上看，将相对负刑事责任年龄人承担刑事责任的范围扩张至绑架罪是有依据的。

2. 相对负刑事责任年龄人实施绑架行为在实践中具有常发性。

《刑法》第17条第2款所规定的这些犯罪具有严重的社会危害性，但是，刑法中还有相当多的犯罪行为其社会危害性并不比《刑法》第17条第2款所规定的犯罪小。纵观我国刑法分则的规定，挂有死刑的条款的规定多达78处，但《刑法》第17条第2款仅在其中选择了少量的部分，其中的原因就在于，实践中，对于14~16周岁这一年龄段的人而言，其不可能实施刑法中的所有带有死刑的条款的犯罪，如贪污贿赂罪中的犯罪；或者由于其体力、智力等因素，即使实施了，在实践中也是非常罕见的，如刑法中的危害国家安全的犯罪。刑法作为一项普遍的行为规范，具有补充性、不完整性等特征，不是社会治理的唯一手段，不可能对所有的行为予以规范，尤其是仅具有个案意义的行为，甚至是在实践中完全不可能发生的行为或者从未发生的行为，完全没有必要纳入刑法规范。从实践中的发生情况来看，《刑法》第17条第2款所规定的八种犯罪，对于相对负刑事责任这一年龄段的行为人而言，是具有一定的常发性的，或者说具有常发的可能性。而对于这种非智力性的暴力犯罪，实践中，相对负刑事责任年龄的人实施绑架罪的概率并不比实施《刑法》第17条第2款所规定的犯罪行为的概率小。

3. 从相对负刑事责任年龄人的理解程度看。

《刑法》第17条第2款所规定的八种犯罪行为基本上是传统犯罪，也即自然犯。相对负刑事责任年龄的人主要是以家庭、学校传授给他们的社会伦理道德以及一般社会常识作为判断事物是非曲直的标准，他们对诸如杀人、伤害、强奸、抢劫等自然犯的危害性质能够有准确的认知，一般也会对是否实施此类行为作出正确的选择。但是对于刑法中的其他具有严重的社会危害性的行为，相对负刑事责任的人通常情形下不能认识到其社会危害性，或者说，至少

① 《刑法》第232条规定的故意伤害罪中，致人重伤的，处3年以上10年以下有期徒刑。故意伤害罪中致人轻伤的，虽然是3年以下有期徒刑、拘役或者管制，但相对负刑事责任人对此不承担刑事责任。

认识的深度没有像传统犯罪中的故意杀人罪、故意伤害罪等那样深刻。对于相对负刑事责任的未成年人而言，本着教育为主的精神，对这些主观恶性不大的行为，刑法没有将其纳入《刑法》第17条第2款的范围。但是对于绑架罪这一常发的自然犯而言，相对负刑事责任年龄人对之应当是具有一定的理解能力的，有必要要求其对绑架罪承担刑事责任。正如有学者所指出的，“在犯罪年龄低龄化的情况下，上述年龄段的人既然敢于杀人、抢劫，那么参与绑架活动是完全可能的。其对绑架一概不负责任，从刑事政策和预防犯罪的角度考虑，上述规定是否应当加以完善是值得研究的”。①

4. 绑架罪自身的特点也决定了应当扩大绑架罪的主体范围。

虽然刑法理论与实践中的通说认为，绑架罪中只要控制了人质，绑架罪即告犯罪既遂。但是，控制人质显然不是行为人实施绑架行为的目的，其最终的目的是为了勒索财物或者其他非法利益。因此，行为人在控制被绑架人后，还会实施后续的犯罪行为。但行为人的勒索财物或者其他非法利益的目的并非很容易地实现，被绑架人的家属一般也会选择报警等方法来应对绑架行为人。通常情形下，没有勒索到任何财物或非法利益的人，基于愤怒，会对被绑架人实施杀害或伤害行为。即使已经勒索到了财物或者其他非法利益，由于惧怕被绑架人以后认出自己，也通常会选择杀人灭口的方式。因此，绑架罪是对被绑架人质而言极度危险的犯罪。对于14～16周岁的相对负刑事责任年龄人而言，由于其自身的智力水平、心理承受能力的欠缺，很容易导致对被绑架人选择过激的行为方式，造成对被绑架人的身体健康、生命的伤害。

5. 域外的立法也一般将绑架罪的主体限定在较低的年龄。

关于刑事责任年龄的划分，各国采取了并不完全相同的立法例，但对于划分了相对负刑事责任年龄的国家，该相对负刑事责任年龄的人均应当对绑架罪承担刑事责任。例如美国纽约州的刑法典1981年修改其规定，将重绑架罪（一级绑架罪）的刑事责任年龄定为14周岁。《俄罗斯联邦刑法典》第20条规定已满14周岁不满16周岁的人应负刑事责任。1996年《俄罗斯联邦刑法典》第20条第1款规定，16岁是大多数犯罪的最低刑事责任年龄，在此基础上，该条第2款规定：在实施犯罪前年满14岁的人，应对杀人罪（第105条）、故意严重损害他人身体罪（第111条）、故意中等程度伤害罪（第112条）、绑架罪（第125条）、强奸罪（第131条）、暴力性行为罪（第132条）、偷窃罪（第158条）、抢夺罪（第161条）、强盗罪（第162条）、勒索罪（第

① 王作富主编：《刑法分则实务研究》，中国方正出版社2001年版，第943页。

163 条）、没有盗窃目的的不正当侵占汽车和其他运输工具罪（第 166 条）、有加重情节的故意毁灭和损坏财产罪（第 167 条第 2 款）、恐怖行为罪（第 205 条）、劫持人质罪（第 206 条）、故意虚假举报恐怖行为罪（第 207 条）、有加重情节的流氓行为罪（第 213 条第 2 款、第 3 款）、野蛮行为罪（第 214 条）、盗窃或勒索武器、弹药、爆炸物品和爆破装置罪（第 226 条）、盗窃或勒索麻醉物或精神药物罪（第 229 条）、破坏运输工具和道路罪（第 267 条）承担刑事责任。

（五）关于绑架罪的其他立法完善

关于绑架罪的立法完善，还有如下两个问题值得注意：

1.《刑法》第 239 条第 2 款的规定。

《刑法》第 239 条第 2 款规定，“以勒索财物为目的偷盗婴幼儿的，依照前款的规定处罚”。根据这一规定，以勒索财物为目的偷盗婴幼儿的，应以绑架罪论处。有学者认为这一款的规定是对婴幼儿人身权利的特别保护。① 但笔者认为，这一规定存在如下不合理之处：

以勒索财物为目的偷盗婴幼儿的行为，本身就属于绑架行为，《刑法》第 239 条第 2 款的规定显得有些多余。相反，《刑法》第 239 条第 2 款的规定还会给人造成理解上的歧义。即似乎以实现其他不法目的为目标，偷盗婴幼儿的行为不成立绑架罪，这显然是不合理的。正如有学者所指出的，对于以婴幼儿作为人质的，法律仅规定了“偷盗”的手段，且限制为“出于勒索财物的目的”，那么这会造成以下情形时如何适用法律的困难：一是对于拐骗或者直接抢夺走婴幼儿后向婴幼儿监护人进行勒索的，如何定罪？二是偷盗婴幼儿或拐骗、抢夺婴幼儿后提出非财产要求的如何适用法律？② 笔者认为，应当删除《刑法》第 239 条第 2 款的规定。当然，实践中，基于对婴幼儿、未成年人的保护，对于绑架未成年人的行为，应当从重处罚。从这一角度看，笔者认为，将《刑法》第 239 条第 2 款修改为：“绑架未成年人的，依照前款的规定从重处罚。”

2. 罪状的表述。

《刑法》第 239 条第 1 款中的“以勒索财物为目的绑架他人的，或者绑架

---

① 参见林亚刚、贾宇：《关于绑架及相关犯罪的几点探讨》，载《国家检察官学院学报》1997 年第 4 期。

② 参见安保红：《论绑架罪》，安徽大学 2006 届硕士学位论文，第 34 页。

他人作为人质的”的表述并不准确。其中，以勒索财物为目的绑架他人，实际上就是绑架他人作人质，只是其主观内容是“以勒索财物为目的”。立法作上述的规定，一般认为，其目的是为了区分两种情形：以勒索财物为目的的绑架，基于其他目的的绑架。但现在立法这样的表述显然是不能准确地表达这一立法目的的。刑法的这一规定容易让人理解为“以勒索财物为目的绑架他人”与“绑架他人作为人质”是两种并列的绑架类型，以勒索财物为目的绑架他人的，被绑架的人不属于人质。实际上，无论是基于勒索财物为目的绑架他人，还是基于其他非法目的绑架他人，被绑架对象均属于人质。显然，立法的这一表述是将绑架罪的类型之一“以勒索财物为目的绑架他人”与绑架罪的质的规定“绑架他人作为人质”相提并论，这显然是不适宜的。笔者认为，应当将这一规定修改为：“以勒索财物为目的或者出于其他目的绑架他人的，处……”

五、侵占罪的立法完善

侵占犯罪是一类古老的传统型且时至今日仍常见多发的侵犯财产所有权的犯罪。为了保护公私财产的所有权，世界上许多国家和地区的刑法对侵占罪作了规定，如德国、瑞士、意大利、罗马尼亚、俄罗斯、泰国、韩国、日本等。我国1979年刑法没有规定侵占罪，其原因在于当时立法者考虑到国家工作人员或受国家机关、企业、事业单位、人民团体委托从事公务的人员利用职务上的便利侵占公共财物的要按贪污罪论处，剩下的其他侵占公私财物的，数量一般比较有限，可以不作犯罪论处。故尽管在1979年刑法草案第22稿、第23稿中均规定了侵占公私财物罪，最后还是被立法者所删除。① 1979年刑法颁布后，随着我国社会的发展变化，各种侵占财物行为愈来愈多，对社会的危害也日益严重。而贪污罪由于其主体及对象性质的特殊性，涵盖的侵占财物犯罪行为的范围十分狭窄。因此，在公司、企业蓬勃发展及各种所有制性质的公司、企业法人财产权亟需刑法保护的客观形势下，全国人大常委会于1995年2月28日颁布了《关于惩治违反公司法的犯罪的决定》，增设了职务侵占罪。但是，无可否认的是，在贪污罪和职务侵占罪所能包容的侵占财物行为之外，还有大量的侵占公有、非公有财物的行为得不到刑法调整。我国1997年修订刑法时，基于现实的需要，也全面增设了侵占犯罪的规定，这对于完备侵犯财

① 参见高铭暄：《中华人民共和国刑法的孕育和诞生》，法律出版社1981年版，第213页。

产犯罪的罪名体系，有力地惩治和防范侵占犯罪，加强对公私财产的全面保护，都有极其重要的意义。然而，由于侵占罪是刑法增设的新罪名，法律条文规定比较概括，加之相关司法解释的相对滞后等，造成目前法学理论界及司法实际部门对该罪的理解和认识有许多分歧之处。结合司法实践，笔者认为，侵占罪的立法完善可以从如下方面出发：

（一）关于“代为保管”的他人财物

侵占罪中“代为保管”的他人财物，是指行为人已经占有的他人财物，如何理解“代为保管”，存在两种不同的观点，狭义说认为，代为保管的财物必须是基于确定的委托关系而保管的他人财物，即委托人与保管人之间存在委托保管关系；广义说认为，代为保管的财物是指基于委托关系而占有的他人财物，委托关系发生的原因多种多样，如租赁、担保、借用、委任、寄存等。① 应当说，从实质合理的角度看，如果仅仅对侵占基于委托而保管的财物以侵占罪论处，显然是不合适的。基于租赁、担保、借用等关系而占有他人财物的人，如果变“占有”为“所有”，其危害性与侵占狭义的代为保管的他人财物并无实质上的区别，如果对于此种行为不以侵占罪论处，显然不能实现罪刑相适应，也不符合侵占罪的立法目的。但是，从我国刑法所规定的“代为保管”这一表述来看，如果将其解释为包括“租赁、担保、借用”在内，确有类推解释之嫌，从字面意义上看，“代为保管”应当是基于一种委托关系而为他人保管财物，如寄存的财物即是典型的“代为保管”的财物。其他国家刑法关于侵占罪的立法例也并未使用“代为保管”之类的用语，而是使用了“自己占有的他人财物”之类的表述。例如，《日本刑法》第252条第1款规定：“侵占自己占有的他人的财物的，处5年以下惩役。”基于此，笔者认为，应当将我国刑法中的“代为保管的他人财物”修改为“自己占有的他人财物”。

（二）关于遗忘物

根据我国《刑法》第270条第2款的规定，侵占遗忘物的行为也构成侵占罪，但遗忘物的范围包括哪些，尤其是关于遗忘物与遗失物是否存在着区别，刑法理论上存在两种不同的观点：一种观点认为，二者是存在区别的概念，其区别为：(1) 前者一经回忆一般都能知道财物所在位置，也较容易找回；后者一般不知失落何处，也不易找回；(2) 前者一般尚未完全脱离物主的控制范围；而后者完全脱离

① 参见张明楷：《刑法学》，法律出版社2007年版，第742页。

了物主的控制；(3) 前者一般脱离物主的时间较短；后者一般脱离物主的时间较长。并据此认为侵占遗失物的行为不构成侵占罪。① 这种观点是刑法理论与实践中较为通行的观点。另一种观点认为，遗忘物，又称遗失物，是指非出于占有人或所有人之意，偶然失去对其占有之动产，条件有二：其一，丧失须系非出于占有人或所有人之本意；其二，须为偶然丧失。②

从立法意图来看，立法者是为了有意将遗忘物与遗失物加以区分，立法上使用"遗忘物"一词是经过慎重选择的结果。早在 1979 年刑法颁布前的一些刑法草案中，就曾有关于"侵占遗失物犯罪"的规定。例如：1956 年的刑法草案第 149 条规定："侵占遗失的公共财物或者公民财物的，处训诫或者 100 元以下罚金。"在修订 1979 年刑法的过程中，也有刑法修改稿使用过"遗失物"的概念。例如 1995 年 8 月的修改稿第 5 章第 7 条第 2 款规定："侵占埋藏物、漂流物或者遗失物，数额较大的，依照前款的规定处罚。"但在以后的刑法修改草案中却没有出现"遗失物"的字样，而是统一换成了"遗忘物"。从立法修改过程来看，应当认为，立法者是认为遗忘物与遗失物之间存在区别的，通行的观点对于遗忘物的理解是有一定理由的。但从实质合理的角度看，笔者认为，将侵占罪的对象限定为遗忘物而将遗失物排除在侵占罪的对象之外，不具有合理性。首先，遗失物与遗忘物的区别主要在于被害人是否能记起自己的财物所在的位置，但是，人的记忆本身就是模糊的，尤其是对于自己遗忘的财物，如果仅凭被害人的记忆能力的强弱给被告人定罪量刑，显然是不合理的。特别是当被害人此时不能记起自己的财物放在何处而彼时又能记起，会导致被告人的行为在罪与非罪之间往复循环，这也有损于刑法的严肃性。其次，无论是侵占他人的遗忘物还是遗失物，其社会危害性并没有本质上的不同。无论是侵占遗失物，还是侵占遗忘物，都是侵占脱离被害人占有的财物，侵犯了他人的财产所有权。再次，从实施侵占行为的犯罪人的本人主观方面进行考察，行为人实施侵占行为时，很少会考虑对象究竟是遗失物还是遗忘物，也无从考虑到脱离占有的财物是他人的遗忘物还是遗失物。基于如上认识，笔者认为，应当修改我国刑法的规定，避免遗忘物与遗失物的区分上的混淆，行为人只要侵占脱离他人占有的财物的，就应当以侵占罪论处。因此，应当将刑法该款的规定修改为"侵占脱离他人占有的财物的，处……"或者修改为"侵占他人遗失物、遗忘物的，处……"

---

① 参见高铭暄主编：《刑法专论》(下编)，高等教育出版社 2002 年版，第 751 页。

② 参见陈兴良：《刑法疏议》，中国人民公安大学出版社 1997 年版，第 442 页。

（三）关于埋藏物

关于埋藏物的范围，刑法理论上存在诸多的争议。有的认为，埋藏物必须是他人所有（包括国家、单位所有）的财物，而且应是所有人明确的财物。在不属于国家所有又所有人不明的情况下，根据存疑有利于被告的原则，不得以侵占罪论处。因为既然所有人不明，就有可能由行为人所有。所有人明确，不必是事先明确，只要行为人在实施侵占行为时明确即可。即埋藏物是埋于地下或者藏于他物之中的，他人（包括国家、单位）所有但并未占有，偶然由行为人发现的财物。① 有的认为，侵占埋藏物，是故意侵犯他人财产权利的犯罪，只要行为人明知该埋藏物不归其本人所有，而将其非法占为已有，拒不退还，即可认定，根本不能以行为人知道是谁的埋藏物为构成要件。② 有的认为，埋藏物，是指埋在地下的财物，如埋在院子中或者坟墓中的钱财、珍宝等，这里要将埋藏物与文物区别开来，地下出土的文物、年代久远，一般属于国家所有。③ 有的认为，埋藏物，一般是埋藏在地下的财物，包括有主物和应归国有的无主物；归私人所有之物和归国家、集体所有之物；普通财物和珍贵历史文物，都可成为侵占的对象。④

笔者认为，从文理解释的角度看，只要是埋藏于地下的财物，均可解释为埋藏物。但从侵占罪的本质出发，侵占罪并没有破坏被害人对财物的占有，如果侵害了被害人对财物的占有的，则认为成立盗窃罪，这是侵占罪与盗窃罪之间的区分的关键。基于此，只要埋藏物不属于被害人占有的，行为人侵占该财物的，则可以成立侵占罪。如果是侵占所有权人不明确的埋藏物，由于没有侵害他人的所有权，不宜认定为成立侵占罪。埋藏于自家的院内的财物等，属于他人占有的财物，如果行为人占有此种财物的，应当认为成立盗窃罪。因此，侵占罪中的埋藏物是排除了“他人已经占有”的“埋藏物”的，为了避免解释上的分歧，应当将《刑法》第 270 条中的“埋藏物”修改为“脱离占有的财物”。域外的立法例也说明了这一点，如《日本刑法》第 254 条规定：“侵

① 参见张明楷：《刑法学》，法律出版社 2007 年版，第 745 页。

② 参见王作富：《略论侵占罪的几个问题》，载《法学杂志》1998 年第 1 期。

③ 参见黄太云、滕炜主编：《中华人民共和国刑法释义与适用指南》，红旗出版社 1997 年版，第 386 页。

④ 参见王作富：《论侵占罪》，载《法学前沿》（第 1 辑），法律出版社 1997 年版，第 45 页。

占遗失物、漂流物或者其他脱离占有的他人的财物的，处1年以下惩役或者10万元以下罚金或者科料”。从该规定可以看出，遗失物、漂流物等均是脱离占有的他人财物。

（四）关于侵占遗忘物或者埋藏物的刑罚

《刑法》第270条第2款规定，“将他人的遗忘物或者埋藏物非法占为己有，数额较大，拒不交出的，依照前款的规定处罚”。而《刑法》第270条第1款关于侵占他人占有的委托物的，区分了“数额较大”、“数额巨大或者有其他严重情节”两种不同的情形，并规定了相应的刑罚。但是，对于侵占“遗忘物或者埋藏物”仅规定了“数额较大”这一档次的刑罚。因此，对于侵占“遗忘物或者埋藏物”应当如何适用刑罚，存在两种不同观点：一种理解认为，根据法条规定，侵占遗忘物、埋藏物犯罪的法定刑和第一款一样，有两个刑罚档次：侵占数额较大，拒不交出的，处2年以下有期徒刑、拘役或者罚金。侵占数额巨大或者有其他严重情节的，处2年以上5年以下有期徒刑，并处罚金。另一种理解认为，侵占遗忘物、埋藏物只有一个量刑标准，即侵占数额较大，拒不交出的，处2年以下有期徒刑、拘役或者罚金，认为侵占遗忘物、埋藏物犯罪的法定刑要轻，其最高法定刑是2年有期徒刑。从实质合理的角度看，第一种解释更具合理性，符合罪刑相适应原则。但第二种观点从文义解释的角度看，似乎更遵循了罪刑法定原则，也是有利于被告人的。从刑法关于其他犯罪的规定来看，后条款是要参照前款的规定进行处罚的，如果前款的规定区分了不同的等级的，后款的规定一般也是“依照前款的规定处罚”之类的概括性的表述。例如，《刑法》第163条（非国家工作人员受贿罪）第1款规定：“公司、企业或者其他单位的工作人员利用职务上的便利，索取他人财物或者非法收受他人财物，为他人谋取利益，数额较大的，处5年以下有期徒刑或者拘役；数额巨大的，处5年以上有期徒刑，可以并处没收财产。”该款中，区分了“数额较大”、“数额巨大”的差异，并规定了不同的刑罚。而该条第2款使用抽象性的表述，即比照第1款的规定进行处罚，而不仅仅是规定“数额较大”的应当如何适用前款的规定。如该条第2款规定：“公司、企业或者其他单位的工作人员在经济往来中，利用职务上的便利，违反国家规定，收受各种名义的回扣、手续费，归个人所有的，依照前款的规定处罚。”基于此，笔者认为，应当修改现行立法这种引起歧义的表述，当然，也不宜直接采用“依照前款的规定处罚”之类的表述，因为《刑法》第270条第1款所规定的对象是“代为保管的他人财物”，此种类型的侵占行为不仅仅侵犯了他人的财产所有权，而且还破坏了委托信任关系。而《刑法》第270条第2款规定的是侵占脱离占有的他人财物，此种情形下的侵占行为并没有破坏信任关系，因此，对于《刑法》第270条第2款所规定的侵占罪的刑罚应当适当低于《刑法》第270条第1款所规定的刑罚。其他国家的立法例也说明了这一点，例如，根据《德国刑法》第246条的规定，所侵占之物为行为人受托保管的，处5年以下自由刑或罚金刑；而侵占其他财物的，处3年以下自由刑或罚金刑。《日本刑法》第252条规定，侵占自己占有的他人财物的，处5年以下惩役；第254条规定，侵占遗失物、漂流物或者其他脱离占有的他人的财物的，处1年以下惩役或者10万元以下罚金或者科料。从这些规定可以看出，对于侵占"自己占有的他人财物"与侵占"脱离占有的他人财物"的，由于前者破坏了委托信任关系，其刑罚均较后者重。基于此，笔者认为，对于《刑法》第270条第2款中的侵占罪的规定，也应当区分不同的标准，规定不同等级的刑罚，以期更好地实现罪刑均衡。

需要指出的是，对于侵占罪的量刑标准，仅以数额为标准似乎不尽合理，从刑法关于其他相类似的财产犯罪的刑罚规定来看，并没有采取数额作为量刑的唯一标准，如盗窃罪中区分了"数额较大或者多次盗窃"、"数额巨大或者有其他严重情节"、"数额特别巨大或者有其他特别严重情节的"，诈骗罪中区分了"数额较大"、"数额巨大或者有其他严重情节的"、"数额特别巨大或者有其他特别严重情节的"。

（五）关于侵占罪的告诉形式

《刑法》第270条第3款规定，本条罪，告诉的才处理。我国刑法将侵占罪规定为告诉才处理的原因在于：一是考虑到侵占行为特别是侵占代为保管的他人财物的行为多发生在亲朋好友之间，从被害人的角度来说，往往只是要求行为人归还或交出被侵占的财物，使财物不受损失，而不希望诉诸司法机关，使亲朋关系决裂。将告诉权赋予被害人，便于其根据实际情况行事，有利于维护社会关系的稳定。二是考虑到侵占行为侵犯的主要是特定人的财物所有权，其社会危害性较之盗窃、诈骗、抢夺等犯罪主要侵犯不特定人的财物所有权要小，而且侵权人一般也较明确，无须由公安、检察机关介入，由人民法院直接受理即可。在一定意义上，这也有利于节省国家司法资源的投入，以集中力量去惩处其他严重危害社会的犯罪活动。① 但是，将侵占罪规定为绝对的自诉案

① 参见来红杏：《论侵占罪》，华东政法学院2001年硕士学位论文，第38页。

件，存在一定的不合理之处：

第一，虽然刑法赋予了侵占案件中的被害人的告诉权，但是，并非所有侵占案件的被害人均能较好地行使告诉权，因为许多案件还是需要借助司法机关的力量进行侦查的。对于相当一部分侵占案件，由于被害人举证困难，如果没有侦查机关的介入，被害人的告诉权利将形同虚设。由于需要侦查的侵占案件中，往往被害人不知谁是侵占人或者侵占人因逃避而下落不明，并且常常由此而造成证明侵占犯罪的很多证据无法取得，如果将这种侵占案件作为自诉案件处理的话，结果只能是两种情形：要么被害人因无法提供充分确实的证据或不能说明谁是被告人而无法告诉；要么告诉之后因人民法院无侦查刑事案件的特殊手段而使案件常常久拖不决，得不到及时的处理。①

第二，对于告诉才处理的案件，根据相关的司法解释，也并非一律将告诉权赋予被害人，而是作了一定的变通规定，只有侵占罪是绝对的告诉才处理的案件。根据最高人民法院《关于执行〈中华人民共和国刑事诉讼法〉若干问题的解释》的规定，对告诉才处理的案件均作了一定的例外规定，如果存在这些例外情形，则应提起公诉，但唯独侵占案件没有例外的规定。例如，严重危害社会秩序和国家利益的侮辱、诽谤案；致使被害人死亡的暴力干涉婚姻自由案；致使被害人重伤、死亡的虐待案，均属于公诉案件。而对于侵占案件，不加区分地一律规定为告诉才处理的案件，如果是严重危害国家利益和社会利益的犯罪，则不利于保护国家利益、社会公共利益。即使是发生在公民个人之间的侵占案件，如果不是亲属之间的，如果社会危害性十分严重，一律作为绝对的自诉案件处理也不一定妥当。从域外的立法例来看，对于侵占案件采取告诉才处理的形式，也是进行了一定的限制的。如《瑞士刑法典》第 140 条第 3 项规定："对于亲属或家属犯侵占罪者，须告诉乃论。"我国澳门地区刑法典第 203 条规定，对侵占罪和侵占脱离他人持有的财物罪中出现下列情形，则非经自诉不得进行刑事程序：（1）行为人系被害人之配偶、直系血亲尊亲属或直系血亲卑亲属、收养被害人之人或被害人收养之人、被害人二亲等内之血亲或姻亲，又或与被害人在类似配偶状况下共同生活；或（2）盗窃之物、或不正当据为己有或使用之物属小额，且随即用做满足行为人或上项所指之人之需要，而该物系为满足此等需要所必须使用者。

基于上述认识，应当对《刑法》第 270 条第 3 款关于侵占罪的告诉形式

① 参见李飞：《侵占罪之亲告罪定位反思》，载《福建公安高等专科学校学报》2006 年第 4 期。

作一定变更，如下情形应当作为公诉案件处理：（1）严重危害国家利益、社会利益的侵占案件；（2）侵占数额特别巨大的或者情节特别严重的。

六、妨害公务罪的立法完善

（一）问题的提出

在我国现行刑法中，妨害公务罪是单独的一个罪名，归类于第六章“妨害社会管理秩序罪”第一节“扰乱公共秩序罪”，所对应的条文是《刑法》第277条。我国刑法规定的妨害公务罪是有特定的含义的，指以暴力、威胁方法阻碍国家机关工作人员依法执行职务，阻碍全国人民代表大会和地方各级人民代表大会代表依法执行代表职务，在自然灾害和突发事件中阻碍红十字会工作人员依法履行职责的行为，或者故意阻碍国家安全机关、公安机关依法执行国家安全工作任务，未使用暴力、威胁方法，造成严重后果的行为。而“妨害公务”是一个比较大的概念，根据2003年11月13日最高人民法院《全国法院审理经济犯罪案件工作座谈会纪要》，对“从事公务”的理解是指“代表国家机关、国有公司、企业、事业单位、人民团体等履行组织、领导、监督、管理等职责。公务主要表现为与职权相联系的公共事务以及监督、管理国有财产的职务活动”，可见，“公务”的范围相当之广。纵观我国刑法典第六章“妨害社会管理秩序罪”中第一节“扰乱公共秩序罪”中的罪名，其中有不少罪名都是广义的妨害公务的行为，比如第279条招摇撞骗罪，第280条第1款伪造、变造、买卖国家机关公文、证件、印章罪，盗窃、抢夺、毁灭国家机关公文、证件、印章罪，第290条第2款聚众冲击国家机关罪，这些犯罪行为都直接侵犯了国家的公权力，妨碍了国家职能、作用的实现。将这些罪名与第277条妨害公务罪一起放在“扰乱公共秩序罪”中，无法突出这类犯罪行为侵犯国家管理权力的特点，毕竟国家机关的管理秩序不可等同于一般的公共秩序。对国家机关管理秩序的侵犯，实际上是对国家法益的侵犯，而不是社会法益或个人法益。

纵观国外刑法典的规定，不少国家都是将妨害公务罪规定为类罪名，其中包括若干具体罪名，如日本刑法典单列一章“妨害执行公务罪”、法国刑法典单列一章“个人妨害公共行政管理罪”、芬兰刑法典单列一章“妨害公众机关的犯罪”、瑞士刑法典单列一章“针对国家权力的应受刑罚处罚的行为”。探究众多国家选择该立法模式的原因，是由于妨害公务的行为或者说抗拒国家权力的行为是多样化的，仅以一个罪名是包容不了的，如果将众多特点不同的犯罪行为罗列在一条罪名中，不仅显得复杂凌乱，也不符合一种犯罪只有一个犯罪构成的立法原则。我国《刑法》第277条的四个条款中有的犯罪对象不同，有的犯罪手段不同，仅仅因为在性质上都属于阻碍依法执行公务的行为而在一条中加以规定。关于第277条的罪名确定，长期以来一直存在“一罪名说”和“四罪名说”。根据2002年最高人民法院、最高人民检察院《关于执行〈中华人民共和国刑法〉确定罪名的规定》，第277条的四款规定的犯罪被解释为一罪即“妨害公务罪”，但仍有不少学者主张应确定为四罪名，即阻碍国家机关工作人员依法执行职务罪、阻碍执行人大代表职务罪、阻碍履行红十字会工作人员职责罪、阻碍执行国家安全工作任务罪。笔者认为，将《刑法》第277条规定的犯罪确定为若干罪名是合适的，使每一罪名都有非常清晰的犯罪构成。当然，《刑法》第277条本身存在一些问题，需要调整完善。调整过后的罪名与其他直接侵犯国家管理权力的罪名放置于“妨害公务罪”类罪名下，单列一节，与“扰乱公共秩序罪”这一节并列，会令脉络更加清晰，便于学习和宣传刑法，也有利于执法者理解和适用。

（二）《刑法》第277条规定的缺陷和完善

《刑法》第277条共计四款，第1款规定：“以暴力、威胁方法阻碍国家机关工作人员依法执行职务的，处3年以下有期徒刑、拘役、管制或者罚金。”第2款规定：“以暴力、威胁方法阻碍全国人民代表大会和地方各级人民代表大会代表依法执行代表职务的，依照前款规定处罚。”第3款规定：“在自然灾害和突发事件中，以暴力、威胁方法阻碍红十字会工作人员依法履行职责的，依照第1款的规定处罚。”第4款规定：“故意阻碍国家安全机关、公安机关依法执行国家安全工作任务，未使用暴力、威胁方法，造成严重后果的，依照第1款的规定处罚。”该条与1979年刑法第157条相比，已具有很大进步：首先是1979年刑法第157条中包括了两个罪名，即妨害公务罪与拒不执行法院判决、裁定罪，违反了“一条文一罪名”的立法原则；其次是缩小了犯罪对象，将过于宽泛的“国家工作人员”缩小为国家机关工作人员以及红十字会工作人员，但该规定仍存在一些不足之处，有待修改完善。

1. 犯罪对象方面。

（1）关于人大代表。《刑法》第277条第2款针对的犯罪对象是全国人民代表大会和地方各级人民代表大会代表，由于人大代表是否属于“国家机关工作人员”存在争议，本款设置的必要性引起了学界的争鸣。如果人大代表不属于国家机关工作人员，本款设置当然有必要，与第1款针对国家机关工作人员的规定是并列关系，分别针对两种不同的犯罪对象；如果人大代表属于国家机关工作人员，则有重复设置之嫌。

我国人大代表系选举产生，来自于社会各个领域，或者是国家机关工作人员，或者是工人、农民、个体户等，这些代表们多数都有着自己另外的本职工作，且只能在任期内行使人大代表的职权，也正是因为如此，才引发了人大代表是否属于“国家机关工作人员”的争议。有学者认为，各级人大代表属于《刑法》第93条第2款规定的“其他依照法律从事公务的人员”。① 2003年11月13日最高人民法院《全国法院审理经济犯罪案件工作座谈会纪要》中亦将“依法履行职责的各级人民代表大会代表”归入《刑法》第93条第2款规定的“其他依照法律从事公务的人员”。对此，笔者持不同意见。我国宪法规定，人民代表大会是国家权力机关。《全国人民代表大会和地方各级人民代表大会代表法》第2条第2款规定：“全国人民代表大会代表是最高国家权力机关组成人员，地方各级人民代表大会代表是地方各级国家权力机关组成人员。”《全国人民代表大会和地方各级人民代表大会代表法》第2条第3款规定：“全国人民代表大会和地方各级人民代表大会代表，代表人民的利益和意志，依照宪法和法律赋予本级人民代表大会的各项职权，参加行使国家权力。”可见，《全国人民代表大会和地方各级人民代表大会代表法》非常明确地规定人大代表是国家权力机关的组成人员并行使国家权力，因此，当人大代表依法行使代表的职权时，其应当是国家机关工作人员。

有学者也肯定了人大代表是国家机关工作人员，并作了充分论证，同时认为：第2款的设置可能是由于人大代表是否国家机关工作人员，理论和实践中没有形成同声，因此，刑法作此规定，提示司法工作人员注意，人大代表也是国家机关工作人员，从而防止司法工作人员将人大代表排除在国家机关工作人员之外，以免放纵对阻碍人大代表依法执行职务的行为的惩处。从立法技术上而言，刑法增加这一注意规定事实上或许没有必要。但考虑到实践中容易混淆，谨慎的做法是保留这一注意规定。② 笔者也基本上赞同该观点，认为有两种方式可以解决该款内容的设置：①从谨慎节约地使用刑法有限的条文资源考虑，以简明扼要为立法宗旨，可以删去第2款，对于在司法实践中容易产生混

---

① 参见侯国云、白岫云：《新刑法疑难问题解析与适用》，中国检察出版社1998年版，第194页。

② 参见李希慧、黄洪波：《妨害公务罪的立法缺陷及其完善》，载《法学》2006年第6期。

淆不清的情形，可以通过立法解释或司法解释来解决；②保留第 2 款，但单列一罪名，置于妨害公务罪的类罪名下。

（2）关于红十字会工作人员。《刑法》第 277 条第 3 款的犯罪对象是红十字会工作人员，笔者认为，将本款内容列入《刑法》第 277 条并不妥当。因为本款不仅在犯罪对象上与其他三款不同，而且直接犯罪客体、客观方面也与其他三款有明显不同。第一，红十字会工作人员不是国家机关工作人员。红十字会是从事人道主义工作的社会救助团体，属非政府组织，红十字会工作人员不属于国家机关工作人员，这一点与《刑法》第 277 条其他三款的犯罪对象均为国家机关工作人员的特点是迥异的。第二，本款的客观方面与其他三款也明显不同。本款有时间前提，即“在自然灾害和突发事件中”，并非红十字会工作人员在任何时候依法履行其职责都受到刑法的保护。根据《中华人民共和国红十字会法》的规定，红十字会的职责中除了在自然灾害和突发事件中，对伤病人员和其他受害者进行救助以外，还包括普及卫生救护和防病知识，进行初级卫生救护培训以及其他人道主义服务活动等。可见，刑法保护的只是红十字会的部分职责，而国家机关工作人员依法执行职务的活动则均在刑法妨害公务罪的保护范围之内。第三，也是一个根本性的问题，即犯罪行为所侵犯的直接客体不同。国家机关的职能是管理国家事务、经济和文化事业以及管理社会事务；而红十字会是社会救助团体，没有社会管理的职能。在自然灾害和突发事件中，红十字会为了履行其社会救助的职责，有时候有必要采取一些防疫、检疫、强制隔离、隔离治疗等预防、控制措施，对于这类活动给予特殊的保护是十分必要的，但红十字会与国家机关的工作性质毕竟是不同的。阻碍国家机关工作人员依法执行职务的行为所侵犯的直接客体是国家机关工作人员的公务活动；阻碍红十字会工作人员依法履行职责的行为所侵犯的直接客体是红十字会工作人员履行职责的活动。

鉴于以上三点理由，笔者认为，阻碍红十字会工作人员依法履行职责的行为应当从《刑法》第 277 条中分离出来，单列一罪名“阻碍红十字会工作人员依法履行职责罪”。而且，因为红十字会工作人员并不是国家机关工作人员，笔者认为该罪名放在“妨害公务罪”一节中不太妥当，置于第六章“妨害社会管理秩序罪”第五节“危害公共卫生罪”中似乎更合适。

2. 关于犯罪方法。

《刑法》第 277 条中前三款均规定犯罪的行为方式是“以暴力、威胁方法”，第四款是暴力、威胁以外的其他方法，这是一款特殊规定，专门针对故意阻碍国家安全机关、公安机关依法执行国家安全工作任务，“未使用暴力、威胁方法，造成严重后果”的情形。根据该条的规定，对于故意阻碍国家安全机关、公安机关依法执行国家安全工作任务以外的其他公务，如果未使用暴力、威胁方法，即使造成严重后果的，也不能以妨害公务罪定罪（如果构成其他犯罪的，只能以其他罪名定罪），这是罪刑法定原则的基本要求。但实践中，采取非暴力、威胁方法妨害公务，并且造成严重后果，而又不构成其他罪行的情形是存在的。比如，明知执行公务的车辆必经某一路段而在此设置路障，阻碍公务车辆通行，导致公务无法执行的行为；又比如，在法院依法到银行冻结某公司账户，银行借故拖延，导致该公司账户中巨款被取出的行为；再比如，为阻碍公务执行，将执行公务所必需的资料隐匿，使得公务无法执行，这些具有严重社会危害性的行为当然应当受到刑法的惩罚，但是因不属于“暴力、威胁方法”而逃离刑法规制范围。

此外，刑法学界和实务界对于用酒灌醉、用药物麻醉、使用催眠术等行为方式是否属于暴力存在不同认识。有人认为妨害公务罪中的暴力包括有形力和无形力，用酒灌醉、用药物麻醉、使用催眠术应属无形的暴力；① 也有人认为，本罪中的暴力指有形力。② 有学者从刑法解释论的角度出发，对这个问题作了深入的辨析，认为：“暴力”概念应具有相对性，其基本意义即非法行使的有形力即物理力。将“暴力”扩张至无形力显然超出了暴力的可能含义，而且于被告人不利，因而欠缺合理性，指出“扩张解释不是随意扩张而不受限制的，相反其扩张程度不能超出法律规定用语可能文义的范围”，并建议在《刑法》第277条规定“以暴力、威胁方法”的基础上增加“其他方法”。③ 笔者完全赞同该观点，认为“暴力”不应当包括无形力，类似用酒灌醉、用药物麻醉、使用催眠术等行为方式只能属于“暴力、威胁以外的其他方法”。

笔者建议，应当在妨害公务罪的犯罪方法中增加“其他方法”将上述行为囊括其中。同时，我们也应当看到，“其他方法”相较于“暴力、威胁方法”而言一般较轻，社会危害性较小，这也是立法者将《刑法》第277条前三款的犯罪方式限定于“暴力、威胁方法”的主要原因。从刑法的谦抑性出发，使用“其他方法”阻碍公务的，只有在造成严重后果的情形下才追究刑事责任，否则打击面会过于宽泛。

---

① 参见张利兆：《析妨害公务罪的暴力、威胁手段》，载《法学》2004年第10期。

② 参见张明楷：《刑法学》，法律出版社2007年版，第754页。

③ 参见李希慧、黄洪波：《妨害公务罪的立法缺陷及其完善》，载《法学》2006年第6期。

由上所述，可得出结论，第277条中第4款已经没有独立存在的必要，因为国家安全机关和公安机关本身属于国家机关，如果将未使用暴力、威胁方法，但造成严重后果的妨害公务的行为都入罪，第4款就没有任何特殊性了。

3. 关于刑罚设置。

《刑法》第277条妨害公务罪的法定刑只有一档，即“3年以下有期徒刑、拘役、管制或者罚金”，最高刑是有期徒刑3年，显然属于轻罪之列。鉴于如此之轻的法定刑，通常认为，妨害公务罪中暴力手段是存在强度的限制的，即以造成被害人轻伤为上限。对于行为人采用暴力手段致人重伤或死亡的，刑法学界大致有三种处理的观点：（1）属于妨害公务罪与故意伤害罪、故意杀人罪的想象竞合犯，按照“择一重处断”的原则，应以故意伤害罪或故意杀人罪论处。① （2）属于牵连犯，应按牵连犯的原则，以故意伤害罪或故意杀人罪从重处罚。② （3）属于转化犯，由妨害公务罪转化为故意伤害罪或故意杀人罪。③ 无论是上述哪种观点，其结果都是按照故意伤害罪或故意杀人罪定罪，不再以妨害公务罪来定罪。这样定罪虽然可以使犯罪行为得到与其社会危害程度相当的惩处，但却反映不了妨害公务罪的罪质，不能准确地揭示妨害公务罪的危害实质。妨害公务罪的本质特征是妨碍了国家的正常管理活动，行为人实施本罪的最终目的是干扰破坏国家的正常管理活动，而非侵犯被害人的人身权利，这也是本罪归类于“妨害社会管理秩序罪”一章而不是“侵犯公民人身权利、民主权利罪”一章的原因。而且，把正在执行公务活动的国家机关工作人员造成重伤或死亡的行为，完全等同于普通的故意伤害罪或故意杀人罪，实际上抹杀了妨害公务罪的特殊性与严重性。

基于上述分析，笔者认为，现行刑法中妨害公务罪的法定刑没有体现罪刑相适应原则，应当予以修改。建议将现行刑法中的妨害公务罪的量刑幅度修改增加为三档：即分别针对情节一般、情节严重、情节特别严重的妨害公务罪，规定与其社会危害程度相当的法定刑，以解决现有妨害公务罪法定刑过轻的问题。

---

① 参见王作富主编：《刑法分则实务研究》(中)，中国方正出版社2006年版，第1193页。

② 参见赵秉志主编：《中国刑法适用》，河南人民出版社2001年版，第1030页。

③ 参见孟庆华：《妨害社会管理秩序罪重点疑点难点问题判解研究》，人民法院出版社2005年版，第40~41页。

（三）建立妨害公务罪体系的构想

近年来，暴力抗法事件频频发生，要改善这种状况，一方面要提高执法水平，做到文明执法，另一方面要健全法律，保障国家公权力的实施。从刑法的角度来说，应当建立妨害公务罪的体系，对严重的妨害公务的行为都能由刑法予以规制。笔者建议，将"妨害公务罪"设立为类罪名，单列一节，置于第六章"妨害社会管理秩序罪"中，然后将现行刑法典中部分具有妨害公务共性的罪名归入本节，再增添新罪名，弥补现行刑法典对部分严重妨害公务行为尚无规定的不足，逐步完善妨害公务罪的体系。

1. 调整、整合现有罪名。

(1)【阻碍国家机关工作人员执行职务罪】具体条文建议表述如下：

"以暴力、威胁方法阻碍国家机关工作人员依法执行职务的，处3年以下有期徒刑、拘役、管制或者罚金；犯本罪致国家机关工作人员重伤的，处3年以上10年以下有期徒刑；致国家机关工作人员死亡的，处10年以上有期徒刑、无期徒刑或者死刑。

故意阻碍国家机关工作人员依法执行职务，未使用暴力、威胁方法，造成严重后果的，处3年以下有期徒刑、拘役、管制或者罚金。"

该条是在《刑法》第277条的基础上修改的，仍然明确犯罪对象是国家机关工作人员，反映了妨害公务罪的实质。针对结果加重犯增加了两档法定刑，刑期设置参照了故意伤害罪的法定刑。第2款的规定囊括了暴力、威胁以外的其他犯罪方法，对实践中拒绝协助、消极对抗、侮辱等妨害公务的行为导致发生严重后果的情形予以刑法的规制。当然，对于什么是"严重后果"，需要通过司法解释予以明确。对第2款的法定刑与基本的犯罪构成一致，因为未采取暴力、威胁方法，一般也不会发生直接致人重伤或死亡的加重结果。

(2)【阻碍人大代表依法执行职务罪】具体条文建议表述如下：

"以暴力、威胁方法阻碍全国人民代表大会和地方各级人民代表大会代表依法执行代表职务的，处3年以下有期徒刑、拘役、管制或者罚金；犯本罪致人大代表重伤的，处3年以上10年以下有期徒刑；致人大代表死亡的，处10年以上有期徒刑、无期徒刑或者死刑。

故意阻碍人大代表依法执行职务，未使用暴力、威胁方法，造成严重后果的，处3年以下有期徒刑、拘役、管制或者罚金。"

本条与上一条条文的设置完全一致，也可以考虑删去不用。

(3)【冒充国家机关工作人员招摇撞骗罪】具体条文同现行《刑法》第

279 条，内容如下：

"冒充国家机关工作人员招摇撞骗的，处 3 年以下有期徒刑、拘役、管制或者剥夺政治权利；情节严重的，处 3 年以上 10 年以下有期徒刑。

冒充人民警察招摇撞骗的，依照前款的规定从重处罚。"

最高人民法院、最高人民检察院《关于执行〈中华人民共和国刑法〉确定罪名的规定》中将本罪的罪名确定为"招摇撞骗罪"，笔者认为，确定为"冒充国家机关工作人员招摇撞骗罪"更为妥当，突出了本罪的罪质，也更容易与普通的"诈骗罪"和"冒充军队人员招摇撞骗罪"区分。本罪侵犯的主要客体是国家机关的威信及其对社会的正常管理秩序，其次要客体是公共利益和公民、法人及其他组织的合法权益。① 在对犯罪进行归类时，应以其主要侵犯的客体作为考量标准，故应将其放在"妨害公务罪"一节。类似立法的国家也有不少，如《法国刑法典》的"个人妨害公共行政管理罪"一章里有"盗用职衔罪"和"违反规定使用身份罪"；《芬兰刑法典》"妨害公众机关的犯罪"一章中有"冒充公职人员罪"；《加拿大刑事法典》第四章"妨害执法和司法的犯罪"中有"冒充治安官或公务员罪"。

(4)【伪造、变造、买卖国家机关公文、证件、印章罪】具体条文表述如下：

"伪造、变造、买卖国家机关的公文、证件、印章的，处 3 年以下有期徒刑、拘役、管制或者剥夺政治权利；情节严重的，处 3 年以上 10 年以下有期徒刑。"

本罪名与"盗窃、抢夺、毁灭国家机关公文、证件、印章罪"均是源自《刑法》第 280 条第 1 款，笔者认为分开单列更有利于理解适用，也符合"一法条一罪名"的立法原则。国家机关的公文、证件、印章是国家机关管理社会的重要手段，对其进行伪造、变造、买卖或者盗窃、抢夺、毁灭均侵犯了国家机关管理社会的职能，因此应当列入"妨害公务罪"中。

(5)【盗窃、抢夺、毁灭国家机关公文、证件、印章罪】具体条文表述如下：

"盗窃、抢夺、毁灭国家机关的公文、证件、印章的，处 3 年以下有期徒刑、拘役、管制或者剥夺政治权利；情节严重的，处 3 年以上 10 年以下有期徒刑。"

---

① 参见王作富主编：《刑法分则实务研究》(中)，中国方正出版社 2006 年版，第 1199 页。

将本罪归入“妨害公务罪”中的理由同上，不再赘述。

(6)【聚众冲击国家机关罪】具体条文同《刑法》第290条第2款，内容如下：

“聚众冲击国家机关，致使国家机关工作无法进行，造成严重损失的，对首要分子，处5年以上10年以下有期徒刑；对其他积极参加的，处5年以下有期徒刑、拘役、管制或者剥夺政治权利。”

本罪的罪状清楚地表明了犯罪行为妨害国家机关正常工作，致使国家机关职能不能正常发挥，其妨害公务的性质十分明显，自然应归入“妨害公务罪”一节中。

(7)【非法处置查封、扣押、冻结的财产罪】具体条文建议表述如下：

“隐藏、转移、变卖、故意毁损已被国家机关查封、扣押、冻结的财产，情节严重的，处3年以下有期徒刑、拘役或者罚金。”

本罪名虽然是“非法处置查封、扣押、冻结的财产罪”，与《刑法》第314条的罪名完全一致，但内容有区别，即《刑法》第314条中的犯罪对象是“被司法机关查封、扣押、冻结的财产”，而这里是“被国家机关查封、扣押、冻结的财产”。《刑法》第314条所侵犯的客体是司法机关财产保全措施的正常执行活动，① 所以该罪名置于第六章第二节“妨害司法罪”中。但对有关物品进行查封、扣押或冻结，并非是司法机关财产保全措施中独有的执法行为，国家行政执法机关如税务局、工商局等也具有依法采取查封、扣押或冻结手段的权限。国家行政执法机关在执法过程中，依法对有关物品进行查封、扣押或冻结，这是国家机关行使管理职权的一种方式。隐藏、转移、变卖以及故意毁损国家机关所查封、扣押、冻结的财产，当然是妨害公务的行为，其行为实质是侵犯国家机关管理职能。但现行刑法仅仅对司法机关所查封、扣押或冻结的财产予以特别保护，而对司法机关以外的其他国家机关所查封、扣押或冻结的财产未作规定。笔者认为，应将现行《刑法》第314条删去，将罪状中“司法机关”改为“国家机关”后，置于“妨害公务罪”一节。也就是说，现行《刑法》第314条本身是一条“特殊法”，专门针对被司法机关查封、扣押或冻结的财产，现在将其修改为一条“普通法”，适合被所有国家机关查封、扣押或冻结的财产。如果是属于被司法机关查封、扣押或冻结的财产，因为司法机关也是国家机关，自然可以直接适用修改后的“非法处置查封、扣

① 参见王作富主编：《刑法分则实务研究》(下)，中国方正出版社2006年版，第1403页。

押、冻结的财产罪”。

2. 增补新罪名——强制国家机关工作人员执行职务或辞职罪。

我国现行《刑法》第 277 条中规定的妨害公务罪（这里指个罪名）是针对国家机关工作人员积极的执行职务的行为进行阻碍，但是对于以暴力、胁迫方法强制国家机关工作人员为一定职务行为或辞职，比如强制法院工作人员立案、强制房地产管理局工作人员办理房产过户手续等，这类行为如何处理，刑法没有规定。从社会危害性来看，这类行为与阻碍国家机关工作人员执行职务的行为相当，而且在现实中发生的可能性很大，刑法没有相应规定，应该是一个缺陷。《日本刑法》第 95 条第 1 款规定：“当公务员执行职务时，对其实施暴行或者胁迫的，处 3 年以下惩役或者监禁。”第 2 款规定：“为了使公务员作出或者不作出某种决定，或者为了使其辞职，而实施暴行或者胁迫的，与前项同。”① 在《法国刑法典》第 433-3 条“针对担任公职的人进行恐吓活动罪”中也可以看到类似规定。

综上，笔者建议，我国妨害公务罪的类罪名下应增设“强制国家机关工作人员执行职务或辞职罪”。本罪与前述“阻碍国家机关工作人员执行职务罪”实质相同，因此，除了具体的犯罪行为内容不同以外，犯罪方法、犯罪对象、法定刑都是相同的。笔者建议，对本罪的罪状表述为：“以暴力、胁迫方法强制国家机关工作人员执行职务或辞职的，处 3 年以下有期徒刑、拘役、管制或者罚金。犯本罪致国家机关工作人员重伤的，处 3 年以上 10 年以下有期徒刑；致国家机关工作人员死亡的，处 10 年以上有期徒刑、无期徒刑或者死刑。”

七、环境犯罪的立法完善

环境犯罪是学界对破坏环境与资源保护犯罪的通称。1979 年刑法典有关危害环境的犯罪散见于“破坏社会主义经济秩序罪”一节中，如第 128 条的盗伐、滥伐林木罪，第 129 条的非法捕捞水产品罪，第 130 条的非法狩猎罪。1997 年刑法典根据打击危害环境犯罪的实际情况所需，针对 1979 年刑法的不足，对环境犯罪进行了修订，在刑法分则第 6 章“妨害社会管理秩序罪”中专设一节，即第 6 节，规定了“破坏环境资源保护罪”，该节共 9 个条文 14 个罪名。1997 年刑法典颁布后，为了适应社会的发展变化，我国又陆续出台了一些刑法修正案，在这些修正案中对部分环境犯罪进行完善和修正。如《刑法修正案（二）》中将非法占用耕地罪修正为非法占用农用土地罪，扩大了对

① 参见张明楷译：《日本刑法典》（第二版），法律出版社 2006 年版，第 39 页。

土地资源的刑法保护范围；《刑法修正案（四）》对危害森林资源的犯罪进行了修正，增加了对危害国家重点保护的植物资源行为的刑事处罚。《刑法修正案（八）》对重大环境污染事故罪和非法采矿罪进行了修改，其中，将重大环境污染事故罪由结果犯改为危险犯、罪名改为“污染环境罪”，取消了非法采矿罪“经责令停止开采后拒不停止开采，造成矿产资源破坏”的条件限制，规定“情节严重”、“情节特别严重”的条件限制，保护环境力度进一步加大。现行刑法典关于环境犯罪的立法，无论从体例上，还是从内容上都有了很大进步，其主要体现为三个方面：首先，将环境犯罪独立出来，设专节惩治环境犯罪；其次，扩大了刑法保护的环境要素的范围，从森林、野生动物、水资源扩展到大气、水体、土地资源以及珍贵树木等环境要素，使我国的环境刑事立法显得更加科学；最后，增设了单位犯罪的刑事责任，有利于促进单位积极采取措施，防治环境污染和环境破坏。①

尽管现行刑法典在环境犯罪的立法上有了突破性的进展，但是，现行的环境刑事立法仍有待于进一步完善。

（一）用“环境犯罪”取代现行的“破坏环境资源保护罪”

现行刑法在第六章“妨害社会管理秩序罪”中的第六节以“破坏环境资源保护罪”为标题规定环境犯罪，将“破坏环境资源保护罪”等同于“环境犯罪”，这一立法规定，存在着以下两方面的缺陷：

第一，违背了环境的基本定义。联合国环境署所编写的教科书《环境法教程》对环境定义所做的评述是：“任何一个环境的一般定义最好完整地包括所有的影响地球上的有生命的和无生命的因素以及它们之间的相互作用。它包括有生命的和无生命的两部分。有生命的资源包括动物（其中包括人类）、植物和微生物。无生命的资源由两部分组成：其一是行星的物质生命支持系统如地理、水文、大气、物质和能源；其二是包括人造环境在内的历史的、文化的、社会的和美学的成分。”② 又如，我国《环境保护法》对环境界定为：“本法所称环境，是指影响人类生存和发展的各种天然的和经过人工改造的自然因素的总体，包括大气、水、海洋、土地、矿藏、森林、草原、野生生物、

① 参见郭建安、张桂荣：《环境犯罪与环境刑法》，群众出版社2006年版，第442～443页。

② 参见联合国环境规划署编著：《环境法教程》，王曦等译，法律出版社2002年版，第3页。

自然遗迹、人文遗迹、自然保护区、风景名胜区、城市和乡村等。”由此可见，环境是一个生态系统，其中资源只是环境的一个组成部分，环境与资源之间的关系应该是包容关系，而不是并列关系。环境犯罪侵害的对象是环境这一整体，而所谓的资源只不过是环境的要素而已。“环境犯罪”这一概念是目前国际上的通行说法，为各国刑法理论、立法和司法所广泛采用。因此，我国现行刑法将环境犯罪确定为“破坏环境资源保护罪”既不符合国际上对环境概念的基本理解和我国现行法律对环境的定义，也不符合绝大多数国家刑法在界定环境犯罪时所依赖的环境的概念。①

第二，不能全面体现环境犯罪的现状。破坏环境资源保护罪并不等于环境犯罪，环境犯罪可分为污染环境类型的犯罪和破坏环境资源类型的犯罪。其理由主要有：(1) 污染环境和破坏环境在犯罪行为表现方式上是不同的。污染环境是指在生产、运输、管理等过程中排放污物从而危害环境的，一般表现为排放“三废”及排放噪声等。破坏环境则是指在开发、利用环境因素的过程中，损害环境因素，从而危害环境。(2) 环境法著作中的通行观点都采用上述提法。在刑法理论上，我国很多学者通常也将我国刑法中的环境犯罪分为污染环境的犯罪和破坏环境资源的犯罪两类，前者如污染环境罪和非法处置进口的固体废物罪，后者如非法捕捞水产品罪、非法占用农用土地罪以及非法采矿罪等。(3) 国外刑法学者在论述环境犯罪时，也认为环境犯罪应包括两部分内容，即“环境污染和自然资源的破坏”。② 因此，在环境犯罪中，不仅存在着污染环境的犯罪行为，也存在破坏环境的犯罪行为，使用“破坏环境资源保护罪”来概括所有类型的环境罪，从外延上并未能全面涵盖所有环境犯罪类型。

基于以上分析，笔者认为“环境犯罪”与“破坏环境资源保护罪”的概念并非完全等同，现行立法中的“破坏环境资源保护罪”这一概念既不符合环境的基本定义，也不能全面涵盖环境犯罪的现状。因此，在修改和完善环境刑事立法时，建议以“环境犯罪”取代现行的“破坏环境资源保护罪”。

（二）将环境犯罪从“妨害社会管理秩序罪”中分离出来，单独设章

我国刑法的章节基本是按照犯罪同类客体的种类进行编排的，这是立法界

---

① 参见郭建安、张桂荣：《环境犯罪与环境刑法》，群众出版社 2006 年版，第 224 页。

② 参见付立忠：《环境刑法学》，中国方正出版社 2001 年版，第 184～185 页。

和刑法理论界的共识。现行刑法将环境犯罪统一规定在刑法分则第 6 章第 6 节中的“妨害社会管理秩序罪”中，由此可推论出，环境犯罪的同类犯罪客体是社会管理秩序，妨害社会管理秩序是所有环境犯罪的社会危害性的体现，并且是该类罪的社会危害性的主要体现。然而，分析破坏环境资源保护罪一节中所规定的犯罪，相当一部分并不属于妨害社会管理秩序的行为，其行为的危害性也不是体现在对社会管理秩序的妨害。关于环境犯罪所侵犯的客体，尽管刑法理论曾经有过许多分歧，形成过“公共安全说”、“环境法律关系说”、“环保制度说”、“环境社会关系说”等不同观点，但时至今日，由于社会的发展，人们对环境及环境犯罪的本质属性或本质特征认识的深化，刑法理论对环境犯罪所侵犯的客体基本上已达成了共识：环境自身可以构成独立的为刑法所保护的法益，它在本质上是具有独特类型侵犯客体的犯罪，而不必寄于社会管理秩序的篱下，环境犯罪的客体应该是环境权和环境生态安全关系。① 尽管在许多情况下，环境犯罪在侵犯环境权和环境生态安全的同时，也侵犯了相关的社会管理秩序，但是，并不意味着环境犯罪侵犯的一定是社会管理秩序或主要是社会管理秩序。因为妨害社会管理秩序是对国家确立的并由法律所维护的正常的运作状态的破坏，但从环境犯罪本身所固有的特点来看，它表现为对人类生存环境和共有资源的侵害或威胁，具体来讲，其客体是国家、社会组织或个人享有的良好质量的环境和资源所带来的物质和精神利益，这是环境犯罪不同于其他犯罪的特殊性。它更不同于一般的妨害社会管理秩序的犯罪。正因为如此，将环境犯罪在刑法典中独立成章，或者制定专门的单行环境刑法已成为当今世界各国有关环境刑事立法的一种主要趋势。另外，目前环境状况日益恶化，重大环境污染事故频频发生，因此，将环境犯罪独立成章，将彰显出环境犯罪所侵犯的社会关系的重要性，国家对惩治环境犯罪的重视，更有利于增强人们的环保意识，从而为预防、遏制环境犯罪提供基础性保证。基于上述理由，我国刑法应把环境犯罪从妨害社会管理秩序罪中分离出来，独立成章。

（三）进一步明确部分环境犯罪的罪过形式

现行刑法典对环境犯罪的规定多采取空白罪状的形式，如“违反国家规定”、“违反保护水产资源法规”、“违反矿产资源法规定”等，而“违反……规定”只表明“违反”行为是故意的，并不能表明对“违反……规定”所带

① 参见郭建安、张桂荣：《环境犯罪与环境刑法》，群众出版社 2006 年版，第 444 页。

来的后果持什么心理态度，行为人对结果的发生可能是故意的，也可能是过失的。面对本身就复杂的罪过形式，立法所采取的含混立法模式，为司法理论界带来了困惑。另外，从该罪的法定刑来看，分为两档，一是3年以下有期徒刑或者拘役，并处或者单处罚金；二是后果特别严重的，处3年以上7年以下有期徒刑，并处罚金。该罪的法定刑和重大责任事故罪、重大飞行事故罪等的法定刑基本相同。如果该罪的主观罪过形式包括故意，则其法定刑明显偏低，违背了刑法的罪责刑相适应原则。然而，在实践中，却存在放任环境污染的间接故意的客观现实，如企业在经济利益的驱使下，为降低生产成本，偷排有毒、有害物质，造成重大环境污染事故，行为人在主观上都是一种间接故意，而不应该是疏忽大意或者过于自信的过失。对此类故意行为，如何定性，刑法缺乏明确的规定。不少刑法学者和司法实务人员主张，如行为人明知自己非法倾倒、排放危险废物的行为会危及不特定人的生命、健康或公私财产安全，并且放任后果发生的，应该以投放危险物质罪论处。如此处理，虽然解决了这种行为的定罪问题，并且在理论上也不存在多少问题。然而，毕竟这也是一种典型的环境犯罪，在我国已对环境犯罪作了集中统一规定的情况下，不应该将该种犯罪情形排除在环境犯罪之外。因此，应该有必要修改污染环境罪的构成要件，使犯罪的主观方面包括故意和过失，并分别规定不同的法定刑。

（四）维持现行刑法中的过错责任原则，但在举证责任上可实行责任推定

目前，我国在刑事归责上坚持过错责任理论，并且由控方承担全部刑事举证责任，因此，在环境犯罪上尚无适用绝对严格责任和相对严格责任原则的判例。鉴于环境犯罪的特殊性，危害环境罪的成立仅仅以过错为依据，已不足以严格控制现代化生产建设高速发展所引起的对环境空前加剧的严重危害。因此，我国目前也有不少学者主张在环境犯罪中，在采用过失责任制的同时，还应采用无过失责任制（即绝对严格责任制），直接依据危害行为和后果认定污染方的刑事责任。

在环境刑法实践中特别是在惩治环境污染犯罪中，传统刑事归责理论确实暴露出相当多的困难，遇到多方位的阻力和挑战。但笔者认为，我国刑法并不能因此而对环境犯罪适用绝对的严格责任原则。因为，虽然环境刑法上的绝对责任的提出主要是受到环境民法归责演变的影响，但刑事责任与民事责任的价值和功能是不同的。刑事责任主要侧重于法律惩罚价值的实现，可称之为惩罚性责任。为了维护国家和社会利益，以人身责任的方式对严重危害社会的行为

给予严厉的人身制裁，以达到惩戒、教育和预防的目的。民事责任主要侧重于法律补偿价值的实现，因此可称之为补偿性责任。民事责任首先考虑的是利益关系的平衡。损害事实的存在，成为决定民事责任承担的根本条件。因此，无过错责任原则虽然可以成为民事责任原则，但却不可以当然地成为刑事责任原则。不过，为了兼顾刑事责任的主观性和污染犯罪的特殊性，可以采取相对严格责任也就是过错推定原则，即通过诉讼程序上的举证责任的倒置来减轻犯罪指控的难度，直接根据污染事实推定污染企业对危害后果的发生是有主观过错的，但同时允许污染企业反证自己主观上没有过错，例如证明自己已经尽到了合理的注意义务，或者证明污染行为是由不可抗力或第三人的过错造成的。正如有学者所主张的，“公害犯罪其行为的故意或过失甚难确定，盖其行为和结果间尚存一段期间，故待结果发生时，若非其行为一直持续，则其行为已无客观之存在，则如何认定其先前行为具有故意或过失，则应由法律或以推定方式，或以举证反置的方式，予以法律认定”。①

（五）进一步完善刑罚体系，增设“资格刑”

由于受刑法总则中刑罚体系和种类的限制，现行刑法规定的环境犯罪的刑罚种类只包括有期徒刑、拘役和罚金，而缺乏资格刑。然而，实践已证明，现行的刑罚配置，不利于更有效地惩治环境犯罪，实现保护环境的目的。因为，自由刑和罚金刑作为传统的刑罚手段虽对惩治环境犯罪有一定的效果，但对环境犯罪这一相对特殊的犯罪而言，却有其相对弱点：第一，自由刑的运用并不能完全遏制环境犯罪行为后果的持续危害作用，只能对行为人的再犯可能性加以预防，因而使刑罚的实际效果大为降低；第二，财产刑的低效运转，如罚金数额的偏低，不能全面有效地制止相关的环境犯罪，特别是对资产雄厚的大企业来说，低额的罚金几乎没有威慑力，企业缴纳罚金犹如缴纳排污费那样轻松，这在一定程度上等于纵容污染环境的犯罪。② 而在环境犯罪中，如剥夺其从事某项生产活动或事业的资格的刑罚措施则可以起到更有力的震慑作用，因为这类资格刑可以使罪犯丧失通过生产经营而继续获取利润的可能性。因此，国外在环境犯罪的刑事立法中特别重视资格刑的配置，如《俄罗斯刑法典》对环境犯罪规定了“剥夺担任一定职务或从事某种活动的权利”的刑罚措施。《越南刑法典》对环境犯罪规定了“禁止担任一定职务、从事一定的行业或者

① 参见黄隆丰：《论公害犯罪》，载《刑事法杂志》1979年第23期。

② 参见付立忠：《环境刑法学》，中国方正出版社2001年版，第235页。

工作”的刑罚措施。

因此，应在改革和完善现行刑法总则的刑罚体系的基础上，完善环境犯罪的刑罚种类，增加资格刑的配置，扩充资格刑的种类，在环境犯罪中配置限制生产经营活动、限期整治、吊销营业执照、责令关停、解散法人组织等资格刑，同时针对环境犯罪的特点，规定类似责令恢复环境的刑罚手段，使那些因过失导致环境犯罪，主观态度又好的犯罪人能用自己的劳动恢复自己破坏的环境，这样既惩治了犯罪，同时又使环境价值得以恢复。①

（六）完善非法处置固体废物罪、擅自进口固体废物罪的构成要件

第一，将犯罪对象扩充为固体废物、液态废物和气态废物三种类型。根据现行刑法的规定，二罪的犯罪对象仅限于固体废物一种类型。然而，废物形态包括固体、液态和气态三种类型，《刑法修正案（四）》已将走私固体废物罪的犯罪对象修改为包括固态、液态和气态三种类型，同时，在现实生活中，非法处置、擅自进口液态废物、气态废物也时有发生，因此，为了保持废物环境犯罪在对象上的协调性，全面遏制废物环境犯罪，应当将现行的非法处置固体废物罪和擅自进口固体废物罪的犯罪对象扩充为固体废物、液态废物和气态废物。

第二，将擅自进口固体废物罪设定为危险犯，从而使实害结果不再作为其犯罪构成的必要条件，以强化刑法在保护环境方面的重要作用。

（七）增设噪声污染罪

噪声污染是指排放的环境噪声超过国家规定的环境噪声标准，妨碍人们工作、学习、生活和其他正常活动的现象。噪声污染危害的严重性虽不像空气、水污染那样引起严重疾病或死亡，但噪声危害极具普遍性，其后果也十分严重，噪声曾被人形象地称为“慢性毒药”。② 因此，噪声污染与水污染、大气污染和辐射污染被公认为当代城市四大公害。正是基于对噪声污染的危害性的深刻认识，在20世纪六七十年代，许多国家如德国、奥地利、美国、法国、日本、韩国等都通过刑事立法，将噪声污染纳入了刑法的调控范围。如《德国刑法典》第325条规定：“违背行政法规定的义务，在设备、工场、机械的

---

① 参见郭建安、张桂荣：《环境犯罪与环境刑法》，群众出版社2006年版，第454～455页。

② 参见付立忠：《环境刑法学》，中国方正出版社2001年版，第559～560页。

运转过程中，产生足以危害属于设备范围以外他人健康之噪声，处5年以下监禁，或处罚金。”《奥地利刑法典》第181a条规定：“凡违反法规或行政机关的行政处分，制造噪声，致多数人身体健康遭受严重、持续的侵害者，处6个月以下有期徒刑或360日净额收入以下罚金。”日本的《公害罪法》第2条规定：“凡伴随工厂或事业单位的企事业活动而排放有损于人体健康的物质给公众的生命或身体带来危险者，应处以3年以下有期徒刑或300万日元以下的罚金。犯本罪而致人死、伤者，应处以7年以下有期徒刑或者500万日元以下的罚金。”

在我国，为了加强对环境噪声污染的控制和治理，1989年国务院通过了《环境噪声污染条例》、1996年全国人大常委会通过了《环境噪声污染防治法》，一些地方立法机关也先后制定了一些地方性法规。这些法律、法规和地方性法律对工业噪声污染、建筑施工噪声污染、交通噪声污染、社会生活噪声污染的防治和法律责任作了比较明确的规定，其中一些涉及了噪声污染刑事责任条款的内容，如1989年国务院通过的《环境噪声防治条例》。该条例第41条规定：“对违反本条例规定，造成环境噪声污染损害情节严重的，由所在单位或者上级主管机关对责任者给予行政处分，构成犯罪的，追究刑事责任。”1986年湖北省通过的《湖北省城市环境噪声管理条例》第30条第1款规定：“对违反本条例规定的单位或个人，视其情节轻重追究行政责任、经济责任、直至依法追究刑事责任。”然而，现行刑事立法却未能将噪声污染纳入刑法的调控范围，《刑法》第338条所规定的污染环境罪将环境污染明确局限于土地污染、水体污染和大气污染，将噪声污染排除在外。因此，我国现行刑法在噪声污染上的立法空白，既与上述我国现有的环保法律、法规中的规定不相协调，也不符合世界关于环境犯罪的刑事立法趋势，不利于对噪声污染的治理和控制。因此，为了遏制环境噪声污染，保护人类健康，弥补刑事立法有关噪声污染刑事责任的欠缺，刑法应当增设噪声污染犯罪及刑事责任。其具体罪状可表述为：“违反国家有关环境噪声污染防治的规定，超过国家的标准向外界排放各种噪声，屡禁不止，足以严重危害人体健康的，处……”

（八）增设抗拒环境保护整改罪

在我国，抗拒环境保护整改的行为屡见不鲜，并且有增多态势。为了从根本上杜绝危害环境行为的发生、演进，防止环境犯罪的出现，刑法应当将抗拒环保行政机关的整改命令这种严重的行政违法行为规定为犯罪。将抗拒环境保护整改的行为犯罪化，可以维护环保行政执法机关的执法威信，有利于发挥环境刑事法律的预防作用，遏制严重环境犯罪的增长势头，这也是一些环境刑事立法比较发达或完善的国家的实际做法或发展方向。① 其具体罪状可表述为："违反国家有关环境保护法律、法规，拒不执行或变相抗拒有关环境保护部门发布的整改命令，继续从事污染环境或者破坏环境行为，情节严重的，处……"

八、贪污贿赂犯罪的立法完善

贪污贿赂犯罪是各国政府面临的一个顽疾，如何在立法层面进行完善，以期更好地防范、惩治贪污贿赂犯罪，是摆在各国面前的一个课题。

2003 年 12 月 10 日，我国代表与世界 100 多个国家的代表在《联合国反腐败公约》上签字，此后，2005 年 10 月 27 日全国人大常委会批准加入《联合国反腐败公约》，中国已成为 2005 年 12 月 14 日起生效施行的《联合国反腐败公约》的首批国家之一。在我国加入公约之后，也有义务根据《联合国反腐败公约》的要求来进一步完善我国相关的反腐败刑事立法，以便切实履行义务。

（一）关于贿赂犯罪的对象范围

从我国现行刑法的规定来看，贿赂犯罪的对象是财物。但是，随着经济生活的多样化，不少人以财物以外的其他利益实施贿赂行为，对于财物以外的利益能否认定为贿赂，进而以贿赂犯罪追究刑事责任，刑法理论上存在不同的看法。笔者认为，从罪刑法定的角度看，贿赂的范围应当限制在"财物"的范围内。但从应然性的角度看，如何界定贿赂的范围，以期更好地惩治贿赂犯罪，值得研究。

1. 关于贿赂范围的不同观点。

关于贿赂犯罪之贿赂的范围，刑法理论界存在不同的观点，当然，这些观点主要是从应然性的角度出发提出的建议，具体而言，包括如下三种观点：

（1）财物说。这种观点认为，刑法将贿赂犯罪的对象限定为财物是合理的，之所以不将财物以外的财产性利益、非财产性利益作为贿赂犯罪的对象，是因为难以计算，实践中不宜操作。的确，这种观点应当是反映了 1997 年刑法制定之时立法者的立法意图的。当时，不少学者也提出了应当将贿赂犯罪的对象范围扩大至财物以外的利益，但并没有获得认同。

① 参见付立忠：《环境刑法学》，中国方正出版社 2001 年版，第 575 页。

（2）财产性利益说。这种观点认为，贿赂犯罪的对象包括财物以及财物以外的财产性的利益。在这种观点内部，有的学者认为，刑法所规定的财物的范围本身就可以解释为包括财产性的利益在内。有的学者则认为，财物本身的范围并不足以包括财产性的利益。但是，从实践中惩处贿赂犯罪的必要性角度看，有必要将贿赂作一定的修改，即财产性利益包括在贿赂之内。现今的刑法理论与实践一般均认为，贿赂的范围可以包括“财产性的利益”，即将财物进行扩大解释，包括财产性的利益在内。但是，对于非财产性的利益，例如招工提干、调换工作、迁移户口、晋升职务等，从罪刑法定的角度出发，不宜认定为是贿赂。刑法理论上的多数学者认为应当将财产性的利益纳入贿赂的范围，例如，“财物之外的财产性利益如免除债务、免费旅游或代为偿还行为人所负第三者的债务等，虽然不是财物，但与财物并无本质上的差异……索取或收受财产性利益，完全可以用金钱估价……所以应按受贿罪论处……将来修改刑法时，可以将财产性利益规定为贿赂内容，使贿赂不致陷入过于狭窄的困境”。①

（3）一切利益说。这种观点认为，贿赂犯罪的对象不仅仅包括财物、财产性的利益，一切利益均可成为贿赂犯罪的对象。

笔者认为，按照上述观点之争，贿赂的范围从应然性的角度看，最大的可能有三种形式：财物、财物以外的财产性的利益、非财产性的利益。对于财物，可以成为贿赂的对象已经不存在任何争议，这是刑法的明文规定。但对于财产性的利益、非财产性的利益，是否应当属于贿赂的范围，则存在一定的争议。

2. 财产性的利益。

笔者认为，就我国现行的立法来看，财物的范围应当可以包括财产性的利益。某一概念的内涵、外延随着社会生活的不断变化而不断地拓展，即具有延展性功能。例如，就“武器”这一概念而言，在不同的时候包括的范围就不完全一致，依照用语原来的外延已经不能处理实践中不断出现的新事物，因此，也有必要扩展其外延，如将现今的生物武器、化学武器也划入“武器”这一概念的外延。而这样的扩张，显然也不能称做法外扩张，而是概念外延随时代变化应有的结果，不能说是违反了罪刑法定原则。“法律规范的字面含义常常不是不证自明的，需要通过其他方法进行印证，且不仅可能有不只一个的合理解释，而且其解释本身也可能是变化的。”② 对于财物一词而言，在 1997

① 马克昌：《刑法理论探索》，法律出版社 1995 年版，第 264～265 页。

② 孔祥俊：《法律解释方法与判解研究》，人民法院出版社 2004 年版，第 453 页。

年立法之时，人们一般认为财物是指具体、实在的物，虽然在当时也存在财产性的利益，但财物与财产性的利益在不少人看来也许是两个独立的概念。但是，随着经济结构的发展，财产性的利益已经成为贿赂实践中的一种重要对象，人们在观念中也已经能够接受财产性的利益属于财物的一种，就没有必要将财产性的利益排除在财物的范围之外。刑法理论上持赞成说的学者占了多数。

实际上，最高人民法院也将“财物”的范围扩大解释为包括财产性利益在内。例如，2003 年 11 月最高人民法院《全国法院审理经济犯罪案件工作座谈会纪要》第 7 条规定了涉及股票受贿案件的认定，强调没有支付股本金，收受股票的，应认定为受贿；股票上市且已增值，仅支付股本金的，购买时的股票增值部分属于受贿数额。2007 年 7 月最高人民法院、最高人民检察院发布的《关于办理受贿刑事案件适用法律若干问题的意见》中就将财产性的利益纳入到刑法中的“财物”这一范围之中，例如，收受干股。司法实践中，对于收受他人财产性利益的行为，也是作为受贿罪处理的。

不少学者认为，将贿赂的范围扩大到非物质性的利益，在实践中将难以操作。如“将贿赂扩大到非财产性利益，还将因为无法计量而面临一个具体司法操作问题”。① 笔者认为，是否操作困难是一回事，应否入罪则是另外一回事。司法实践中，贿赂犯罪由于其具有一定的隐蔽性，存在大量的犯罪黑数，但也不能否认其犯罪性。在承认财产性利益作为贿赂犯罪的对象的基础上，我们完全可以打破现行的关于贿赂的计算方法，引入新的评价体系。正如有学者所指出的，“由于我国刑事立法采取以一定的财物数额为惩治标准，物质性利益因可以折算为金钱而在量刑上无困难，而非物质性利益因无法折算成一定数额的财物，确实在量刑上有一定困难。如果我国刑法将贿赂内容扩展至‘需要说’，那么就必须打破目前以数额大小为基础的处罚体系，建立根据性质、情节、行为的社会危害性等综合情况共同认定量刑的新的体系”。②

3. 非财产性的利益。

非财产性的利益，是指不能够转化为财产性的利益的其他好处。在当前行

① 熊选国、刘为波：《论贿赂犯罪的立法完善——基于〈反腐败公约〉和国内反腐败实际需要的平衡考察》，载赵秉志、朗胜主编：《和谐社会与中国现代刑法建设》，北京大学出版社 2007 年版，第 871 页。

② 孟庆华：《受贿罪的立法完善问题探讨》，载赵秉志、朗胜主编：《和谐社会与中国现代刑法建设》，北京大学出版社 2007 年版，第 914 页。

贿、受贿的实践中，对象已经不仅仅局限于财物或者财产性的利益，而是包括非财产性利益这一类好处。“从当前看，贿赂犯罪涉及的对象或者标的物已经从单纯的财物发展为设定债权、免除债务，免费提供高档娱乐服务、提供子女出国留学、提供住宅或者交通工具使用权、提供盈利机会、提供旅游、提供装修房屋、提供安排人员到垄断行业等岗位就业、提供工程承包或劳务机会、提供性服务及提职晋级等。”① 应当说，这些非财产性的利益在贿赂犯罪的实践中所起的危害作用并不亚于财产性的利益。

从罪刑法定的角度看，对于时下出现的非财产性的贿赂行为不宜以贿赂犯罪论处，因为刑法中的“财物”一词不能解释为包括“非财产性的利益”在内。但从应然性的角度看，笔者认为，应当将贿赂的范围包括为一切好处，包括“非财产性的利益”。我国 1993 年的《反不正当竞争法》就将贿赂扩大到“财物或者其他手段”，并于第 22 条规定，“经营者采用财物或者其他手段进行贿赂……构成犯罪的，依法追究刑事责任……”我国应该及时修改贿赂犯罪的刑事立法，将贿赂的范围既包括财物和财产性利益，也包括非财产性利益。主要理由如下：

（1）以非财产性利益实施贿赂行为，同样侵犯了贿赂犯罪的保护法益。在贿赂犯罪中，如受贿罪，通行的观点认为，其保护法益是职务行为的不可收买性。行为人以非财产性的利益贿赂国家工作人员，如性贿赂，同样侵犯了受贿罪的保护法益，如果不予以定罪，显然是不适宜的。从非财产性利益与财产性利益之间的关系来看，二者均可侵犯国家工作人员职务行为的不可收买性。“随着经济社会的不断发展变化，贿赂犯罪的手段也呈现出不断翻新的趋势……非物质性利益虽然难以计价，但同样可以使受贿人获得以钱财买不到或难以买到的实际利益，同样具有相当严重的社会危害性和思想腐蚀性。”②

(2)《联合国反腐败公约》也将贿赂的范围认定为是一切好处。《联合国反腐败公约》第 15 条规定：“各缔约国均应采取必要的立法措施和其他措施，将下列故意实施的行为规定为犯罪：……（二）公职人员为其本人或者其他人员或实体直接或间接索取或者收受不正当好处，以作为其在执行公务时作为或者不作为的条件。”该规定中的贿赂即是“不正当好处”，包括了非物质性

① 詹复亮：《贪污贿赂罪立法完善的若干问题》，载《人民检察》2008 年第 23 期。

② 熊选国、刘为波：《论贿赂犯罪的立法完善——基于〈反腐败公约〉和国内反腐败实际需要的平衡考察》，载赵秉志、朗胜主编：《和谐社会与中国现代刑法建设》，北京大学出版社 2007 年版。

的利益。我国已经加入《联合国反腐败公约》，并且该公约已经对我国生效。我国有义务按照公约的规定来修改我国关于贿赂犯罪的立法，关于贿赂的范围，有必要与公约保持一致，将贿赂的范围解释为包括非财产性利益在内的一切好处。

在早期，人们的利益满足方式较为简单，将贿赂的范围限定为财物是具有合理性的。但是，在当今社会，行为人实施贿赂犯罪时已经不仅仅是以财物为对象了，而是包括诸多形式。这也是《联合国反腐败公约》将贿赂的范围扩大为一切好处的重要原因。正如有学者所指出的，“当今全球性的腐败问题，有着许多共同的成因和规律，那么也必然会存在许多共同的对策。《联合国反腐败公约》如此规定的原因之一，正是因为这种普遍规律的客观性和某些普遍对策的有效性，将贿赂的范围规定为‘能满足受贿人各种生活需要和精神欲望的一切财产性利益和非财产性利益’（好处）”。①

（3）其他国家和地区的立法一般也将贿赂的范围规定为一切好处。纵观世界各国立法例，在贿赂范围的规定上，除法国等极少数国家仅限于财物外，多数国家和地区一般扩大到财物以外的范围。② 例如，《意大利刑法典》主要规定了三种受贿罪，即索贿罪、因职务行为受贿罪和因违反职责义务的行为受贿罪，在罪状中都叙明了收受“他人钱款或其他利益”的要件，明确钱款之外的其他利益也是受贿罪的对象。③《日本刑法》虽然没有列明贿赂的范围是否包括非财产性利益，但是日本审判实践中的做法是认为贿赂包括一切有形的、无形的利益，除金钱物品外，还包括提供担保、就业、艺妓演艺、嫖妓等非财产性利益。④ 我国香港地区的《防止贿赂条例》详尽列举了作为贿赂物的利益的种类：其一，礼物、借贷、费用、报酬或佣金；其二，职位、雇佣或合约；其三，支付、免除、清还或清理任何借贷、责任或其他负债之全部或部分；其四，任何其他服务或优惠（款待除外）；其五，执行或不执行任何权利、权力或职责；其六，有条件或无条件提供、承担或承诺前述五项所指之任何利益。

---

① 田立晓：《联合国反腐败公约与中国刑事法治》，中国刑事法律网 www.criminallaw.com.cn.

② 参见王作富、但未丽：《〈联合国反腐败公约〉与我国贿赂犯罪之立法完善》，载《法学杂志》2005 年第 4 期。

③ 参见《意大利刑法典》，黄风译，中国政法大学出版社 1998 年版，第 98 页。

④ 参见监察部研究室：《部分国家和地区刑法惩治贪污贿赂罪的有关规定》，载《中国监察》1989 年第 1 期。

当然，也有不少学者认为，将贿赂扩大到非财产性的利益，将会给司法实践带来困惑，缺乏可操作性。将贿赂扩大到非财产性利益，会使得行贿、受贿双方关系变得模糊不清，权钱交易的本质特征无从体现。“相互利用权力进行非财产性利益的交易中，究竟谁受贿、谁行贿势必无法区分。”① 还有学者指出，“我国刑事司法实践和传统理论历来注重从证据收集、数量衡量等各种因素考虑贿赂，纯粹的没有金钱代价的性交易无法认定贿赂犯罪的严重程度”。②

笔者认为，将贿赂的范围扩大为一切好处，包括非财产性利益在内，的确面临着如何计算的问题，尤其是现行的以财物数额为标准认定贿赂犯罪的做法对于非财产性利益如何计算的问题。早在1997年刑法制定过程中，不少学者就建议扩大贿赂犯罪的犯罪对象，当时立法没有采纳的主要原因是担心财物以外的其他对象不好计算，容易扩大打击的范围。但是，现在世界各国已经对这个问题达成了共识。因此，在将来的刑法修改过程中，应当扩大其范围。“《刑法》就此绝不能因噎而废食，因为量刑有困难就对此种犯罪疏于规制，实属不该。假如一旦把非物质性利益作为贿赂目的物的一部分，则现行贿赂罪惩罚机制的财物数量观念就得更新，以便适应具体量刑操作的需要。”③ 在将贿赂的范围扩大为非财产性利益在内的一切好处之后，对于贿赂犯罪的认定，当然要突破原来的“以数额大小论”的计算方法。

（二）贪污贿赂犯罪的犯罪数额

现行刑事立法对于贪污贿赂犯罪的定罪量刑主要采取了量化的模式，即主要根据犯罪数额的大小来决定行为是否成立犯罪、判处何种刑罚。例如，《刑法》第383条规定，个人贪污数额在5000元以上不满5万元的，处1年以上7年以下有期徒刑；个人贪污数额在5万元以上不满10万元的，处5年以上有期徒刑，可以并处没收财产；个人贪污数额在10万元以上的，处10年以上有期徒刑或者无期徒刑。《刑法》第386条规定，对于受贿罪的定罪量刑，也参照《刑法》第383条的规定。这种量化的处理模式为司法实践中认定贪污贿赂犯罪的确提供了便利，具有可操作性。但是，不容否认，对于贪污贿赂犯罪采取这种绝对的量化模式，也存在诸多的缺陷，有必要通过立法进一步完善。

---

① 马克昌：《刑法理论探索》，法律出版社1995年版，第265页。

② 曹坚：《论贿赂犯罪刑事立法的整合与完善》，载《国家检察官学院学报》2002年第5期。

③ 董玉庭、黄国新：《贿赂犯罪的几个问题研究》，载《当代法学》1999年第6期。

1. 立法之不足。

我国现行刑法对于诸多贪污贿赂犯罪根据数额的大小来定罪量刑，在实务操作层面而言，具有较强的可操作性。也不可否认，犯罪数额的大小确实是衡量贪污贿赂犯罪的社会危害性的一个重要指标，当然也是决定其定罪量刑的一个重要因素。但我国当前关于贪污贿赂犯罪的采取“唯数额论”的立法模式却存在一些弊端，具体而言，表现在如下方面：

（1）指标过于单一，不能反映出犯罪的本质特征。从我国关于贪污贿赂犯罪的关于犯罪数额的立法来看，在很大程度上是将犯罪数额作为定罪量刑的唯一标准，不符合犯罪的本质。对于贪污罪而言，其性质是一种贪利性质的犯罪，数额的大小是衡量行为的危害性的一个重要指标，在很大程度上可以说是一个唯一的指标。但是，即使是对于贪污罪而言，其社会危害性的大小也不仅仅是通过犯罪数额大小来衡量的，贪污罪中的财物的性质也对行为的社会危害性具有重要的影响，例如，贪污抢险救灾物资的社会危害性就比贪污其他财物的危害性要大。对于受贿罪，刑法保护的法益是职务行为的不可收买性，因此，除了财物的数额大小之外，行为人是否违背职务行为实施为他人谋取利益的行为也是衡量行为的社会危害性的一个重要因素，甚至是最为重要的因素。而现行刑法将数额作为受贿罪的一个绝对的标准，显然是不适宜的。

不可否认，现行刑法也在数额之外规定了情节这一要素，但仅仅规定了加重情节，而没有规定减轻情节，并且，情节也是在数额已经确定的刑罚幅度之外来确定刑罚的。例如，《刑法》第383条第1项规定，“个人贪污数额在10万元以上的，处10年以上有期徒刑或者无期徒刑，可以并处没收财产；情节特别严重的，处死刑，并处没收财产”。这一规定也适用于受贿罪。根据这一规定，个人贪污或者受贿10万元以上的，只要没有法定的减轻处罚情节的，就处“10年以上有期徒刑或者无期徒刑”，数额在其中起了决定性的作用。数额之外的“情节特别严重”，仅仅是针对加重的刑罚“死刑，并处没收财产”而言的。

（2）数额绝对，不能反映社会发展变化。立法上规定定罪数额可以使得司法人员有明确的定罪、量刑标准，严格地执行罪刑法定原则，从而较好地体现立法意图，防止司法权的滥用。这也是我国刑法定性与定量模式结合的一种表现。然而，我们在肯定这种立法模式优点的同时，也要反思其存在的局限性。罪刑法定原则在由绝对主义发展到今天相对主义的现实背景下，采用绝对数额的起刑线立法方式是否合理值得反思。① 模糊性所具有的“可以有效地严密刑事法网、严格刑事责任”的特殊功用有时恰恰是立法者所需要而为“精确性”所不具备的。②“事实上，刑法的明确性是由立法的明确性与解释的明确性共同实现的，刑法本身不可能绝对明确。采用一些概括性条款可以使法官在司法过程中行使一定权限内的司法解释权，有助于实现刑法与社会及犯罪现象的同步发展。”③ 我国刑法对贪污、受贿罪的刑罚规定得过于绝对，欲使犯罪数额与刑罚之间建立起一种对应关系，以期在司法实践中更具有可操作性。认为犯罪数额与法定刑之间存在对应关系，是因为财产数额的大小能够反映出行为的社会危害性。但问题是，即使认为财产数额能够反映出行为的社会危害性，财产数额所反映的社会危害性也并不是绝对的，而会随着时间、地域的不同而不同，例如，在 1997 年刑法制定之初，贪污 5000 元的社会危害性显然与现今贪污 5000 元的社会危害性是不同的。但是，犯罪数额所反映的社会危害性的变化并没有引起相应的法定刑的变化。

（3）贪污罪、受贿罪共用同一定罪量刑数额。我国《刑法》第 386 条规定，“对犯受贿罪的，根据受贿所得数额及情节，依照本法第三百八十三条的规定处罚。索贿的从重处罚”。根据这一规定，受贿罪的定罪量刑采用与贪污罪相同的标准，这种做法的合理性是值得考虑的。从其他国家的立法例来看，多数国家对于受贿罪专门规定了相应的处罚情节，这些处罚情节是不同于贪污罪的。并且，就受贿罪与贪污罪的比较来看，两者也是完全不同的两类犯罪。贪污罪因为具有财产犯罪的特性，因此，体现其社会危害性大小的主要因素是数额大小，其他情节则是次要因素；而受贿罪因为不具有财产犯罪的特性，所以，体现其社会危害性大小的主要因素除包括数额外，还应包括犯罪手段（如是否索贿）、造成后果（如是否滥用职权造成其他严重危害社会的后果）等。在有些受贿案件中，其他情节的危害性甚至比受贿数额的危害性更大。④

受贿罪究其实质是一种渎职犯罪，而贪污罪是一种利用职务便利所实施的财产犯罪，二者具有本质上的不同，以受贿数额作为定罪量刑的基础并不妥

① 参见卢勤忠：《我国受贿罪的若干刑罚问题研究》，载《国家检察官学院学报》2008 年第 3 期。

② 参见储槐植、宗建文等：《刑法机制》，法律出版社 2004 年版，第 88 页。

③ 卢勤忠：《我国受贿罪的若干刑罚问题研究》，载《国家检察官学院学报》2008 年第 3 期。

④ 参见卢勤忠：《我国受贿罪的若干刑罚问题研究》，载《国家检察官学院学报》2008 年第 3 期。

当。“视受贿为渎职犯罪，是多数国家刑事立法的通例，在德国、意大利、日本、法国等国刑法典中，受贿罪莫不是归入渎职罪或者妨害公共管理罪中，因为其妨碍的主要是国家机关的正常活动、廉洁制度及其在公众中的威望和声誉。主要以数额为基本依据对受贿行为定罪量刑，与渎职罪这一基本特征及其社会危害性不相一致。”① 我国1979年刑法也是将受贿罪规定为渎职罪的一种。此外，贪污是行为人主动实施的侵犯财产的行为，而受贿罪中大部分行为人（索贿的除外）是被动地接受他人的财物。“贪污犯罪是行为人利用职务上的便利，非法将公共财物占为己有的行为，具有监守自盗的性质；受贿犯罪是行为人利用职务上的便利，收受行贿人的财物利益的行为，除了索贿，有些受贿行为有一定的被动性。受贿犯罪固然亵渎了权力的正当性，可贪污犯罪则不仅亵渎了权力的正当性，而且直接侵害了国家和集体的财产利益。”②

2. 立法建议。

基于我国刑法关于贪污贿赂犯罪数额的规定，笔者认为，可以进行如下的立法完善：

（1）对于犯罪数额，立法不宜作具体的规定。“法律总是具有一定程度的粗糙和不足，因为它必须在基于过去的同时着眼于未来，否则就不能预见未来可能发生的全部情况，现代社会变化之疾之大使刑法即使经常修改也赶不上它的速度。”③ “惟刑法所规定之构成要件却难尽明确性原则，例如其对于规范构成要件、开放构成要件及空白法规，亦多加以承认。”④ 立法定性、司法定量是多数国家刑法实践中的做法，之所以不在立法中对于犯罪的量作出明确的要求，是因为生活的变化太大，如果立法对犯罪的“量的要求”规定得过于明确，则难以适应社会现实的不断变化，易导致刑法的不周延性。不可否认，犯罪数额是贪污贿赂犯罪中反映行为的社会危害性及其程度的一个重要因素，但如果采取绝对确定的量，则难以适宜社会生活的变化。“贿赂犯罪的数额一旦有了明确规定，即在贿赂的行为空间与其刑罚幅度之间建立起了一定的等价

---

① 熊选国、刘为波：《论贿赂犯罪的立法完善——基于〈反腐败公约〉和国内反腐败实际需要的平衡考察》，载赵秉志、朗胜主编：《和谐社会与中国现代刑法建设》，北京大学出版社2007年版，第876～877页。

② 刘华：《论国家工作人员受贿犯罪的立法完善》，载赵秉志、朗胜主编：《和谐社会与中国现代刑法建设》，北京大学出版社2007年版，第905页。

③ 参见陈正云：《刑法的精神》，中国方正出版社1999年版，第45页。

④ ［日］泷川幸辰：《犯罪论序说》，载高铭暄、赵秉志主编：《刑法论丛》（第3卷），法律出版社1999年版，第186页。

关系，而这种等价关系是会随着经济状况（如通货膨胀或经济腾飞）、时空条件等的变化发生相应变化的。在此时此地此条件下是合理的，在彼时彼地彼条件下就会不合理。因此法律应该主要着眼于对犯罪行为的性质上的否定，而将量的把握留给司法机关。"① 具体而言，笔者认为，对于犯罪数额的规定，仅仅宜规定"数额较大"、"数额巨大"、"数额特别巨大"等抽象性的规定，而留待司法实践中去具体解释。或者对于犯罪数额大小规定一定的参照比例，例如，以居民的当年度的平均工资为标准，以相应的倍数的数额大小确定刑罚的大小。

从我国刑法中关于其他犯罪的规定，尤其是从相类似的经济犯罪、财产犯罪的规定来看，几乎没有关于具体明确的数额规定，均是在立法中规定了"数额较大"、"数额巨大"、"数额特别巨大"等概括性、抽象性的规定，具体标准留待司法实践中进行具体的解释。对于贪污贿赂犯罪，有必要采取这样的规定。

（2）淡化犯罪数额在贪污贿赂犯罪构成要件中的绝对作用。现行刑法对于贪污贿赂犯罪的规定中，犯罪数额成为衡量行为的社会危害性及其程度的一个重要的指标，这是不符合具体犯罪的本质特征的。笔者认为，对于主要性质是侵犯财产型的贪污贿赂犯罪，犯罪数额的大小是影响行为的社会危害性及其程度的重要因素，但不是唯一的因素，应当在同一构成要件中引入其他的因素，例如，情节严重、后果严重等。应当规定，情节较轻的可以从轻、减轻处罚。而对于行为的性质不完全是侵财型的犯罪，如受贿罪，其本质在于处罚权钱交易行为，因此，行为人是否违背职务也是衡量其社会危害性的一个重要因素，应当在受贿罪的构成要件中将犯罪数额及行为人是否违背职务行为作为构成要件。"从实际情况看，贪污罪与受贿罪社会危害性的表现形式有较大差别：贪污罪的社会危害性主要是通过数额大小体现，而受贿罪的社会危害性，除了受贿数额大小以外，更多地是通过国家工作人员滥用权力的情况或者给国家利益造成重大损失等情节表现出来，在有些案件中，其他情节的危害性甚至比受贿数额的危害性更大。"② "我国刑法对于受贿罪入罪的立法模式，可采

① 卢建平：《从〈联合国反腐败公约〉看贿赂犯罪的立法发展》，载《人民检察》2005年第3期。

② 熊选国、刘为波：《论贿赂犯罪的立法完善——基于〈反腐败公约〉和国内反腐败实际需要的平衡考察》，载赵秉志、朗胜主编：《和谐社会与中国现代刑法建设》，北京大学出版社2007年版，第877页。

用数额犯和情节犯相结合的立法方式，规定受贿数额较大或者具有其他较重情节的，构成犯罪。至于何谓‘数额较大’或‘情节严重’，可以通过司法解释方法解决。”① “受贿犯罪应该规定综合情节对量刑的影响，以情节较轻、情节较重、情节严重、情节特别严重为量刑档次的划分标准。情节包括数额多少、是否违背职责、行为危害影响、受贿主动被动等因素。以情节替代数额作为量刑因素，可以较全面地评价受贿犯罪，以此设置法定刑的幅度可以罚当其罪。”②

（3）贪污罪、受贿罪的定罪量刑数额分立。根据我国《刑法》第386条的规定，受贿罪与贪污罪采取的是同一定罪量刑标准。由于贪污罪、受贿罪的保护法益并不一致，有必要对二者的定罪量刑的犯罪数额分别规定，准确地反映各自的社会危害性及其程度。

（4）适度降低贪污罪的犯罪数额，使其与其他财产犯罪如盗窃罪的定罪数额保持大体上一致，甚至还应再低一些。贪污罪是一种典型的利用职权侵犯公共财产权的犯罪，其不仅侵犯了财产所有权，还侵犯了国家工作人员职务行为的廉洁性。较之一般的财产犯罪如盗窃罪、诈骗罪、侵占罪，贪污罪还侵犯了国家工作人员职务行为的廉洁性这一保护法益。因此，对于贪污罪的定罪量刑的数额起点应当比其他财产犯罪的要求低。但实际上，根据最高人民法院的相关司法解释，贪污罪的定罪量刑数额比其他犯罪的要求还要高，这显然是不适宜的。正如有学者所指出的，“按照新刑法的规定，贪污、受贿构成犯罪的数额起点一般为5000元，按照有关司法解释，盗窃、诈骗构成犯罪的数额起点一般为2000元，相差一倍多。这有悖国家工作人员犯罪从重处罚的原则”。③ 因此，有必要使贪污罪的定罪量刑数额与其他财产犯罪的定罪量刑数额保持一致，甚至更低。

（三）受贿罪中“为他人谋取利益”的修改

根据我国刑法的规定，《刑法》第385条规定了“为他人谋取利益”，一般认为，行为人被动非法收受他人财物，必须具有“为他人谋取利益”这一

---

① 卢勤忠：《我国受贿罪的若干刑罚问题研究》，载《国家检察官学院学报》2008年第3期。

② 刘华：《论国家工作人员受贿犯罪的立法完善》，载赵秉志、朗胜主编：《和谐社会与中国现代刑法建设》，北京大学出版社2007年版，第901页。

③ 陈瑞林：《贿赂犯罪若干问题再思考》，载《现代法学》1999年第4期。

要件，才能成立受贿罪。刑法理论与实务中对于“为他人谋取利益”这一要件的存废，存在不同的观点：

1. 关于“为他人谋取利益”的不同理解。

如何理解“为他人谋取利益”，存在两种不同的观点：

(1) 主观说。主观说认为，“为他人谋取利益”是对受贿者主观方面的要求，即只要受贿者主观上具有“为他人谋取利益”的意图即可。如有论者指出，“为他人谋取利益”只是行贿人和受贿人之间货币与权力相互交换达成的默契。就行贿人而言，是对受贿人的要求；就受贿人而言，是对行贿人的许诺或答应。因此，为他人谋取利益只是受贿人的一种心理态度。①

(2) 客观说。客观说认为，“为他人谋取利益”不仅仅存在于受贿者的主观方面，而且必须存在于客观方面。但“为他人谋取利益”在客观方面应当达到什么程度，是只要客观上承诺了为他人谋取利益，还是实际上正在为他人谋取利益，或者已经实际上为他人谋取到了利益，存在不同的观点。如有的认为，所谓为他人谋取利益，是指受贿人为行贿人谋取某种非法的利益或者合法的利益，是行贿人和受贿人之间的一个交换条件。② 有的认为，“为他人谋取利益作为客观要件，只是一种最低要求，即不要求客观上有为他人谋取利益的行为与结果；如果国家工作人员已经客观上准备或者开始为他人谋取利益，或者已经使他人得到部分或者全部利益的，则当然符合‘为他人谋取利益’的客观要件”。③ 司法实践中也持此观点。《全国法院审理经济犯罪案件工作座谈会纪要》(法［2003］167号）规定，为他人谋取利益包括承诺、实施和实现三个阶段的行为。

2. “为他人谋取利益”的存废之争。

根据最高人民法院的司法解释，“为他人谋取利益”包括承诺、实施和实现三个阶段。由于“为他人谋取利益”的范围较为宽泛，司法实践中如何证明“为他人谋取利益”存在难度，特别是“承诺”为他人谋取利益。并且，关于受贿罪的保护法益，通说的观点认为是职务行为的不可收买性，只要行为人利用职务上的便利收受他人财物，就侵犯了受贿罪的保护法益，并不要求行为人为他人谋取利益。基于此，不少学者认为，我国现行刑法中关于受贿罪的

---

① 参见王作富、陈兴良：《受贿罪若干要件之研讨》，载杨敦先等主编：《廉政建设与刑法功能》，法律出版社1991年版，第136页。

② 参见高铭暄主编：《中国刑法学》，中国人民大学出版社1989年版，第692页。

③ 张明楷：《论受贿罪中的“为他人谋取利益”》，载《政法论坛》2004年第5期。

“为他人谋取利益”这一构成要件应当删除。如有论者认为，无论是客观要件说还是主观要件说，在刑法理论上和司法实践中都存在着一定的缺陷和障碍，应当取消“为他人谋取利益”这一构成要件。①

有的学者则认为，“为他人谋取利益”这一规定应当予以保留。“受贿罪中‘为他人谋取利益’要件应予保留，这不仅有利于突出受贿罪的权钱交易特征，更好地区分现阶段受贿犯罪与违反纪律收受礼金等行为的界限，也与《联合国反腐败公约》第 15 条规定的‘以作为其在执行公务时作为或者不作为的条件’实质一致。同时，为从立法上根本解决为他人谋取利益的理解问题，建议在《刑法》第 385 条中增设一款规定，‘明知他人具有请托事项而收受其财物、财产性利益的，视为为他人谋取利益’。”②“《联合国反腐败公约》第 15 条关于受贿罪的规定在字面上确实没有出现‘为他人谋取利益’的措辞，但是明确规定了‘以作为其在执行公务时作为或者不作为的条件’。很难想象，利用职务上的便利为他人谋取利益，与执行公务时作为或者不作为有何实质上的不同？实际上，利用职务便利与为他人谋取利益，或者执行公务与作为或者不作为，不过是一个事物的两个方面，为他人谋取利益或者作为与不作为都是利用职务便利或者执行公务的具体体现，所以，关于取消为他人谋取利益仅保留利用职务上的便利要件，在逻辑上难以成立。”③

3. 笔者之观点。

笔者认为，《联合国反腐败公约》中规定的是“以作为其在执行公务时作为或者不作为的条件”，按照该规定，收受他人贿赂只要是在以执行公务时作为或者不作为为条件，而不论收受贿赂的人在执行公务时是否实际实施了该作为或不作为，也不论这种作为或不作为是否能够给行贿人带来利益，都构成受贿罪。这种规定，既表明了受贿罪的权钱交易的特点，又没有限定受贿罪的构成须有为他人谋利益的行为，只要在执行公务中以实施某种作为或不作为为条件收受他人提供的不正当好处，即构成受贿罪，而不问这种作为或不作为是否

① 参见马长生、邱兴隆主编：《刑法热点问题研究》，湖南人民出版社 2003 年版，第 434～439 页。

② 熊选国、刘为波：《论贿赂犯罪的立法完善——基于〈反腐败公约〉和国内反腐败实际需要的平衡考察》，载赵秉志、朗胜主编：《和谐社会与中国现代刑法建设》，北京大学出版社 2007 年版，第 873～874 页。

③ 熊选国、刘为波：《论贿赂犯罪的立法完善——基于〈反腐败公约〉和国内反腐败实际需要的平衡考察》，载赵秉志、朗胜主编：《和谐社会与中国现代刑法建设》，北京大学出版社 2007 年版，第 873 页。

为了行贿人的利益。①

笔者认为，“为他人谋取利益”这一构成要件应当取消。具体而言，有如下理由：

（1）从受贿罪的保护法益来看，当下观点倾向于认为是职务行为的不可收买性。只要公职人员实施了收受他人贿赂的行为，就可以成立受贿罪。至于主观上是否有为他人谋取利益的故意，客观上是否具有为他人谋取利益的行为，并不能改变行为人行为的受贿本质。

（2）如果存在“为他人谋取利益”这一要件，将意味着不为他人谋取利益的人，利用职务上的便利收受贿赂是刑法允许的，这显然是不合理的，为行为人规避刑法的规定留下了空间。

（3）《联合国反腐败公约》的要求。《联合国反腐败公约》第15条（贿赂本国公职人员）规定：“（一）直接或间接向公职人员许诺给予、提议给予或者实际给予该公职人员本人或者其他人员或实体不正当好处，以使该公职人员在执行公务时作为或者不作为；（二）公职人员为其本人或者其他人员或实体直接或间接索取或者收受不正当好处，以作为其在执行公务时作为或者不作为的条件。”根据这一规定，行为人所收受的贿赂是“以作为其执行公务时作为或者不作为的条件”。从该规定来看，并未要求受贿罪必须利用职务上的便利为他人谋取利益，只要收受贿赂是作为公职人员职务行为的对价即可。

（4）我国刑法中规定的受贿犯罪包括受贿罪、非国家工作人员受贿罪、单位受贿，仅仅在受贿罪中规定了“为他人谋取利益”，同是受贿犯罪，其他罪名则没有作此要求，这显然不合理。正如有学者所指出的，在这里甚至不必讨论将“为他人谋取利益”规定为受贿罪的犯罪构成要件是不是具有合理根据，因为不论结论是什么，都至少有一条法律违反了刑罚法规内容正当的原则。②

（四）取消行贿罪中的“为谋取不正当利益”要件

我国刑法为了突出从严治吏的刑事政策，将国家公职人员的贪污贿赂犯罪作为严惩的对象，把行贿犯罪仅仅作为一种附带的犯罪来规定。对于行贿犯

① 参见张智辉：《论贿赂犯罪的立法完善——〈联合国反腐败公约〉与我国刑法的衔接问题》，载赵秉志、朗胜主编：《和谐社会与中国现代刑法建设》，北京大学出版社2007年版，第888页。

② 参见肖宇平：《论我国刑法中受贿罪规定的缺失与完善》，载《云南大学学报》（法学版）2007年第5期。

罪，不仅在处罚的严厉程度上要比受贿罪轻很多，并且犯罪的成立要件多，例如，行贿犯罪均要求行为人具有“为谋取不正当利益”。《刑法》第389条第1款规定，“为谋取不正当利益，给予国家工作人员以财物的，是行贿罪”。此外《刑法》第391条（对单位行贿罪）、第393条（单位行贿罪）均规定了“为谋取不正当利益”。不正当利益属于规范的构成要件要素，如何划分不正当利益与正当利益，观点并不完全一致。1999年最高人民法院、最高人民检察院《关于在办理受贿犯罪大要案的同时要严肃查处严重行贿犯罪分子的通知》中指出，“谋取不正当利益”是指谋取违反法律、法规、国家政策和国务院各部门规章规定的利益，以及要求国家工作人员或者有关单位提供违反法律、法规、国家政策和国务院各部门规章规定的帮助或者方便条件。但实践中仍然认为可操作性不强，认定时存在诸多的困难。首先，从主观上看，行为人是否“为谋取不正当利益”很难认定；其次，就“不正当利益本身而言”，其范围包括哪些，仍然存在一定的争议。从《联合国反腐败公约》的内容来看，“不正当利益”的范围是难以确定的。根据《联合国反腐败公约》的规定，对于行贿犯罪，并不要求行贿人主观上具有“为谋取不正当利益”的故意。而我国刑法中对于行贿犯罪所规定的“为谋取不正当利益”这一要件，显然不利于对行贿犯罪的打击。笔者认为，应当取消行贿犯罪中的“为谋取不正当利益”的要件，具体理由如下：

（1）从行贿罪的本质看，其保护的客体是国家工作人员职务行为的不可收买性。只要行为人给予国家工作人员以一定的好处，作为国家工作人员职务行为的回报，就应当认为是侵犯了行贿罪所保护的客体，无论行为人是否“为了谋取不正当利益”。行贿人谋取的利益正当与否，只是反映行贿人主观恶性的大小和社会危害性程度的不同，并不影响行贿罪的本质。行贿与受贿作为刑法理论上的“对行犯”，其实质是种“钱权交易”。应当说，“为了谋取不正当利益”只是反映行贿人的主观恶性更大，社会危害性更大。

(2)《联合国反腐败公约》关于向公职人员行贿罪的规定中，也没有“为谋取不正当利益”的规定。该公约第15条（贿赂本国公职人员）规定：“各缔约国均应当采取必要的立法措施和其他措施，将下列故意实施的行为规定为犯罪：（一）直接或间接向公职人员许诺给予、提议给予或者实际给予该公职人员本人或者其他人员或实体不正当好处，以使该公职人员在执行公务时作为或者不作为；（二）公职人员为其本人或者其他人员或实体直接或间接索取或者收受不正当好处，以作为其在执行公务时作为或者不作为的条件。”按照公约规定，只要行贿人给予公职人员以一定的好处作为公职人员职务行为的对价，就认为这是一种权钱交易行为，侵犯了行贿罪、受贿罪的保护法益，构成行贿罪。我国已经加入该公约，并且该公约已经正式对我国生效，从这一角度看，也有必要取消行贿类犯罪中"为谋取不正当利益"这一构成要件的规定。

(3) 如果认为只有"为谋取不正当利益"的行为才构成行贿罪，那么，意味着"为谋取正当利益"或者不谋取任何利益而给予工作人员财物的，不成立犯罪。这样，不利于从源头上打击受贿罪。此外，从刑法理论上看，行贿罪与受贿罪是对行犯，刑法关于受贿罪的构成要件中没有"为谋取不正当利益"，因此有必要取消行贿罪中"为谋取不正当利益"这一构成要件。

(4) 如何区分正当利益与不正当利益较为困难。正当利益与不正当利益本身就属于规范的构成要件要素，其区分存在很大的难度。特别是当前我国正处在体制转轨的社会转型时期，这使得许多领域，尤其是经济领域的一些"利益"正当与否更难区分。

(五) 对行贿人员的处罚

行贿犯罪与受贿犯罪属于对行犯，二者成立不同的罪名。我国刑法中规定了数个行贿犯罪，如行贿罪（第389条）、对非国家工作人员行贿罪（第164条）、单位行贿罪（第393条）、对单位行贿罪（第391条）。刑法对于行贿犯罪的处罚明显轻于受贿犯罪。例如，根据《刑法》第389条的规定，一般情形下对行贿罪处"5年以下有期徒刑或者拘役"，在具有加重情节的情形下，才处以加重的刑罚，并且，最高刑罚是"处10年以上有期徒刑或者无期徒刑，可以并处没收财产"。《刑法》第383条对受贿罪所规定的刑罚最高可达"死刑，并处没收财产"。此外，刑法对于行贿犯罪规定了特别的减轻处罚规定，根据《刑法》第390条第2款的规定，"行贿人在被追诉前主动交待行贿行为的，可以减轻处罚或者免除处罚"。《刑法》第164条第3款在非国家工作人员行贿罪中也规定，"行贿人在被追诉前主动交待行贿行为的，可以减轻处罚或者免除处罚"。从整体上看，我国刑法对于行贿犯罪的处罚明显轻于对受贿犯罪的处罚。

对于这些规定是否合理，刑法理论上存在不同的观点。不少学者认为，对于行贿犯罪应当与相应的受贿犯罪同罚，或者适度提高行贿犯罪的刑罚。如有的学者认为，在立法上应该借鉴某些国家的经验，对行贿罪与受贿罪实行同罚。① 部分

① 参见卢建平、张旭辉编著：《美国反海外腐败法解读》，中国方正出版社2007年版，第73页。

学者认为，对于行贿犯罪应当从宽处罚，甚至主张对于行贿犯罪的处罚应当更轻。有学者认为，如果对构成行贿犯罪的行贿人（自然人或单位）予以较重的处罚，就难以从行贿人处获得指控受贿犯罪的有力证据。出于这样的考虑（当然也有其他方面的考虑），刑法对行贿犯罪的处刑远轻于受贿犯罪。为了鼓励行贿人指证受贿犯罪，《刑法》第390条还规定，行贿人在被追诉前主动交代行贿行为的，可以减轻处罚或者免除处罚。甚至有论者主张对行贿犯罪适用豁免规则。①

笔者认为，现行刑法对于行贿犯罪的处罚过于宽松，不利于打击行贿犯罪，也不利于从源头上控制受贿犯罪。但对于行贿犯罪，也没有必要同受贿犯罪予以同等程度的处罚，毕竟在受贿犯罪中，尤其是国家工作人员的受贿罪，是考虑到了国家工作人员的主体身份这一要素在内的。针对我国现行刑法对于行贿犯罪较之受贿犯罪处罚过轻，有必要加重对行贿犯罪的处罚，具体建议及理由如下：

（1）行贿罪是受贿罪的源头，对于行贿罪的从重打击，是从根源上消除行贿、受贿犯罪。对于实践中发生的行贿、受贿案件，虽然有不少是基于受贿人主动地索贿，行为人被动地行贿，行贿人的主观恶性较小，对于此种类型的行贿行为，的确有必要较之相应的受贿行为从宽处罚。但是，实践中大多数的行贿、受贿犯罪均是行贿人积极地实施行贿行为，从这一意义上看，受贿的根源在于行贿人的行贿行为，有必要对于行贿行为予以较重的打击，从而从根源上防止行贿、受贿行为。行贿犯罪往往是受贿犯罪发生的诱因，在行贿猖獗的地区，受贿犯罪的发生概率必然较高，打击行贿犯罪自然成为抑制受贿犯罪的手段之一。如果刑法对于行贿的处罚规定过轻，对行贿行为起不到震慑作用，受贿也随之而生。

（2）对于行贿行为，应当适度地比受贿行为的刑罚稍轻。作为对行性的犯罪，行贿、受贿是相对应而存在的。但是，对于行贿行为，应当比照受贿行为适度从轻处罚，这是因为受贿行为的主体，尤其是公职人员受贿，均是利用了职务上的便利，受贿行为人的身份在衡量行为的社会危害性及其程度方面起了重要的作用。这也是从严治吏的刑事政策在刑法上的体现。因此，对于国家工作人员所实施的受贿罪，刑罚应当比行贿罪更重。不过，《联合国反腐败公约》对于行贿行为与受贿行为进行了相同的评价，不可否认，在国外的立法

① 参见何德飞：《浅议受贿案件侦查中对行贿犯罪的豁免问题》，载《人民检察》2001年第7期。

中，确实有受贿与行贿同等处罚的立法例。例如，《西班牙刑法典》第 423 条规定："任何人以赠品、礼品、承诺或者应答等方式腐化或试图腐化当局或者公务员者，除不给予停职处分外，与受贿公务员者的处罚相同。但满足当局或者公务员索贿要求的，根据前项规定减轻一级处罚。"《法国刑法典》第 433—1 条对行贿罪规定的刑罚与第 342—11 条对受贿罪规定的刑罚完全相同；第 433—2 条则明确规定斡旋受贿与斡旋行贿"处相同之刑罚"。但这种做法，笔者认为，在目前我国的现实情形下，还难以做到将行贿、受贿完全同等处罚。正如有学者指出的，"分析行贿与受贿同罚的国家，可以看出，它们对受贿罪的最高刑往往也并不高，一般均在 10 年或 5 年以下徒刑。这种刑法整体上呈现出的轻刑结构，使得行贿与受贿同罚具备了可能性"。① 实际上，世界上也有不少国家的立法同我国一样，行贿罪的处罚要轻于受贿罪的处罚。

（3）对于行贿犯罪予以较重的处罚，并不会妨害对行贿、受贿犯罪的惩处。从刑事政策的角度看，对于行贿人在行贿后，如实供述了自己罪行的行为，可以从宽处罚。因为行贿、受贿犯罪作为一种对行性的共同犯罪，在很大程度上是发生在行贿人与受贿人之间，如果不在行贿人、受贿人方面寻求突破口，则难以查清事实的真相。"行贿与受贿往往是暗箱操作，双方既都有利可图，而一旦败露又都要治罪，所以行贿人与受贿人都心照不宣，形成一种相互'信任'的关系。如果立法上规定行贿人主动交待行贿行为的'不以犯罪论处'，那么，受贿人惧怕被告发而不敢受贿，行贿人惧怕人家不收受而不敢行贿，双方处在囚徒困境，可以在很大程度上遏制贿赂的发生。"② 张明楷教授指出："而几乎不存在这种信任关系的犯罪，如伤害罪、强奸罪、抢劫界、盗窃罪，都不存在双方信任问题，所以被害人一般会告发，行为人因而会受到刑罚处罚。由此看来，如果采取某种立法措施，使行贿人与受贿人之间的信任关系不复存在，至少有一方面主动检举、交待贿赂犯罪事实，那么，就可能收到较好的效果。而要使行贿人与受贿人不存在信任关系，就需要将行贿人与受贿人置于囚徒困境。"③ 但是，笔者认为，对行贿人在行贿后主动交待行贿事实的，一律完全不追究刑事责任也并非合理，这样会导致行贿的人更加猖狂地实施行贿行为，因为只要他们事后主动交待事实便不会被追究刑事责任。张明楷

① 卢勤忠：《我国受贿罪的若干刑罚问题研究》，载《国家检察官学院学报》2008 年第 3 期。

② 张明楷：《置贿赂者于囚徒困境》，载《法学家茶座》2004 年第 5 辑。

③ 张明楷：《置贿赂者于囚徒困境》，载《法学家茶座》2004 年第 5 辑。

教授认为，此种情形不会出现，“因为当国家工作人员不敢或者不会受贿时，行贿人的行为依然成立行贿罪，此时，国家工作人员可以而且应当立即告发行贿者的犯罪事实，行贿者反而成为阶下囚”。但问题是，作为行贿对象的主体即使不收受行贿人所给予的贿赂，在绝大多数情况下，也不会去告发行贿的人员。

（六）关于贪污贿赂犯罪的刑罚完善

对于我国刑法中所规定的贪污贿赂犯罪，刑法理论上对于定罪层面的问题研究比较多，但如何具体地惩治贪污贿赂犯罪，即如何进行具体刑罚的适用，研究得比较少。实际上，就我国现行刑法关于贪污贿赂犯罪的刑罚规定来看，在惩治和预防贪污贿赂犯罪方面，仍然有必要予以进一步完善。

1. 关于罚金刑问题。

贪污贿赂犯罪，究其实质，在一定程度上是一种贪利型犯罪，尤其是对于贪污罪、挪用公款罪，其在本质上就是一种财产犯罪。对于贪利型犯罪，财产刑是最好的惩治方法，应当充分发挥财产刑在惩治贪利型犯罪中的作用。但从我国刑法的规定来看，对于贪污贿赂犯罪仅规定了没收财产刑，而没有规定罚金刑。没收财产是对犯罪分子个人财产的收缴，应当说，对于贪利型犯罪而言，能够起到一个很好的遏制作用。但是，没收财产刑与罚金刑作为我国刑罚体系中的两种附加刑，各自所起的功效是不完全一致的，罚金刑较之没收财产刑是较为宽缓的，对于危害性较小的贪污贿赂犯罪，有必要规定罚金刑。这样，对于轻重不同的贪利型的贪污贿赂犯罪，规定轻重不同的财产刑，才能较好地实现罪刑相适应。具体而言，笔者认为，基于如下考虑，在将来刑法修改过程中应当增设罚金刑：

(1) 没收财产刑与罚金刑的功用不同。我国刑法所规定的财产刑包括没收财产和罚金刑两类，这是两类轻重不同的刑罚，它们对遏制犯罪所起的功用是不完全相同的。“罚金刑与没收财产刑虽然都是财产刑，但有不同的功用。前者是对犯罪分子经济上予以处罚，仅限于货币形态的财产；后者则会涉及犯罪人的不动产等非货币性财产利益。没收财产刑是经济处罚上的极刑，从国外刑法规定看，一些国家是不采用没收财产刑的，否则，犯罪分子改造完毕、出狱后因为无任何财产、生活无保障而可能再次走上犯罪道路。采用罚金刑则可以克服没收财产刑的这种不足。鉴于我国刑法需要对受贿犯罪分子从经济上严厉处罚考虑，我国刑法可在财产刑的处罚上，采用罚金刑和没收财产刑选择适用的方式，建议将现行刑法‘没收财产刑’修改为‘并处罚金或者没收财产'，从而使得我国受贿罪财产刑适用具有一定的灵活度。"① 况且，没收财产刑本身有其局限性，这种缺陷表现为其不具有可伸缩性，因而犯罪人不可能因可能具有的行刑宽恕性条件而受到减免没收财产的执行，由于不可能根据犯罪人的悔改表现而以减少没收的份额的方式对之予以鼓励，从而难以体现行刑的宽恕性与行刑适度性相统一的行刑理性规定。②

（2）从其他国家和地区的立法例来看，一般也比较注重对贪污贿赂犯罪适用罚金刑。泰国、新加坡等亚洲国家都有罚金刑的规定，我国香港地区1971年《防止贿赂条例》对公务受贿罪规定了10万元罚金（依简易程序定罪）或30万元罚金（依公诉程序定罪）两档。③

（3）基于贪污贿赂犯罪的隐蔽性的特点，如果立法上规定较轻的罚金刑，可以有利于犯罪人更为主动地交待犯罪行为，从而有利于更好地查处贪污贿赂犯罪。例如，对于行贿、受贿犯罪而言，具有较强的隐蔽性，如果不能在行贿人与受贿人之间寻找突破口，则难以查清犯罪事实。我国《刑法》第390条第2款规定，行贿人在被追诉前主动交待行贿行为的，可以减轻处罚或者免除处罚。这一规定，有利于更好地查处行贿、受贿犯罪。但是，对于已经在追诉阶段的行贿人，如果刑法对之规定较轻的罚金刑，则有利于行贿人主动交待罪行，最终有利于行贿、受贿犯罪的认定。罚金刑在刑法典中主要是设置于经济犯罪或贪利型犯罪中，行贿犯罪以谋取不正当利益为要件，因此相当部分的行贿犯罪是为了谋取经济利益，对行贿人适用罚金刑无疑是较有针对性的惩罚措施。从打击、控制贿赂犯罪的出发点考虑，适用罚金这种较轻缓的刑种，也有利于行贿人积极揭发受贿人的犯罪事实。④

2. 关于增设资格刑的规定。

《联合国反腐败公约》第30条第7项规定：各缔约国均应当在符合本国法律制度基本原则的范围内，根据犯罪的严重性，考虑建立程序，据以通过法院令或者任何其他适当手段，取消被判定实施了根据本公约确立的犯罪的人在本国法律确定的一段期限内担任下列职务的资格：①公职；②完全国有或者部

① 卢勤忠：《我国受贿罪的若干刑罚问题研究》，载《国家检察官学院学报》2008年第3期。

② 参见郝茂林：《受贿罪法定刑完善初探》，载《正义网》2003年11月17日。

③ 参见孟庆华：《受贿罪的立法完善问题探讨》，载赵秉志、朗胜主编：《和谐社会与中国现代刑法建设》，北京大学出版社2007年版，第918页。

④ 参见曹坚：《论贿赂犯罪刑事立法的整合与完善》，载《国家检察官学院学报》2002年第5期。

分国有的企业中的职务。

资格刑在惩治、防范犯罪中所起的作用是不容忽略的。日本学者大谷实指出，资格刑“一是满足社会的报应感情，二是对从事公职及其他一定职业有关的人具有一般预防效果”。① 我国刑法也规定了资格刑。但就我国刑法所规定的资格刑本身而言，其在惩治、防范贪污贿赂犯罪这一具有“资格”的人实施的犯罪行为方面，仍显得不足。具体而言，笔者认为，在将来的立法中，应当从如下方面完善资格刑：

（1）采取资格刑分立制。我国现行刑法对于资格刑仅仅规定了统一的剥夺政治权利，根据《刑法》第54条的规定，剥夺政治权利包括如下方面：①选举权和被选举权；②言论、出版、集会、结社、游行、示威自由的权利；③担任国家机关职务的权利；④担任国有公司、企业、事业单位和人民团体领导职务的权利。只要是被剥夺政治权利的，就剥夺上述所有权利，而未能较好地结合犯罪的特点来进行。正如有学者所指出的，我国刑法对资格刑的规定过于单一，只有剥夺政治权利一种，且作为附加刑，一般只与死刑和无期徒刑并处，这样的立法体例极不适应遏制经济犯罪的现实需要。从经济犯罪所具有的事实特征上分析，资格刑对经济犯罪极富针对性。如果从出于预防经济犯罪的功能考虑，则对于部分经济犯罪而言，只要剥夺犯罪行为人的某些职务、权力或资格就能使其永久丧失再犯能力，从而收到最佳的刑罚效益，有时甚至无须适用自由刑或财产刑。这不仅可以在整体上降低刑罚适用的成本，也能使经济犯罪刑罚配置向轻缓化方向发展。因此，应当高度重视对经济犯罪配置资格刑。② 基于此，笔者认为，应当在刑法修改过程中，增设资格刑的种类，并使资格刑尽量分立，结合具体的犯罪特点来进行判处。

（2）对于国家工作人员犯罪，原则上应当判处资格刑，其主要内容为不得在国家公权力部门工作。贪污贿赂犯罪的主体主要是具有一种身份，即国家工作人员这一身份，对于具有国家工作人员身份的人，只要实施了贪污贿赂犯罪行为，即不得在国家机关或国有公司、企业、事业单位从事任何职务，这样可以较好地预防贪污贿赂犯罪的发生，也能够从根源上制止这类主体再次实施类似的犯罪行为。对于情节较轻的贪污贿赂犯罪，从刑罚轻缓化的角度出发，只需要独立判处资格刑即可。

① ［日］大谷实：《刑事政策学》，黎宏译，法律出版社2000年版，第147页。

② 参见万国海：《论我国经济犯罪刑罚配置的完善》，载《政治与法律》2008年第9期。

3. 死刑的完善。

我国刑法中所规定的贪污贿赂犯罪，有些是可以判处死刑的，如贪污罪、受贿罪。笔者认为，对于贪污贿赂犯罪判处死刑并非是惩治、防范此类犯罪的良方，在刑罚轻缓化的趋势之下，有必要废除我国刑法中关于贪污贿赂犯罪的死刑的规定。其主要理由如下：

(1) 贪污贿赂犯罪的本质特征决定了对其不宜判处死刑。根据我国刑法的规定，贪污贿赂犯罪被判处死刑的概率是极高的。但是，贪污贿赂犯罪的社会危害性在一般人的观念中，还没有达到与杀人、放火等严重刑事犯罪的社会危害性相提并论的程度。在逐步废除死刑这一趋势下，首先应当对贪污贿赂犯罪等贪利型的犯罪废除死刑。

(2) 从世界各国的立法例来看，对贪污贿赂犯罪废除死刑并不会导致贪污贿赂犯罪的现象增多。不少人担心，如果对于贪污贿赂犯罪废除死刑，将会导致腐败分子更加猖狂地实施贪污贿赂犯罪，不利于惩治腐败犯罪，这种担心实际上是不必要的。从世界上其他国家的情况来看，大多数国家对于贪污贿赂犯罪已基本上废除了死刑。但是，对于这些已经对贪污贿赂犯罪废除了死刑的国家，其贪污贿赂犯罪并不是十分严重。实际上，对于贪污贿赂犯罪的惩治、防范寄希望于重刑，从各国的立法与实践来看，被证明是不合适的。从各国的实践来看，对于贪污贿赂犯罪的惩治、防范，最主要的在于执法，做到有罪必罚，并且，相关制度的完善也是十分必要的。

(3) 对于贪污贿赂犯罪废除死刑，有利于引渡外逃官员。我国现有一些官员外逃，根据我国刑法的规定，这些官员很可能会被判处死刑。但《联合国反腐败公约》并没有排除"死刑犯不引渡"国际惯例的适用，如何将这些官员引渡回国来接受审判，成为我国当下惩治贪污贿赂犯罪比较棘手的一个问题。我国潜逃出去的贪官，贪污受贿数额巨大，潜逃性质恶劣，其中许多人应被判处死刑，这就会导致一些国家以此为由拒绝我国的引渡请求。如此，我国刑法本来要严惩犯罪分子的本意非但没有实现，反而使这些潜逃国外的贪官逍遥法外。因此，且不论世界各国对经济犯罪都废除死刑的立法通例，为了将外逃贪官成功引渡回国，对贪官外逃产生震慑力，达到严惩贿赂腐败犯罪的目的，刑法应当修改贪污罪、受贿罪的死刑规定。①

① 参见苏彩霞：《〈联合国反腐败公约〉与国际刑法的新发展》，载《法学评论》2006 年第 1 期。

（七）关于增设贿赂犯罪的救济措施

《联合国反腐败公约》对于贿赂犯罪所产生的不利后果制定了消除、救济措施。《联合国反腐败公约》第 34 条规定："各缔约国均应当在适当顾及第三人善意取得的权利的情况下，根据本国法律的基本原则采取措施，消除腐败行为的后果。在这方面，缔约国可以在法律程序中将腐败视为废止或者撤销合同、取消特许权或撤销其他类似文书或者采取其他任何救济行动的相关因素。"第 35 条规定："各缔约国均应当根据本国法律的原则采取必要的措施，确保因腐败行为而受到损害的实体或者人员有权为获得赔偿而对该损害的责任者提起法律程序。"根据这些规定，对于实施了贪污贿赂犯罪的行为人，不仅要承担刑事责任，而且贪污贿赂犯罪行为本身所产生的不良效果也应当予以制止，使犯罪行为所产生的后果最大限度地消除。这一规定是值得肯定的。

我国《刑法》第 64 条规定，犯罪分子违法所得的一切财物，应当予以追缴或者责令退赔。对于贿赂犯罪中的行为人所获得的财物，如贪污罪中的赃款赃物、受贿罪中所收受的财物，应当按照该规定予以追缴。但是对于行贿人因为行贿所获得的利益如何进行处理，则没有作任何规定。因此，应当在将来的刑法修改中明确规定，国家工作人员因收受贿赂而实施的违反职责的行为无效，因行贿而获得的好处，应当予以取消。

九、渎职罪的立法完善

渎职罪是指国家机关工作人员在公务活动中，滥用职权、玩忽职守、徇私舞弊，妨害国家管理活动，致使公共财产、国家和人民利益遭受重大损失的行为。1997 年刑法在分则第九章用 23 个条文对渎职罪进行专门规定，共规定了滥用职权罪、玩忽职守罪、徇私枉法罪等 33 种渎职犯罪，2002 年通过的《刑法修正案（四）》增加了执行判决、裁定失职罪和执行判决、裁定滥用职权罪两个罪名，2006 年通过的《刑法修正案（六）》增加了枉法仲裁罪，《刑法修正案（八）》增加了食品监管渎职罪。但是，现行刑法对渎职罪的立法仍存在着一些疏漏和不足，应当进一步加以完善。

（一）现行渎职罪的立法缺陷

1. 关于渎职罪主体的立法缺陷。

1997 年修订的刑法对 1979 年刑法的渎职罪的主体作了重大修改，将渎职罪的主体由原来的"国家工作人员"修改为"国家机关工作人员"（故意泄露国家秘密罪和过失泄露国家秘密罪除外），非国家机关工作人员不能作为渎职罪的主体。在渎职罪中，有些主体是一般国家机关工作人员，如《刑法》第397条规定的滥用职权罪、玩忽职守罪，《刑法》第406条所规定的国家机关工作人员签订、履行合同失职被骗罪等；有一些主体是特定国家机关工作人员，如《刑法》第400条的私放在押人员罪、失职致使在押人员脱逃罪，第409条的传染病防治失职罪等。刑法对渎职罪主体范围的这一修改，旨在强调国家机关工作人员责任重大，以加大对其渎职犯罪的打击力度。然而，笔者认为，现行刑法关于渎职罪主体的规定仍然存在着以下不足：

（1）刑法只是在第93条规定了国家工作人员的定义，而未能对国家机关工作人员作出明确的定义，以致对国家机关工作人员的理解上产生了混乱。《刑法》第93条规定："本法所称国家工作人员，是指国家机关中从事公务的人员。国有公司、企业、事业单位、人民团体中从事公务的人员和国有公司、企业、事业单位委派到非国有公司、企业、事业单位、社会团体从事公务的人员，以及其他依照法律从事公务的人员，以国家工作人员论。"由于该条的立法表述不够明确，致使对国家机关工作人员的理解上存在着一定的混乱，因为按照1997年刑法的立法本意，只有在国家机关中从事公务的人员才是国家机关工作人员，但该条第1款规定：国家工作人员是指在国家机关中从事公务的人员。这样，"国家工作人员"和"国家机关工作人员"便成为相同的概念。以此类推，该条所说的"国有公司、企业、事业单位、人民团体中从事公务的人员和国有公司、企业、事业单位委派到非国有公司、企业、事业单位、社会团体从事公务的人员，以及其他依照法律从事公务的人员，以国家工作人员论"也可以理解为"以国家机关工作人员论"，如果这样理解，第93条第1款和第2款规定的所有人员都可以成为渎职罪的主体，这显然有违立法者此次修订渎职罪的意图。①

（2）由于刑法未对国家机关工作人员的范围作出明确界定，再加上现阶段我国所特有的人事制度，致使在司法实践中有些单位、机构和组织的工作人员是否可以按照国家机关工作人员对待存在很大的争议，从而妨碍了对渎职犯罪的预防和惩治。如在中国共产党、各民主党派、工会、妇联等单位中从事公务的人员，国有企业、事业单位中的纪检、监察、审计人员，在一些行使政府行政管理职能的事业单位中从事公务的人员，他们在从事公务中严重渎职并致使公共财产、国家和人民利益遭受重大损失，能否认为其属于国家机关工作人

① 参见缪树权：《渎职罪疑难问题研究》，中国检察出版社2006年版，第61页。

员而适用《刑法》第 397 条规定追究其刑事责任，在刑法理论界和司法实践中一直是一个争议不休的问题。

（3）刑法第九章渎职罪中一些条款所规定的主体与司法实践中的发案主体不完全符合，导致罪名虚置，以致不能发挥其应有的作用。例如，《刑法》第 405 条第 2 款所规定的违法提供出口退税凭证罪，其犯罪主体是税务机关以外的其他国家机关工作人员，而实践中徇私舞弊提供出口收汇核销单的主要是银行等金融机构工作人员。显然，这些人员不属于国家机关工作人员，无法追究其违法提供出口退税凭证罪的刑事责任；又如《刑法》第 409 条所规定的传染病防治失职罪，第 419 条所规定的失职造成珍贵文物损毁、流失罪，其犯罪主体分别是从事传染病防治的政府卫生行政部门的工作人员和国家机关工作人员，而实践中发案主体主要分别是卫生防疫站、所等事业单位中从事传染病防治工作的人员和博物馆、纪念馆、展览馆等事业单位的工作人员，因发案主体不是国家机关工作人员，无法追究其刑事责任，从而使得该罪名形同虚设。① 与此相类似的罪名还有第 403 条所规定的滥用管理公司、证券职权罪；第 408 条所规定的环境监管失职罪；第 413 条所规定的动植物检疫检验徇私舞弊罪、动植物检疫失职罪；第 418 条所规定的招收公务员、学生徇私舞弊罪等。

（4）刑法将渎职罪的主体限定为国家机关工作人员后，对非国家工作人员的具体渎职犯罪采取列举的方式分别在第二章、第三章和第七章中加以规定，然而其具体的条款又十分有限，并未能将所有非国家工作人员渎职犯罪行为都包括进去。因此，导致司法实践中大量存在的非国家机关工作人员的渎职犯罪行为失去了追究刑事责任的依据，出现了立法的真空。

(5)《刑法》第 398 条第 2 款将非国家机关工作人员规定为渎职罪主体有欠协调，破坏了渎职罪主体为国家机关工作人员的统一性。立法者出于立法技术上的考虑，将各种行为主体的泄露国家秘密的犯罪统一规定在一起，虽然有一定理由，然而把职务型犯罪与非职务型犯罪规定在一起，难免破坏了本章犯罪主体的协调一致性，与章罪名也不相符。因为，尽管非国家机关工作人员同样有保守国家秘密的义务，当其违背国家有关保密制度，造成了严重后果，虽然也是一种犯罪行为，但此种犯罪与本条所规定的职务型犯罪是有很大区别的，它不是渎职犯罪。

---

① 参见敬大力、王洪祥、韩耀元：《对渎职罪立法、司法中存在问题的调查与思考》，载《中国刑事法杂志》1998 年第 5 期。

2. 关于《刑法》第 397 条的立法缺陷。

《刑法》第 397 条通过两款规定了滥用职权罪和玩忽职守罪，该条立法存在着以下缺陷：

(1) 罪状描述过于简单，罪过形式不明确。刑法对滥用职权罪和玩忽职守罪的罪状采取简单罪状，由于表述过于简单，对该罪的主观罪过和行为特征都缺乏具体明确的描述，从而造成了理解上的歧义和执法上的混乱。① 比如，该条同时规定了滥用职权罪与玩忽职守罪两个罪名，但由于刑法对两种犯罪的罪过形式缺乏明确的规定，以至于对于滥用职权罪与玩忽职守罪的罪过形式，自刑法颁布以来，刑法理论上就一直存在分歧。例如，有的认为滥用职权罪的主观方面是故意，玩忽职守罪的主观方面是过失；有的认为滥用职权罪与玩忽职守罪的主观方面都是过失；有的认为滥用职权罪与玩忽职守罪的主观方面一般是过失；有的认为是一种复合罪过形式，既可以是故意，也可以是过失。由于该条立法上的模糊规定，不仅导致了刑法理论上认识的分歧，而且也导致了司法实践中定罪量刑的混乱。

(2) 将滥用职权罪和玩忽职守罪同时加以规定，并设置相同的法定刑，有悖罪责刑相适应原则。罪责刑相适应原则是我国刑法的基本原则，其不仅体现在刑事司法的过程中，也是刑事立法必须遵循的原则。故意与过失作为两种不同的罪过形式，体现了行为人不同程度的主观恶性，其所承担的刑事责任的大小也不一样。同样的危害结果，对故意犯罪的处罚要重于对过失犯罪的处罚，这是刑事立法长期遵循的原则。按照通行理解，滥用职权罪是故意犯罪，玩忽职守罪是过失犯罪，因此，从刑事立法的一般原则来讲，滥用职权罪的法定刑配置理应重于玩忽职守罪的法定刑。然而，现行刑事立法将滥用职权罪和玩忽职守罪规定在同一条款中，并设置完全相同的法定刑，不仅导致刑法理论上认识的混乱，而且导致司法实践中量刑的困难，从而不利于贯彻罪责刑相适应原则。②

(3)《刑法》第 397 条第 2 款之规定过于含混，立法意图不明，导致学术界和司法界认识不一。

《刑法》第 397 条第 2 款规定："国家机关工作人员徇私舞弊，犯前款罪的，处……"如何理解此条款，此款的规定是一独立罪名还只是一个量刑情

① 参见缪树权：《渎职罪疑难问题研究》，中国检察出版社 2006 年版，第 271 页。

② 参见杨凯：《渎职罪立法缺陷与完善》，载《福建公安高等专科学校学报》2005 年第 3 期。

节，刑法理论和司法部门都有不同的认识：根据最高人民检察院的司法解释，该情形应该独立成罪，其罪名为国家机关工作人员徇私舞弊罪。然而，根据最高人民法院的解释，此款并不独立成罪，仅是第1款之罪的加重情节。对此问题，在学术界同样也存在着独立罪名说和加重情节说的激烈争论。持独立罪名说者认为，“本条第2款增设了徇私舞弊罪。徇私舞弊罪是修订后的刑法中与滥用职权罪、玩忽职守罪相并列的三大基本渎职犯罪”。① 王作富教授在其主编的《中国刑法修改与补充》一书中认为，现行《刑法》第397条第2款是对原《刑法》第188条和《关于严惩严重破坏经济的罪犯的决定》第1条第3项的修改，是对徇私舞弊罪的规定。该书还指出，现行《刑法》第397条第2款可以定两个罪名，即徇私舞弊滥用职权罪和徇私舞弊玩忽职守罪。还有论者指出：“徇私舞弊罪，是指国家机关工作人员徇私舞弊，滥用职权或者玩忽职守，致使公共财产、国家和人民的利益遭受重大损失的行为。”② 但是，独立罪名说为目前大多数刑法学教科书所不采，例如由高铭暄与马克昌两位教授主编的《刑法学》以及赵秉志教授主编的《刑法学教程》即是适例。③ 该条款之所以会在司法部门和刑法理论界产生如此大的认识偏差，其根源还在其刑事立法本身的模糊，以及逻辑上所存在的矛盾。

（4）将滥用职权罪规定为结果犯，不利于对滥用职权罪的惩治，并且也与后面的一些特殊条款的滥用职权罪不相协调。根据刑法规定，滥用职权罪是结果犯，“致使公共财产、国家和人民利益遭受重大损失”是滥用职权罪的构成要件。根据相关司法解释，“重大损失”主要解释为致人重伤、死亡或者重大公私财产损失，这对于以过失为罪过形式的玩忽职守罪而言可谓恰当，但对于以故意为罪过形式的滥用职权罪来说很不合适。一是与渎职罪所侵犯的客体不相吻合，渎职犯罪的客体是国家机关的正常管理秩序，侵害了国家机关工作人员职务的廉洁性、正当性，而不在于公私财产、人身安全的保护，因此，不应该以公私财产损失、人的重伤、死亡作为定罪的条件。二是不利于防范国家机关工作人员的擅权枉法行为。刑法规定以重大损失作为本罪的构成要件，不可避免地会使某些国家机关工作人员滋生出一种只要不造成重大损失，即使滥用权力，法律也无奈何我的阴暗心理。三是与后面的一些特殊条款的滥用职权罪的成立条件不相协调。针对滥用职权的犯罪行为，现行刑法中除了滥用职权

---

① 陈兴良：《刑法疏议》，中国人民公安大学出版社1997年版，第654页。

② 肖扬主编：《中国新刑法学》，中国人民公安大学出版社1997年版，第677页。

③ 参见陈谞、聂立泽：《试论渎职罪的立法缺陷》，载《法学评论》2001年第5期。

罪这个具体的罪名外，还存在着针对某一特定国家机关的工作人员或针对某一特定的滥用职权行为所设立的特殊情形的滥用职权罪。而在这些特殊条款的滥用职权罪中，不少是以“情节严重”而不是以“重大损失”作为构成要件，如第399条的民事、行政枉法裁判罪，第402条的徇私舞弊不移交刑事案件罪；有的甚至连“情节严重”的要求都没有，如第399条的徇私枉法罪，第401条徇私舞弊减刑、假释、暂予监外执行罪等。

3. 刑法将“徇私”、“徇情“、“徇私舞弊”作为许多渎职罪的一个构成要件加以规定不妥。

刑法关于渎职罪的立法中，很多条款都有“徇私”、“徇情”或“徇私舞弊”的规定，其中，除第397条的“徇私”是作为加重情节来处理外，其余都是作为犯罪构成要件加以规定的。刑事立法将“徇私”、“徇情”、“徇私舞弊”规定为渎职罪的构成要件，既与现行犯罪构成理论有冲突，在司法实践中也缺乏可操作性。其理由是：

第一，无论“徇私”、还是“徇情”、“徇私舞弊”都是犯罪的动机，是刺激犯罪人实施犯罪行为以达到犯罪目的的内在冲动或内心起因。犯罪动机不作为犯罪构成要件，是现代刑事立法一直遵循的原则。

第二，在渎职罪相关立法中，“徇私”、“徇情”、“徇私舞弊”在有的罪名中是作为犯罪构成要件加以规定，有的则是作为加重处罚情节加以规定，在有的罪名中，“徇私”、“徇情”、“徇私舞弊”既不是犯罪构成要件，也不是一个量刑情节。因此，导致刑法对同一性质的犯罪行为设罪标准上不统一。

第三，渎职犯罪的社会危害性在于它严重破坏、干扰国家机关的正常管理秩序，侵害了国家机关工作人员职务的廉洁性、正当性，而不是犯罪人动机的恶劣性。如徇私枉法罪只要行为人“对明知是无罪的人而使他受追诉、明知是有罪的人而故意包庇不使他受追诉的”就是徇私枉法罪，就应该定罪，而不应把行为人枉法的动机作为定罪的一个要件。

第四，将“徇私”、“徇情”、“徇私舞弊”作为渎职罪的构成要件，在司法实践中难以操作。因为“徇私”、“徇情”、“徇私舞弊”是一种内心活动，要收集固定作为证据使用几乎不可能。

第五，“徇私”、“徇情”、“徇私舞弊”不作为犯罪构成要件是国外有关渎职罪的立法通例。如法国刑法典第二章由公职人员实施的危害公共行政管理罪中，都没有要求以“徇私”为条件。①

① 参见缪树权：《渎职罪疑难问题研究》，中国检察出版社2006年版，第281～282页。

4. 不必要的特殊条款设立过多，罪名繁琐，造成条文不必要的臃肿。

刑法对渎职罪的立法采取一般性条款和特殊性条款相结合的模式，在刑法中除了滥用职权罪和玩忽职守罪这两个一般性渎职罪名外，还存在着针对某一特定国家机关的工作人员和某一特定的渎职行为所设立的特殊情形的渎职罪。如针对滥用职权的犯罪行为，除了滥用职权外，还有第402条规定的“徇私舞弊不移交刑事案件罪”，第403条规定的“滥用管理公司、证券职权罪”，第410条规定的“非法批准征用、占用土地罪”和“非法低价出让国有土地使用权罪”，第412条规定的“商检徇私舞弊罪”，第413条规定的“动植物检疫徇私舞弊罪”，第415条规定的“放行偷越国（边）境罪”，第414条规定的“放纵制售伪劣商品犯罪行为罪”，第416条规定的“不解救被拐卖、绑架妇女儿童罪”和“阻碍解救被拐卖妇女、儿童罪”以及第418条规定的“招收公务员、学生徇私舞弊罪”11个罪名。在玩忽职守型的犯罪方面，我国刑法除规定了一般性的玩忽职守罪外，又规定了国家机关工作人员签订、履行合同失职罪，环境监管失职罪，传染病防治失职罪，商检失职罪，动植物检疫失职罪和失职造成珍贵文物损毁、流失罪。现行刑法关于滥用职权和玩忽职守犯罪行为的不必要的特殊条款设立过多，罪名繁琐，造成刑法不必要的臃肿。刑法之所以在法律已经对某一类社会关系作出了保护后，而设立特别条款对这类社会关系的某一特殊社会关系作出特别保护，主要是因为本类社会关系中的某一种社会关系与其他社会关系相比，有着特殊的重要意义，从而需要法律对此作出特别的保护。正是特别法所保护的社会关系重于普通法所保护的社会关系，才又专门用特别法对这种重要的社会关系作出了特别的保护。从应然的角度来讲，依照特别法构成的犯罪重于依照普通法所构成的犯罪，所以，适用特别法优于普通法的原则，事实上是重法优于轻法原则的一种体现。① 然而，在渎职罪立法中，许多特别条款规定的刑罚完全在一般条款的量刑幅度内，刑罚上体现不出其特殊性，虽然具体罪名的法定刑存在着差别，但是各罪的社会危害性不同，完全可以在一般条款的幅度内通过司法裁量予以解决，没有将其规定为特别条款的必要。另外，刑法这种针对某一特定主体或某一特定事项设立特别条款的滥用职权罪和玩忽职守罪，还容易造成刑法理论和司法实践中的一些不必要误解。如在1997年刑法典中设立徇私枉法罪、枉法裁判罪主要针对刑事审判和民事、行政审判的司法工作人员的徇私枉法行为，这时就有学者提

① 参见高一飞：《论犯罪竞合关系中的特别法与普通法》，载《江西社会科学》2006年第6期。

出根据该条款的规定，司法机关工作人员在执行判决中，滥用职权或玩忽职守的行为，根据罪刑法定原则就应该不构成犯罪。立法机关针对这个问题，于是在2002年通过了《刑法修正案（四)》，增补了执行判决、裁定失职罪和执行判决、裁定滥用职权罪两个罪名。实际上，司法机关工作人员在执行判决中，滥用职权或玩忽职守，情节严重的行为，完全可以按滥用职权罪或玩忽职守罪追究其刑事责任，根本不存在法律适用上的漏洞问题。上述误解的存在，完全是由于过多的特殊条款所造成的不必要误解。

5. 渎职罪的刑罚配置有待进一步完善。

刑法对渎职罪的刑罚配置上欠科学，其主要体现为两个方面：

(1) 法定刑偏低。根据刑法规定，滥用职权罪的最高法定刑为10年有期徒刑，不少特殊情形的滥用职权罪最高法定刑只有7年有期徒刑，甚至有的罪名最高法定刑只有3年有期徒刑。无论从渎职罪日益严重的社会危害性看，还是从渎职罪从严打击的角度看，都应该提高滥用职权犯罪的法定刑，只有这样，才能充分体现刑法罪责刑相适应的原则，更好地发挥刑事法律强有力的震慑作用。

(2) 忽视了资格刑和财产刑。现行刑法对渎职罪的法定刑只配置了自由刑，而缺乏资格刑和罚金刑的配置，这不利于发挥资格刑和罚金刑在惩治和预防渎职罪上的作用，也不符合有关渎职罪法定刑配置上的通例。在国外和我国香港、澳门地区的有关渎职罪的刑事立法中，一般将资格刑和罚金刑作为渎职罪的主要刑种加以配置。如《意大利刑法典》第314条规定："公务员或从事公务的人员不法侵占因职务或公务所持有的公款或其他动产物品的，或为自己或第三人之利益而窃取者，处3年以上10年以下徒刑，并科4万里拉罚金，宣告有期褫夺公权。"《法国刑法典》规定：法官、检察官或者警官设置包含立法事项的规则，停止或者终止法律的施行，或就法律应否公布或施行之点达成协议，因而干涉立法权的行使者，处褫夺公权。省长、市长或其他行政人员犯本罪的，处以同样的刑罚。《俄罗斯联邦刑法典》第286条"逾越职权罪"的法定刑中规定了"剥夺担任一定职务或从事某种活动的权利"的资格刑。我国香港、澳门地区有关渎职罪立法中的几乎所有罪名都规定了罚金刑。

(二) 渎职罪的立法完善建议

基于我国现行刑法在渎职罪立法中所存在的缺陷，借鉴国外及我国澳门等地区立法的有益经验，笔者认为在刑法修正时应对渎职罪作如下完善：

1. 将渎职罪主体由"国家机关工作人员"改为"公务员"。

基于渎职罪主体在立法上存在的缺陷，结合中国目前相关行政立法现状，有必要将渎职罪的主体直接修改为“公务员”。其理由如下：

(1) 能保持法律之间的协调统一。2005年4月27日第十届全国人大常委会第十五次会议通过了新的《中华人民共和国公务员法》，该法于2006年1月1日起施行，该法明确规定了公务员的概念，即是指依法履行公职、纳入国家行政编制、由国家财政负担工资福利的工作人员。因此，刑法及其他法律在涉及国家机关工作人员这一主体时，就应该在相关法条中引入这一概念，与公务员法相适应，而不应再使用国家工作人员或者国家机关工作人员的概念，以保持法律之间的协调和统一，避免不应有的歧义，否则不仅国家工作人员和国家机关工作人员的概念的争论还没有定论，还涉及与公务员的区别与联系，使问题更加复杂。①

(2) 能使很多司法实践中对渎职罪主体认定的难题迎刃而解。受国务院委托，人事部部长张柏林在十届全国人大常委会第13次会议上就公务员法草案作说明时指出，按照草案规定的公务员范围，对下列几类人员宜作以下具体落实：法官、检察官纳入公务员范围的同时，根据其职务特点，草案规定另行设置法官、检察官职务，与法官法、检察官法相衔接；民主党派机关工作人员与共产党机关工作人员一样纳入公务员的范围；人民团体、群众团体的工作人员，鉴于其性质虽不同于国家机关工作人员，但管理上历来属于干部范畴，草案仍按现行做法，规定对其参照公务员法进行管理。因此，公务员的概念基本包含了当前刑法及相关司法解释的内容，使很多司法实践中对渎职罪主体认定的难题迎刃而解。②

(3) 符合国际有关渎职罪的立法例。从其他国家的有关渎职罪立法来看，大多使用了“公务员”这一概念，因此，将渎职罪的主体修改为“公务员”也是符合世界刑事立法的趋势的。

2. 将滥用职权罪与玩忽职守罪分条设立。

滥用职权罪的主观恶性比玩忽职守罪的主观恶性大，在处刑上应比玩忽职守罪重一些。现行刑法将两罪列入同一条文并配置相同的法定刑。实践中，为了避免滥用职权罪与玩忽职守罪适用相同法定刑，往往通过“宣告刑”的途径予以一定程度的弥补。但通过刑事立法对严重危害社会的行为予以否定评价的原则精神却不能体现出来。解决这一问题的根本途径是将滥用职权罪与玩忽

① 参见缪树权：《渎职罪疑难问题研究》，中国检察出版社2006年版，第281～282页。

② 参见缪树权：《渎职罪疑难问题研究》，中国检察出版社2006年版，第276～277页。

职守罪分列，并配置不同的法定刑。①

3. 采用叙明罪状，明确滥用职权罪和玩忽职守罪的特征。

为了使滥用职权罪和玩忽职守罪的构成要件更加明确具体，以统一认识、减少歧义，在刑法修正时，应该将滥用职权罪、玩忽职守罪由现行的简单罪状修改为叙明罪状，具体内容上应当明确客观方面和主观罪过两要素。滥用职权罪的罪状可设计为："公务员故意超越职权，擅自决定、处理其无权决定、处理的事务，或者故意违法处理公务，处……"玩忽职守罪的罪状可设计为："公务员严重不负责任，过失地不履行或不认真履行职责，致使公共财产、国家和人民利益遭受重大损失的，处……"

4. 将滥用职权罪由"结果犯"修改为"情节犯"，不再将"徇私"、"徇情"或"徇私舞弊"作为渎职罪的一个构成要件加以规定，而作为渎职罪的从重处罚情形之一。

根据我国刑法规定，滥用职权罪是结果犯，"致使公共财产、国家和人民利益遭受重大损失"是滥用职权罪的构成要件。现行规定既与渎职罪所侵犯的客体不相吻合，也不利于对滥用职权罪的惩治，并且也与后面的一些特殊条款的滥用职权罪不相协调。所以有必要修改滥用职权罪的构成要件，将结果犯修改为情节犯，即实施滥用职权行为的，情节严重的，就可以构成本罪。

鉴于刑事立法将"徇私"、"徇情"或"徇私舞弊"规定为渎职罪的构成要件，既与犯罪构成理论有冲突，在司法实践中也缺乏可操作性。因此，应当取消将"徇私"、"徇情"或"徇私舞弊"作为渎职罪的构成要件，而是将其作为渎职罪从重处罚的情形。

5. 削减渎职罪中一些不必要的特别条款。

针对我国刑法渎职罪的一般条款与特殊条款之间的重复规定过多，罪名设立繁杂，造成刑法不必要臃肿的缺陷，并且在具体设立上也违背特别条款设立的一般原则，建议在保证不造成法律漏洞的前提下，大幅度削减特别条款，以提高立法的效率和科学性。具体做法是：除保留滥用职权罪、玩忽职守罪、故意泄露国家秘密罪、过失泄露国家秘密罪、徇私枉法罪等具体罪名外，其他特殊的渎职罪名的立法条款都可以废除。

6. 重新合理配置渎职罪的法定刑。

为了弥补我国现行刑法中有关滥用职权罪法定刑偏低，渎职罪刑种较单一，缺乏罚金刑和资格刑的缺陷，刑法修正时，应对渎职罪的法定刑配置作如下完善：

---

① 参见缪树权：《渎职罪疑难问题研究》，中国检察出版社2006年版，第280页。

（1）将滥用职权罪的最高法定刑提高到无期徒刑。

（2）增加并处和选处罚金刑。对一些贪利型的滥用职权罪，应当配置并处罚金的规定，以给其相应的经济制裁。对一些较轻的玩忽职守罪可规定选处罚金刑，以避免短期自由刑的弊端。

（3）增加并处资格刑的规定。现代意义上的资格刑是以剥夺犯罪分子从事某种活动的资格或权利为内容的刑罚，即剥夺犯罪人再犯之能力。渎职罪是一种典型的职务犯罪，对渎职罪应当附加适用资格刑，以剥夺其再犯之能力。根据我国现行刑法的规定，剥夺政治权利一经适用，即要对犯罪分子所享有的四项政治权利全部予以剥夺，而不是根据犯罪人犯罪时所利用的具体权利有针对性地剥夺其一种或者几种权利，不利于刑罚预防犯罪目的的实现。因此，有必要对我国的资格刑制度进行完善，建立资格刑的分立制度，规定资格刑的内容既可以全部剥夺又可以有选择地剥夺其中一项或者两项以上。法院在判决时，可以根据案件和罪犯的具体情况，采用一种或几种资格刑。

十、泄露国家秘密犯罪的立法完善

根据《刑法》第398条的规定，泄露国家秘密犯罪，是指国家机关工作人员或者非国家机关工作人员，违反保守国家秘密法的规定，故意或者过失泄露其掌握或者知悉的国家秘密，情节严重的行为。我国刑法理论界对现行泄露国家秘密犯罪的罪名、犯罪主体存有一些争议，同时认为犯罪主观方面以及法定刑也存在一些不妥之处，这些都将直接影响司法实践对本罪的正确认定和准确打击，因此有必要对其进行立法完善。

（一）泄露国家秘密犯罪的相关争议及评析

1. 关于泄露国家秘密犯罪罪名的争议及评析。

“两高”相关司法解释将《刑法》第398条界定为“故意泄露国家秘密罪”和“过失泄露国家秘密罪”两个罪名。在刑法理论界，对本罪的罪名尚存争议，有“两罪名说”和“一罪名说”之争。“两罪名说”与司法解释规定相一致，并为多数刑法教科书所采纳，认为《刑法》第398条所规定之犯罪有两种，其罪名分别是“故意泄露国家秘密罪”与“过失泄露国家秘密罪”。①“一罪名说”则认

① 参见高铭暄、马克昌主编：《刑法学》（第四版），北京大学出版社、高等教育出版社2010年版，第719页；王作富主编：《刑法分则实务研究》（下），中国方正出版社2006年版，第1894页。

为，该条所规定之犯罪只有一种，其罪名应界定为“泄露国家秘密罪”。①

上述两种观点，笔者赞同“两罪名说”，其理由如下：

第一，从犯罪构成理论上看。对于危害社会的客观行为而言，行为人可能是以故意的心态实施，也可能是以过失的心态实施，然而，两种心态的主观恶性有很大的差别，因此，刑法往往对某些危害行为因主观心态不同既规定了故意犯罪，又规定了过失犯罪，二者具有不同的犯罪构成，如爆炸罪、过失爆炸罪；故意杀人罪、过失致人死亡罪；故意损毁文物罪、过失损毁文物罪等。以故意的心态实施的泄露国家秘密犯罪和以过失心态实施的泄露国家秘密犯罪也应属此列。按照我国刑法理论的通说，在刑法中不可能出现同一个犯罪构成中既存在故意心态又存在过失心态的情形。因为，在一个犯罪中兼容性质截然对立的罪过形式必然会破坏犯罪构成作为定罪唯一标准的科学性，违背刑法罪刑相适应的基本原则，并且造成司法不公正。由此看来，在现行犯罪构成理论下，“一罪名说”不能自圆其说。

第二，从罪名的功能上看。区分功能是罪名的一个重要功能。罪名的区分功能主要是指通过罪名所表达的内容，人们可以大致地区分罪与非罪、此罪与彼罪、重罪与轻罪、一罪与数罪的界限。对于泄露国家秘密犯罪而言，因主观心态的不同而确定不同的罪名是发挥罪名区分功能的必然要求。“一罪名说”将导致这一功能无法发挥作用。

第三，从罪名确定的依据看。法定原则或合法性原则理所当然应该是在确定罪名时首先考虑并严格遵循的原则。该原则要求确定罪名应以罪状为依据，其内容必须是在罪状中明确规定或所隐含的，绝不能离开法条规定的罪状而肆意确定罪名，此乃确定罪名的根本性原则。《刑法》第 398 条属于叙明罪状，非常明确地规定“故意或者过失泄露国家秘密，情节严重的”，按照上述原则以及我国犯罪构成理论，应将第 398 条的罪状分别界定为“故意泄露国家秘密罪”和“过失泄露国家秘密罪”。“一罪名说”不顾《刑法》第 398 条罪状的明确规定，是不妥当的。

第四，从现行司法解释的情况看。如果某种危害结果既可以由故意行为造成也可以由过失行为造成，而立法规定故意或过失都构成犯罪的，就目前的司法解释而言，一般都是分列成两个罪名，而不是不分故意和过失统一用一个罪名加以概括。司法解释在确定相关犯罪的罪名时，犯罪的主观罪过是至关重要

① 参见赵秉志主编：《新刑法教程》，中国人民大学出版社 1997 年版，第 18 页；任国库：《复合罪过形式的点滴思考》，载《云南大学学报》(法学版) 2004 年第 2 期。

的因素，特别是对某种危害结果既可以由故意造成也可以由过失造成的情形，一般都在相关罪名中明确标示出犯罪的主观罪过以示区分。“一罪名说”显然与现行司法解释通行的做法不符。

2. 关于泄露国家秘密犯罪的犯罪主体的争议及评析。

关于本罪的犯罪主体，有以下三种观点：

第一种观点认为，本罪的犯罪主体是一般主体。如有论者认为，泄露国家秘密犯罪的犯罪主体是一般主体，国家机关工作人员和非国家机关工作人员均能构成此罪。理由是：第一，这符合我国《刑法》第398条的规定，同时也体现了我国宪法将“保守国家秘密”作为全体公民的基本义务加以规定的立法精神。第二，司法实践中，本罪的犯罪嫌疑人多数为国家机关工作人员，这与国家机关工作人员的工作性质、工作环境以及接触到国家秘密的便捷性有关，但就泄露国家秘密罪的犯罪主体而言，本罪为一般主体。①

第二种观点认为，本罪的犯罪主体是特殊主体。如有论者认为，本罪的主体是知悉或者掌握国家秘密的自然人。理由是：“刑法理论认为，所谓一般主体，是指具备刑事责任能力即可对行为承担刑事责任的自然人，而根据《刑法》第398条的规定，虽然泄露国家秘密罪的主体不限于国家机关工作人员，还包括非国家机关工作人员，但是这并不意味着所有的自然人都能成为泄露国家秘密罪的主体，要成为泄露国家秘密罪的主体，必须是知悉或者掌握国家秘密的自然人。换言之，泄露国家秘密罪的主体是达到刑事责任年龄、具有刑事责任能力、知悉或者掌握国家秘密的自然人。根据刑法理论，行为人除具备自然人和刑事责任能力两个基本要件之外，还必须具有特定的身份才能构成的犯罪主体，是特殊主体。”② 还有一种观点是比较多地被采用的观点，即认为本罪的犯罪主体主要是国家机关工作人员，但非国家机关工作人员也可以成为本罪的主体。③

笔者认为，上述第三种观点与第一种观点相比较，虽然表述不同，但实质上并无二致。笔者亦赞同这两种观点，即按照现行刑法的规定，泄露国家

① 参见王戈：《泄露国家秘密罪构成解析》，载《国家检察官学院学报》2007年第2期。

② 参见杨凯：《泄露国家秘密犯罪刑事司法问题检讨》，载《甘肃政法学院学报》2005年第3期。

③ 参见高铭暄、马克昌主编：《刑法学》(第四版)，北京大学出版社、高等教育出版社2010年版，第719页；王作富主编：《刑法分则实务研究》(下)，中国方正出版社2006年版，第1894页。

秘密犯罪的主体是一般主体。理由如下：按照我国刑法立法以及刑法理论的划分，以主体是否要求必须具备特定身份为标准，自然人犯罪主体分为一般主体与特殊主体。刑法规定以特殊身份作为要件的犯罪主体，称为特殊主体。所谓犯罪主体的特殊身份，是指刑法所规定的影响行为人刑事责任有无及大小的行为人人身方面特定的资格、地位或状态，如国家工作人员、国家机关工作人员、司法工作人员、军人、辩护人、男女、亲属等。这些身份不是自然人犯罪主体的一般要件，而只是某些犯罪的自然人主体必须具备的要件。《刑法》第398条规定，国家机关工作人员、非国家机关工作人员均可以成为本罪的犯罪主体，因此，行为人具备的国家机关工作人员身份并非构成泄露国家秘密犯罪的必备要件，无此身份者亦可构成泄露国家秘密犯罪。第二种观点认为，构成泄露国家秘密犯罪必须具备“知悉或者掌握国家秘密”的条件，并认为此条件即为特殊主体要求的“特殊身份”，笔者不赞同这一观点。“知悉或者掌握国家秘密”从性质上应属于行为人主观方面的内容，即构成泄露国家秘密犯罪的行为人主观上必须对其泄露的内容属于自己知悉或者掌握的国家秘密有明确的认识。如同《刑法》第312条规定的掩饰、隐瞒犯罪所得、犯罪所得收益罪要求行为人必须明知其窝藏、转移、收购、代为销售或者以其他方法掩饰、隐瞒的财物是犯罪所得及其产生的收益一样，我们不能说该犯罪的主体是知悉犯罪所得及其收益的特殊主体，事实上，该犯罪的主体是一般主体。

(二) 现行立法引发泄露国家秘密犯罪罪名和犯罪主体的争议

综上，笔者认为，应该将《刑法》第398条所描述的罪状确定为“故意泄露国家秘密罪”和“过失泄露国家秘密罪”两个罪名，这两个罪的犯罪主体均为一般主体，这是根据现行立法得出的结论。但是，我们需要追根溯源，找出引发这些争议的源头进行修正以从根本上消除争论。笔者认为，关于泄露国家秘密犯罪的罪名以及犯罪主体的争议皆肇始于本罪的立法本身存在的问题。对于罪名的争议而言，根据我国刑法的立法模式，故意犯罪与过失犯罪一般采取的是分立模式，而本罪采取的是并合模式，即在一个罪状中对两种不同的犯罪进行规定，“一罪名说”正是基于此认为本罪的罪名应界定为“泄露国家秘密罪”；关于泄露国家秘密犯罪的主体的争议也是由现行立法引发的。刑法第九章规定的是“渎职罪”，渎职罪，是指国家机关工作人员在履行职责或者行使职权过程中，滥用职权、玩忽职守或者徇私舞弊，妨害国家机关的正常活动，致使公共财产、国家和人民利益遭受重大损失的行为。① 一般而言，渎职罪的犯罪主体应为特殊主体，即国家机关工作人员，因为只有具备国家机关工作人员的特殊身份，才可以在履行职责或者行使职权过程中“渎职”。然而，现行刑法却在渎职罪之下的同一个法条中规定了非国家机关工作人员泄露国家秘密犯罪，这势必引起争论。

综合以上论述，笔者认为，我国刑法理论界对泄露国家秘密犯罪的罪名、犯罪主体的争议是由我国现行《刑法》第 398 条规定的泄露国家秘密犯罪自身存在的立法缺陷引发的，因而需要完善。

（三）泄露国家秘密犯罪的主观方面存在的立法缺陷

按照我国犯罪构成的理论和刑法立法的一般模式，对同类型犯罪的故意犯罪与过失犯罪分条或者在同一条中分款进行规定，如《刑法》第 234 条故意伤害罪，第 235 条过失致人重伤罪；第 119 条第 1 款破坏交通工具罪，第 2 款过失损坏交通工具罪。这种模式主要有以下优点：第一，科学明确，便于合理区分同类型犯罪中故意与过失两种不同心态的犯罪及其刑事责任、刑罚；第二，便于罪名的确定，避免不必要的争议；第三，便于司法适用，有利于司法公正。

具体犯罪的罪状是刑法分则条文对具体犯罪的基本犯罪构成特征的描述。《刑法》第 398 条同时采用简单、引证两种罪状表述方式对犯罪的基本构成特征进行描述，揭示了泄露国家秘密犯罪的主观方面和客观方面的特征，然而，泄露国家秘密犯罪的主观方面的规定与刑法其他绝大多数同类型具体犯罪②区分故意、过失而采取分别立法的一般模式不同，采取的是不区分故意、过失的并合立法模式，即将故意泄露国家秘密罪和过失泄露国家秘密罪纳入同一款中加以规定，这一规定势必使得人们对《刑法》第 398 条规定的泄露国家秘密犯罪的主观心态产生争议，这点与上述关于本条的罪名的争议也不无关系，“一罪名说”认为，本条只有一个罪名即“泄露国家秘密罪”，按照这一观点，该罪的主观方面既包括故意也包括过失。③ 而“两罪名说”认为，本条有两

---

① 参见赵秉志主编：《当代刑法学》，中国政法大学出版社 2009 年版，第 746 页。

② 现行《刑法》中的第 397 条滥用职权罪、玩忽职守罪，第 432 条故意泄露军事秘密罪、过失泄露军事秘密罪采取的是与《刑法》第 398 条故意泄露国家秘密罪、过失泄露国家秘密罪相同的立法模式，即对同类型犯罪不区分故意、过失心态而分条或者同条分款分别立法的并合立法模式。

③ 参见王戈：《泄露国家秘密罪构成解析》，载《国家检察官学院学报》2007 年第 2 期。

个罪名即“故意泄露国家秘密罪”和“过失泄露国家秘密罪”，前者只能由故意构成，后者只能由过失构成。笔者认为，虽然“两高”相关司法解释对此已有结论，但是，反思产生这些争议的根源还是第398条第1款采用了故意、过失犯罪并合立法模式。这一立法模式缺乏上述一般立法模式即对故意犯罪与过失犯罪分条或者同条分款分别进行规定的模式的优势，并继而引发关于本罪罪名、主观方面、法定刑的诸多争议，不应为我们所取。

（四）泄露国家秘密犯罪的法定刑存在的缺陷

根据《刑法》第398条的规定，泄露国家秘密犯罪的法定刑主要有以下特点：

其一，未区分国家机关工作人员与非国家机关工作人员而规定轻重不同的法定刑。《刑法》第398条第2款规定，非国家机关工作人员犯前款罪的，依照前款的规定酌情处罚。本款并未明确、具体地规定非国家机关工作人员犯故意泄露国家秘密罪和过失泄露国家秘密罪的法定刑，只规定“依照前款的规定酌情处罚”，考察现行刑法，对于个罪的刑罚作出这样的规定在整个刑法分则中仅此一例。

其二，未区分故意与过失而规定轻重不同的法定刑。《刑法》第398条第1款规定，故意或者过失泄露国家秘密，情节严重的，处3年以下有期徒刑或者拘役；情节特别严重的，处3年以上7年以下有期徒刑。本款规定与绝大多数同类型具体犯罪①区分故意与过失而规定轻重不同的法定刑的做法不同，对故意泄露国家秘密罪和过失泄露国家秘密罪所确定的法定刑是一样的。

笔者认为，泄露国家秘密犯罪的法定刑规定存在以下缺陷：

第一，违反罪刑法定原则。罪刑法定原则是刑法的基本原则，刑之法定是该原则的要求之一。笔者认为，刑之法定有两个主要内容：首先，法律应该对犯罪规定法定刑，即刑之确定；其次，法律规定应当明晰，要让人可以准确理解，防止随意适用、践踏人权，即刑之明确。前者要求的“确定”，是就法定刑配置的有无而言的，即法律应当对具体犯罪配置刑罚；后者要求的“明确”，即明了、清晰，易于掌握和适用。《刑法》第398条对非国家机关工作

① 现行《刑法》中第397条滥用职权罪、玩忽职守罪，第432条故意泄露军事秘密罪、过失泄露军事秘密罪的法定刑规定采取的是与《刑法》第398条故意泄露国家秘密罪、过失泄露国家秘密罪一样的模式，即对同类型犯罪不区分故意、过失心态而规定轻重相同的法定刑，换句话说，对故意与过失犯以上犯罪规定的可适用的刑罚是没有区别的。

人员犯故意泄露国家秘密罪和过失泄露国家秘密罪未规定具体刑罚，而是规定“依照前款的规定酌情处罚”。刑法理论界对于“依照前款的规定酌情处罚”如何理解存在不同看法，有人认为，《刑法》第398条第2款规定的“酌情处罚”，是指在第1款规定的量刑幅度内，根据具体情节予以适当从轻处罚。① 也有人认为，将《刑法》第398条第2款规定的“酌情处罚”等同于从轻处罚，是不妥当的，这里的“酌情处罚”实际上是指根据犯罪情节和危害后果的情况进行处罚。② 笔者赞同第二种观点。根据罪刑法定原则，此处的酌情并未明确附加有“从轻”或者“减轻”字样，因而并不能由此当然得出此处的“酌情处罚”作“酌情予以从轻处罚”理解的结论。根据现有规定，按照第二种观点理解较为妥当。

第二，违反罪责刑相适应原则。我国《刑法》第5条规定：“刑罚的轻重，应当与犯罪分子所犯罪行和承担的刑事责任相适应。”根据这一规定，在刑法立法上，对各种犯罪法定刑的设置，不仅要考虑犯罪的客观社会危害，而且要考虑行为人的主观恶性和人身危险性。从客观上看，故意犯罪的社会危害性显然大于同类型的过失犯罪的社会危害性；从主观上讲，犯罪故意的主观恶性明显大于同类型的犯罪过失的主观恶性。因此，对于同类型犯罪的故意犯罪和过失犯罪配置的法定刑也应轻重有别，即同类型故意犯罪的法定刑应重于过失犯罪的法定刑，而《刑法》第398条对于故意泄露国家秘密罪和过失泄露国家秘密罪配置的法定刑是相同的，这违反了罪责刑相适应原则和刑法基本原理。

第三，违反刑罚个别化原则。从广义上看，刑罚个别化是指“根据犯罪人的个人情况，有针对性地规定和适用相应的刑罚，以期有效地教育和改造罪犯，预防犯罪的再次发生。”③ 该定义最大的特点就是认为刑罚个别化不仅存在于刑罚裁量领域，还存在于刑事立法领域。刑罚制定的个别化不是根据具体犯罪的个案制定刑罚，而是要求考虑不同犯罪及犯罪人的情况进而确定符合罪责刑相适应要求的法定刑幅度以及由量刑幅度构成的法定刑，以实现罪刑均衡。具体到泄露国家秘密犯罪中，国家机关工作人员和非国家机关工作人员身份不同、职责不同、专业化程度不同，同样的泄露国家秘密犯罪，对这二者配

---

① 参见高铭暄、马克昌主编：《中国刑法解释》(下卷)，中国社会科学出版社2006年版，第2795页。

② 参见赵秉志主编：《当代刑法学》，中国政法大学出版社2009年版，第762页。

③ 曲新久：《刑法的精神与范畴》，中国政法大学出版社2000年版，第274页。

置的法定刑幅度也应轻重有别。根据《刑法》第 398 条第 2 款的规定，非国家机关工作人员犯泄露国家秘密犯罪的，依照该条第 1 款的规定酌情处罚。按照笔者上文关于“酌情处罚”的观点，这样的规定并未体现刑罚个别化“根据犯罪人的个人情况，有针对性地规定相应的刑罚”的要求，不利于实现罪刑均衡，难以有效地教育和改造罪犯，预防犯罪的再次发生。

（五）泄露国家秘密犯罪的立法完善

综上所述，现行《刑法》第 398 条关于泄露国家秘密犯罪的立法存在着缺陷，有必要予以完善。总体来讲，对泄露国家秘密犯罪的立法完善的路径应是：以犯罪主体、犯罪主观方面为中心，转并合立法模式为分立立法模式，并配置轻重不同的法定刑，以实现罪责刑相适应。

1. 实现立法模式的转变。

首先，以犯罪主观方面为中心转并合立法模式为分立立法模式，即按照我国现行刑法通行的立法模式，将泄露国家秘密犯罪中的故意泄露国家秘密罪和过失泄露国家秘密罪实行分条或者同条分款立法。从法条的精简方面考虑，笔者建议采取同条分款立法，即第 398 条第 1 款规定故意泄露国家秘密罪，条文可拟为：“国家机关工作人员违反保守国家秘密法的规定，故意泄露国家秘密，情节严重的，处……情节特别严重的，处……”（具体法定刑幅度后文详述）第 2 款规定过失泄露国家秘密罪，条文可拟为：“国家机关工作人员过失犯前款罪，情节严重的，处……情节特别严重的，处……”（具体法定刑幅度后文详述）

其次，以犯罪主体为中心转并合立法模式为分立立法模式，即将非国家机关工作人员泄露国家秘密犯罪纳入刑法第六章妨害社会管理秩序罪之下的第一节扰乱公共秩序罪中。如前所述，刑法第九章渎职罪的犯罪主体一般都是国家机关工作人员，“之所以对本类犯罪（指渎职类犯罪——笔者注）的主体作出这种限制，主要是考虑到国家机关工作人员行使着公权力，这些人员的渎职行为的社会危害性较大；为使这些人员正确行使权力，有必要对其实施的渎职行为单独作出规定。”① 笔者认为，非国家机关工作人员由于某些特殊原因可能知悉或者掌握国家秘密，其泄露国家秘密的某些行为具有严重的社会危害性而需要犯罪化，但将其规定在刑法第九章渎职罪之下并不合适，而规定在刑法第六章妨害社会管理秩序罪之下的第一节扰乱公共秩序罪中则较为妥当。该节之

---

① 赵秉志主编：《当代刑法学》，中国政法大学出版社 2009 年版，第 747 页。

下的非法获取国家秘密罪，非法持有国家绝密、机密文件、资料、物品罪的犯罪客体与泄露国家秘密犯罪的客体一样，同为国家的保密制度。如将《刑法》第398条中非国家机关工作人员泄露国家秘密的犯罪行为纳入第六章第一节，罪名可定为“非国家机关工作人员故意泄露国家秘密罪”、“非国家机关工作人员过失泄露国家秘密罪”，犯罪主体均为非国家机关工作人员。因为，国家机关工作人员泄露国家秘密的，视情节可构成《刑法》第398条故意泄露国家秘密罪、过失泄露国家秘密罪。在“非国家机关工作人员故意泄露国家秘密罪”、“非国家机关工作人员过失泄露国家秘密罪”两罪条文的具体安排上，可在现行《刑法》第282条非法获取国家秘密罪，非法持有国家绝密、机密文件、资料、物品罪中增设第3款、第4款，以形成对非法获取、非法持有、故意泄露国家秘密、过失泄露国家秘密的犯罪比较科学严密的打击、防控体系，也可以采取刑法修正案的形式在现行《刑法》第282条后增加一条，作为第282条之一，增设上述罪名。

2. 泄露国家秘密犯罪的法定刑之完善。

对于泄露国家秘密犯罪的法定刑，应该区分国家机关工作人员与非国家机关工作人员、故意与过失犯罪而规定不同的法定刑。

第一，对国家机关工作人员故意、过失泄露国家秘密犯罪应该配置轻重不同的法定刑。笔者认为，现行《刑法》第398条对国家机关工作人员故意泄露国家秘密罪配置的法定刑过轻。同为侵犯国家保密制度的犯罪，《刑法》第282条规定的非法获取国家秘密罪的法定刑是3年以下有期徒刑、拘役、管制或者剥夺政治权利；情节严重的是3年以上7年以下有期徒刑。

对比之下，故意泄露国家秘密罪的构成还要求情节严重，因此总体看来其还略轻于非法获取国家秘密罪的法定刑，这显然是不合理的。因为，从行为性质上讲，同为针对国家保密制度的犯罪，故意泄露国家秘密的行为和非法获取国家秘密的行为往往表现出对向性，但是泄露行为往往会给非法获取行为提供便利，因而其危害性要比非法获取行为的危害性大；另外按照笔者的完善思路，《刑法》第398条故意泄露国家秘密罪的犯罪主体系特殊主体，即国家机关工作人员，而非法获取国家秘密罪的犯罪主体则是一般主体。在我国刑法立法中，同类型的犯罪，对具有国家公职人员身份的人犯罪的刑罚往往较无此身份者的刑罚重，因为前者的特殊身份决定其行为的社会危害性更大，其可罚性更强。虽然，非法获取国家秘密罪和故意泄露国家秘密罪并非同类型犯罪，但笔者认为，非国家机关工作人员故意泄露国家秘密的行为与非法获取国家秘密的行为的社会危害性差距不大，两者的法定刑可以一致。这样一来国家机关工作人员实施的故意泄露国家秘密罪的法定刑就应重于非国家机关工作人员故意泄露国家秘密罪的法定刑，也应重于非法获取国家秘密罪的法定刑。按照我国法定刑幅度的分层实际，并结合国家机关工作人员实施的故意泄露国家秘密行为的社会危害性，对其配置的有期徒刑幅度以5年有期徒刑为界，情节严重的，处5年以下有期徒刑；情节特别严重的，处5年以上10年以下有期徒刑。对国家机关工作人员实施的过失泄露国家秘密罪配置的有期徒刑幅度保持不变，即情节严重的，处3年以下有期徒刑；情节特别严重的，处3年以上7年以下有期徒刑。

第二，对非国家机关工作人员故意、过失泄露国家秘密犯罪应该配置轻重不同的法定刑。首先，非国家机关工作人员故意泄露国家秘密罪的有期徒刑幅度与非法获取国家秘密罪、国家机关工作人员过失泄露国家秘密罪的有期徒刑幅度一致，即情节严重的，处3年以下有期徒刑；情节特别严重的，处3年以上7年以下有期徒刑。其次，非国家机关工作人员过失泄露国家秘密的，基于其主体无特殊身份以及社会危害性程度较非国家机关工作人员故意泄露国家秘密行为低，因此，有期徒刑幅度应较非国家机关工作人员故意泄露国家秘密罪低一个档次，结合我国法定刑幅度的分层实际，笔者建议，将非国家机关工作人员过失泄露国家秘密罪的有期徒刑幅度设置为：情节严重的，处2年以下有期徒刑；情节特别严重的，处2年以上5年以下有期徒刑。

（六）具体条文设计

按照上述完善建议，笔者试拟泄露国家秘密犯罪的条文如下：

《刑法》第398条第1款规定的故意泄露国家秘密罪的条文为：国家机关工作人员违反保守国家秘密法的规定，故意泄露国家秘密，情节严重的，处5年以下有期徒刑或者拘役；情节特别严重的，处5年以上10年以下有期徒刑。

《刑法》第398条第2款规定的过失泄露国家秘密罪的条文为：国家机关工作人员过失犯前款罪，情节严重的，处3年以下有期徒刑或者拘役；情节特别严重的，处3年以上7年以下有期徒刑。

《刑法》第282条第3款（或者采取刑法修正案的形式，即《刑法》第282条之一第1款）规定的非国家机关工作人员故意泄露国家秘密罪的条文为：非国家机关工作人员违反保守国家秘密法的规定，故意泄露国家秘密，情节严重的，处3年以下有期徒刑或者拘役；情节特别严重的，处3年以上7年以下有期徒刑。

《刑法》第282条第4款（或者采取刑法修正案的形式，即《刑法》第

282条之一第2款）规定的非国家机关工作人员过失泄露国家秘密罪的条文为：非国家机关工作人员过失犯前款罪，情节严重的，处2年以下有期徒刑或者拘役；情节特别严重的，处2年以上5年以下有期徒刑。

后　记

《刑法修改研究》是我两年前主持的一个国家社会科学基金项目，我指导的几名博士研究生参加了课题的研究，课题早已结项，通过评议认为，该课题具有理论意义与实践价值，但由于某种原因没有及时付梓。考虑到成果结项已近两年，因而根据目前刑法立法与刑法理论的发展进行了扩展，内容更加丰富，现承蒙武汉大学出版社不弃，同意将该成果交由一个全国优秀出版社出版，本人深表谢忱。

本书写作的分工如下：（以撰写章节次序为序，标注 * 号的为合撰）

李希慧，北京师范大学刑事法律科学研究院教授、法学博士、博士生导师，撰写引言、中篇一、七，下篇一、十*

姚龙兵，最高人民法院法官，法学博士，撰写上篇一、二，中篇二

谢治东，浙江工商大学法学院副教授，法学博士，撰写上篇三，中篇五、六，下篇二、三、七、九

王宏伟，河北省唐山市中级人民法院研究室干部，法学博士，撰写中篇三、四

徐光华，江西财经大学法学院副教授，法学博士，撰写中篇八，下篇四、五、八

刘净，安徽省高级人民法院民事审判第三庭法官，北京师范大学刑事法律科学研究院刑法学博士研究生，撰写下篇六

董文辉，北京师范大学刑事法律科学研究院刑法学博士研究生，撰写下篇十*

本书初稿完成后，由本人统改定稿。在撰写过程中，本书借鉴并参考了国内外学者大量的研究成果，无论是我们赞同的，还是我们持有异议的，在此都表示感谢！由于作者水平所限，书中疏漏在所难免，敬请读者们提出宝贵批评意见，我们热烈欢迎并尽力改正。

最后，再次衷心感谢武汉大学出版社为出版本成果给予的鼎力支持暨责任编辑等同志所付出的辛勤劳动。

北京师范大学教授　**李希慧**谨识

二〇一一年五月于北京